21世纪大学俄语系列教材

"十二五"普通高等教育本科国家级规划教材

本套教材荣获第二届中国大学出版社图书奖优秀教材一等奖

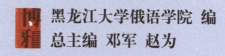

黑龙江大学俄语学院 编
总主编 邓军 赵为

Русский язык

俄语 3

(第2版)

主 编 黄东晶 贾旭杰
副主编 孙 超 杨志欣

北京大学出版社
PEKING UNIVERSITY PRESS

图书在版编目(CIP)数据

俄语.3 / 黄东晶,贾旭杰主编. —2版. —北京:北京大学出版社,2019.8
21世纪大学俄语系列教材
ISBN 978-7-301-30383-2

Ⅰ.①俄…　Ⅱ.①黄…②贾…　Ⅲ.①俄语—高等学校—教材　Ⅳ.①H359.39

中国版本图书馆CIP数据核字(2019)第034610号

书　　　名	俄语3(第2版) EYU SAN (DI-ER BAN)
著作责任者	黄东晶　贾旭杰　主编
责任编辑	李　哲
标准书号	ISBN 978-7-301-30383-2
出版发行	北京大学出版社
地　　　址	北京市海淀区成府路205号　100871
网　　　址	http://www.pup.cn　新浪微博:@北京大学出版社
电子邮箱	编辑部 pupwaiwen@pup.cn　　总编室 zpup@pup.cn
电　　　话	邮购部 010-62752015　发行部 010-62750672　编辑部 010-62759634
印 刷 者	北京宏伟双华印刷有限公司
经 销 者	新华书店
	787毫米×1092毫米　16开本　13.5印张　320千字 2009年9月第1版 2019年8月第2版　2024年8月第4次印刷
定　　　价	65.00元

未经许可,不得以任何方式复制或抄袭本书之部分或全部内容。
版权所有,侵权必究
举报电话:010-62752024　电子邮箱:fd@pup.cn
图书如有印装质量问题,请与出版部联系,电话:010-62756370

总 序

黑龙江大学俄语学院在长达七十余年的俄语教学传承中,形成了一套以语法为纲、突出交际、兼顾俄罗斯国情的经典教学方法。几代教师秉承这一教学理念,先后编写出版了数套俄语教材,供国内众多高校俄语专业的师生使用,为国家培养俄语高级人才奉献了自己的经验与才智。

2007年,黑龙江大学俄语学院集全院经验丰富的一线教师之力,开始编写普通高等教育"十一五"国家级规划教材《俄语》(全新版),自2008年起各册先后出版。2012年,根据教学实际的需要,编者对本套教材开展了第一次全面的修订工作。

《俄语》(第2版)(共8册)延续了《俄语》(全新版)的编写原则和理念,在总结数年的教学经验基础上,依旧面向低起点的学生,秉承语法为纲这一教学理念,从语音导论开始,至篇章研习结束,根据教学需要引入不同题材、体裁的课文,突出俄罗斯当代国情。每课结合语法选配内容,培养学习者的言语与交际技能。基础阶段以教学语法为基础,提高阶段以功能语法为纲。本套教材力求符合《高等学校俄语专业教学大纲》规定的各项要求,兼顾俄语教师和学生对理想教材的需要。教材选材的难度进阶标准既考虑现行全国俄语专业四、八级考试所要求的词汇量和语法内容的难度,又在总体上顾及当代大学生对知识、主题内容的认知水准,以及未来四、八级考试改革的方向和具体要求的变化。

为此,本次修订中,教材的编者在保障常用词汇、句型、结构的基础上,精简了教学内容和部分词汇,压缩了课后练习的总量。

本套教材分为8册,配有录音、电子课件等相关出版物。其中1~4册供基础阶段教学使用,5~8册供提高阶段使用。

本套教材为教育部批准的普通高等教育"十二五"国家级规划教材,其编写和修订过程中得到了众多专家的大力支持,教材使用者为我们提供了宝贵的反馈意见和建议,在此一并深表感谢!

邓 军 赵 为
2014年8月

前言

《俄语》(第2版)第3册的教学对象是俄语专业本科大学生,供第二学年第一学期使用。本教材也适用于俄语专科生、俄语自考生和其他俄语爱好者。作为俄语专业系列教材《俄语》(1~8)的重要组成部分,建议与其他7册配套使用。本套教材第1~4册共同组成俄语学习基础阶段的系列教材,具有完整的语法体系,提供基础阶段的词汇储备以及本专业所需要的基础能力训练。本册共十二课,分为三个单元,每个单元后面有单元复习。每课的内容包括语法讲解、言语范例、问答、课文、对话、生词表、课外练习与作业几部分。

教材秉承黑大俄语"语法为纲""精讲多练"的基本原则,每课的第一部分是语法详解。基础阶段4册教材的语法构成相对完整的俄语语法体系。学习者应在每课的语法学习当中建立前后联系,学习新课语法的同时回顾之前学过的语法知识,构建成完整的语法知识结构体系并进行应用。

言语范例主要是语法练习,可以根据对语法知识的把握进行词汇扩展和替换。

问答部分是基于语法的口头应用和训练,针对语法知识涉及的话题进行问答,建议读熟,然后替换相应的句子结构,争取做到熟练问答。

每课的课文以《全国高校俄语专业教学大纲》中规定的内容作为基本话题,篇幅适当,建议全文背诵,并对其中的内容进行理解和分析。关键的积极词句可以进行造句和问答练习。

每课的文后对话基本围绕课文的主题,帮助学生牢记基础词汇、可以运用正确的语音和语调就某一话题展开讨论。

生词表对于文中出现的生词进行解释,建议根据给出的例子进行适当的扩展。

课后练习与作业部分可以用于进行课内知识的训练,也可以作为课外学习和训练的内容,用来巩固课内的语法和词汇知识。每课的课后练习大约有15个题目,既包括语法部分的练习,也有词汇练习、对课文内容和积极句式的练习,还有拓展内容以及作文和口语表述训练。

在每课的最后,还有一个国情知识拓展,建议学生熟读并牢记,有利于扩大视野,提高语言背景知识学习的深度和广度。

本教材每课内容比较丰富,建议教师使用中根据学生的具体情况进行适当的删减和选择,对重要的语法内容和积极词汇进行反复演练,达到听、说、读、写、译能力的全面提高。每四课一个单元之后的总复习,根据四课的主要内容进行词汇语法、话题拓展、写作等方面的练习。学生可以在课后自行练习,然后由教师进行答疑和讲解。每课的练习和每单元的总复习知识点围绕全国高校俄语专业四级考试的内容要求展开,进行习题的反复演练可以有效地提高四级的过级率,提升四级考试的成绩。

《俄语》(第2版)第3册原主编为贾旭杰教授,编者还有外教Гарчевская Г. П.副教授。在改版过程中,由黄东晶教授负责2、5、8、11课,孙超教授负责3、6、9、12课,杨志欣副教授负责1、4、7、10课,重点审核校正语法知识,调整课文内容,补充、调整或更新言语范例、问答和对话的部分内容,添加了更具现代标记的信息以及文学话题,使整个教材的内容更趋于现代化。黄东晶教授负责全册书的修改设计和统稿。外教Севастьянова Т. А.和Севастьянов Ю. Е.负责本教材的问答、课文、对话部分的录音,并对全书进行审阅。

感谢北京大学出版社领导和同仁的宽容和帮助。另外感谢本册教材审校过程中俄罗斯普希金俄语学院的专家,感谢参与本书重音校对和词汇校对的研究生们。本册教材的疏漏和不足之处,希望大家来函交流:huang_dongjing@126.com。

编 者

2019年8月5日

目录

УРОК 1 1
    ГРАММАТИКА 1
      Ⅰ. 时间状语表示法(выражéние обстоя́тельства врéмени) 1
      Ⅱ. 表示时间意义的前置词(предлóги, обознача́ющие врéмя) 3
    ТЕКСТ 6
      Как пра́вильно обща́ться с ру́сскими 6

УРОК 2 15
    ГРАММАТИКА 15
      Ⅰ. 俄罗斯人的姓名及其变格(ру́сские имена́, о́тчества, фами́лии и их склонéние) 15
      Ⅱ. 非俄罗斯人的姓名变格(склонéние неру́сских имён и фами́лий) 22
    ТЕКСТ 24
      О ру́сских имена́х 24

УРОК 3 34
    ГРАММАТИКА 34
      Ⅰ. 性质形容词和关系形容词(ка́чественные прилага́тельные и относи́тельные прилага́тельные) 34
      Ⅱ. 性质形容词的短尾形式(кра́ткая фóрма ка́чественных прилага́тельных) 35
    ТЕКСТ 39
      Как дру́жат в ра́зных стра́нах 39

УРОК 4 49
    ГРАММАТИКА 49
      谓语的类型(1)(ти́пы сказу́емых) 49
    ТЕКСТ 56
      Мо́да XXI ве́ка 56

ПОВТОРЕНИЕ Ⅰ 65

УРОК 5 — 70

ГРАММАТИКА — 70

Ⅰ. 形容词的比较级(сравни́тельная сте́пень прилага́тельных) — 70

Ⅱ. 形容词的最高级(превосхо́дная сте́пень прилага́тельных) — 73

Ⅲ. 副词的比较级和最高级(сравни́тельная и превосхо́дная сте́пень наре́чий) — 74

ТЕКСТ — 78

Как вести́ себя́ в музе́е, на вы́ставке, в теа́тре? — 78

УРОК 6 — 87

ГРАММАТИКА — 87

Ⅰ. 说明从属句(2)(изъясни́тельное прида́точное предложе́ние) — 87

Ⅱ. 指示词 то (указа́тельное сло́во «то») — 88

Ⅲ. 直接引语和间接引语(пряма́я и ко́свенная речь) — 89

ТЕКСТ — 94

Мужчи́на и же́нщина — 94

УРОК 7 — 104

ГРАММАТИКА — 104

Ⅰ. 带-то 的不定代词和不定副词(неопределённые местоиме́ния и наре́чия с -то) — 104

Ⅱ. 带-нибудь 的不定代词和不定副词(неопределённые местоиме́ния и наре́чия с -нибудь) — 105

Ⅲ. 带 кое- 的不定代词和不定副词(неопределённые местоиме́ния и наре́чия с кое-) — 107

ТЕКСТ — 109

На́ши увлече́ния — 109

УРОК 8 — 118

ГРАММАТИКА — 118

Ⅰ. 带 ни- 的否定代词(отрица́тельное местоиме́ние с ни-) — 118

Ⅱ. 带 ни- 的否定副词(отрица́тельное наре́чие с ни-) — 120

Ⅲ. 构词知识——副词的构成(2) (словообразова́ние наре́чий) — 120

ТЕКСТ — 123

Что тако́е здоро́вое пита́ние? — 123

| ПОВТОРЕНИЕ II | 132 |

УРОК 9 — 137

ГРАММАТИКА — 137

Ⅰ. 带 не- 的否定代词(отрица́тельное местоиме́ние с не-) — 137

Ⅱ. 带 не-的否定副词(отрица́тельное наре́чие с не-) — 138

Ⅲ. 构词知识(3)(словообразова́ние) — 138

ТЕКСТ — 141

Челове́к и приро́да — 141

УРОК 10 — 150

ГРАММАТИКА — 150

Ⅰ. 名词限定从属句(2)(прида́точное определи́тельное при и́мени существи́тельном) — 150

Ⅱ. 代词限定从属句(прида́точное определи́тельное с местоиме́нно-соотноси́тельной свя́зью) — 152

ТЕКСТ — 155

О ру́сском гостеприи́мстве — 155

УРОК 11 — 164

ГРАММАТИКА — 164

Ⅰ. 反身代词 себя́(возвра́тное местоиме́ние «себя́») — 164

Ⅱ. 限定代词 сам(определи́тельное местоиме́ние «сам») — 165

ТЕКСТ — 169

Вы́бор профе́ссии — 169

УРОК 12 — 177

ГРАММАТИКА — 177

Ⅰ. 动词假定式(сослага́тельное наклоне́ние глаго́ла) — 177

Ⅱ. 疏状从属句(1)——地点从属句、条件从属句(обстоя́тельственные прида́точные предложе́ния — прида́точные предложе́ния ме́ста, усло́вия) — 178

ТЕКСТ — 183

Размышле́ния о бу́дущем — 183

| ПОВТОРЕНИЕ III | 193 |

| 生词表 | 198 |

УРОК 1

ГРАММАТИКА

☞ Ⅰ. 时间状语表示法 (выражéние обстоятельства врéмени)

Ⅱ. 表示时间意义的前置词 (предлóги, обозначáющие врéмя)

ТЕКСТ Как прáвильно общáться с рýсскими

ДИАЛОГ Изучéние инострáнных языкóв

ГРАММАТИКА

Ⅰ. 时间状语表示法
выражéние обстоятельства врéмени

俄语中时间状语的表示方法丰富多样，概括起来可以分为以下四种情况：

1. 说明行为在什么时间发生或状态存在，回答 Когдá? С какúх пор? До какúх пор? К какóму врéмени? 等问题，表示方法如下：

1) 用副词表示。

ýтром(在早上)	днём(在白天)	вéчером(在晚上)	нóчью(在夜里)
веснóй(在春天)	лéтом(在夏天)	óсенью(在秋天)	зимóй(在冬天)
позавчерá(前天)	вчерá(昨天)	сегóдня(今天)	зáвтра(明天)
послезáвтра(后天)	рáньше(以前)	тепéрь(目前)	сейчáс(现在)
сначáла(起初)	потóм(以后)	затéм(然后)	рáно(早)
пóздно(晚)	скóро(很快)	всегдá(总是)	иногдá(有时)

2) 用不带前置词的第四格名词或名词词组，表示每年、每月、每天等意义。

(1) У Вáси дурнáя привычка: он почти **кáждый день** опáздывает на занятия.

瓦夏有个坏习惯：几乎每天上课都迟到。

УРОК 1

(2) **Каждую субботу** у нас в институте студенты поют на русском языке.
每周六我们学院的学生都唱俄文歌曲。

3) 用前置词 **в**、**на** 加名词第六格，表示某年、某月、几点多等意义。

в 1941-ом году（在1941年） в этом году（在今年）

в мае（在五月） на этой неделе（在这一周）

в котором часу（在几点钟） во втором часу（在一点多）

(1) **На прошлой неделе** в нашем университете прошли студенческие игры.
上周我们学校开运动会了。

(2) **В котором часу** вы обычно ложитесь спать?
你们通常几点睡觉？

4) 用前置词 **в** 加名词第四格，表示在某一天、某一时候、几点钟等意义。

в тот день（在那天） в понедельник（在星期一）

в это время（在这时） в три часа（在三点）

(1) **В тот день** Алёша плохо себя чувствовал и рано ушёл с работы.
那天阿廖沙不舒服，就早早离开单位了。

(2) Запомните, фильм начнётся **в шесть часов**!
记住，电影是六点开始！

5) 用其他前置词加名词，表示事情什么时候发生或存在。

с каких пор?（从……什么时候起） после чего?（在……之后）

с утра（从早晨） после ужина（晚饭后）

к какому времени（快到……的时候） по каким дням（每逢……）

к вечеру（快到晚上的时候） по праздникам（每逢节日）

(1) Магазин работает **с восьми часов**.
商店八点开始营业。

(2) **После института** моя подруга решила поступить в аспирантуру.
大学毕业后我朋友决定考研究生。

(3) На дороге была пробка, и мы пришли только **к началу концерта**.
路上塞车，我们在音乐会快开始的时候才赶到。

(4) Они отдыхают **по воскресеньям**.
他们逢星期日休息。

2. 说明行为或状态持续多长时间，回答 **Как долго? Сколько времени?** 等问题，通常用不带前置词的名词或数词第四格表示，有时前面加上 целый（整整）、весь（全部）等词，句中还可用副词 долго（很久）、недолго（不久）、часто（经常）、редко（很少）、обычно（通常）等，动词多用未完成体。

целый час（整整一小时） всю зиму（整个冬天）

семь лет（七年） два месяца（两个月）

пять часов（五个小时） двадцать минут（二十分钟）

(1) Вчера шёл дождь, и я **целый день** сидел дома.
昨天下雨，我在家待了一整天。

(2) **Всю неде́лю** Ко́ля не выходи́л из до́ма: рабо́тал над свое́й диссерта́цией.
科里亚一周都没出门：写毕业论文。

3. 说明行为在多长时间内完成，回答 За како́й срок? За ско́лько вре́мени?等问题，通常用前置词 за 加名词或数词第四格表示，动词通常多用完成体。

(1) Я прочита́л рома́н «Война́ и мир» **за полго́да**.
我用了半年时间读完了长篇小说《战争与和平》。

(2) **За три часа́** Андре́й перевёл э́ту статью́ на кита́йский язы́к.
安德烈用三个小时把这篇文章译成了汉语。

4. 说明行为的结果持续多长时间，回答 На како́й срок? На ско́лько вре́мени?等问题，用前置词 на 加名词或数词第四格表示，也可以用副词 надо́лго（很久）、ненадо́лго（不久）表示。

(1) Аня пое́дет в Москву́ учи́ться **на́ год**.
阿尼娅要去莫斯科学习一年。

(2) До́ма дела́, я взял о́тпуск **на два дня**.
家里有事，我请了两天假。

这种时间状语和上述第二类的差别在于，前者表示的是行为完成之后其结果所保持的期限，而后者表示的是行为本身持续的时间。试比较：

Мы е́хали туда́ на по́езде **пять су́ток**. 我们去那儿坐火车走了五昼夜。	Мы пое́дем туда́ **на пять су́ток**. 我们到那儿去要住五昼夜。
Окса́на жила́ за грани́цей **три го́да**. 奥克桑娜在国外生活了三年。	Окса́на пое́дет за грани́цу **на три го́да**. 奥克桑娜要去国外学习三年。

II. 表示时间意义的前置词
предло́ги, обознача́ющие вре́мя

俄语中表示时间意义的前置词数量众多，其中最常用的前置词可以根据接格关系见下表。

前置词	要求格	例句
до(在……之前)	第二格	До шко́лы он уже́ мно́го чита́л о фи́зике. 上学前他就读了很多物理学方面的书籍。
（到……为止）		Я здесь бу́ду до конца́ ме́сяца. 我在这儿待到月末。
по́сле(在……后)		Приходи́те ко мне по́сле рабо́ты. 下班后到我这儿来一下。
с(从……起)		С де́тства Ма́ша люби́ла петь. 玛莎从小就喜欢唱歌。
во вре́мя(在……时候)		Уви́димся во вре́мя кани́кул. 假期我们会见面的。
в тече́ние(在……期间)		В тече́ние после́дних ме́сяцев я доби́лся успе́хов в учёбе. 最近几个月我在学习上取得了进步。

к(快到……时)	第三格	К у́жину меня́ не жди́те, я верну́сь по́здно. 别等我吃饭了，我晚些回来。
по(每逢……)		По выходны́м дням мы хо́дим в го́ры. 每到休息日我们都去爬山。
в(在……时候)	第四格	Мы с Вади́мом познако́мились в тот ве́чер. 我和瓦吉姆是在那天晚上认识的。
на(在……时候)		На друго́й день у́тром э́ти ю́ноши пошли́ на фронт. 第二天早晨这些小伙子去了前线。
на(行为结果期限)		Дава́йте прекрати́м рабо́ту на два часа́. 把工作中断两个小时吧。
че́рез(经过……时间)		Че́рез полчаса́ ма́ма мне позвони́т из Ю́жной Коре́и. 半小时后妈妈将从韩国给我打电话。
за(在……时间内)		За де́сять мину́т все де́ти собрали́сь. 十分钟孩子们就集合起来了。
по(到……时间为止)		Он бу́дет в Шанха́е с пя́того по двена́дцатое ию́ня. 他6月5—12日期间在上海停留。
пе́ред(在……之前)	第五格	Пе́ред сном поле́зно немно́го погуля́ть. 睡前散会儿步很有益。
ме́жду(在……之间)		Обраща́йтесь к нему́ ме́жду уро́ками. 你课间去找他。
за(正在……的时候)		Об э́том нам рассказа́л Ива́н за обе́дом. 这件事是伊万在吃午饭时讲的。
с(随着)		С года́ми вку́сы меня́ются. 随着年龄的增长兴趣会改变。
в(在……时候)	第六格	В сентябре́ про́шлого го́да мы поступи́ли в университе́т. 我们是去年九月份入学的。
на(在……的时候)		На э́той неде́ле у нас бу́дет собра́ние. 本周我们有会。
по(在……以后)		Кем вы бу́дете по оконча́нии университе́та? 大学毕业后你将做什么？
при(在……的情况下,在……的时候)		При встре́че мы говори́м друг дру́гу «Приве́т!». 见面时我们彼此问候。

РЕЧЕВЫЕ ОБРАЗЦЫ

1. Солда́ты отпра́вились в путь

в тёмную ночь.
в ма́е.
на про́шлой неде́ле.

(февра́ль, ноя́брь, нача́ло ме́сяца, коне́ц го́да, я́сное у́тро)

2. Защита диссертации состоится в два часа.
в среду.
в канун нового года.

(половина второго, пятница, 8 часов 30 минут, канун праздника Луны)

3. Через 3 дня
С 5-ого по 18-ое будет экзаменационная сессия.
После Нового года

(через неделю, после 3-его января, с июня до июля)

4. Беседа продолжалась целый час.
весь урок.
три часа сорок минут.

(вся неделя, весь день, целых пять часов)

5. Мы решили поехать к бабушке на две недели.
на шесть дней.
навсегда.

(год, полнедели, 4-5 дней, месяца два)

6. За три дня
За каникулы нам удалось сделать многое.
За всё это время

(осень, 4 года, минута, праздничные дни)

 ВОПРОСЫ И ОТВЕТЫ

1. — Как долго вы планируете быть в Китае?
   — 4 года. Я собираюсь изучать китайский язык в университете.
2. — Иван Семёнович, вы надолго приехали в Шанхай?
   — Это зависит от работы, от семейных обстоятельств. Может быть, я останусь здесь на год, а, может быть, и на 2–3 года.
3. — У вас уже началась сессия?
   — Что вы! В нашем институте сессия закончилась ещё на прошлой неделе.
4. — Почему вы едете в Сычуань летом? В это время там очень жарко.
   — Как, вы не знаете, что в конце июля там можно будет наблюдать полное

УРОК 1

со́лнечное затме́ние? Я не хочу́ пропусти́ть э́то интере́сное явле́ние приро́ды.

5. —Ты уже́ куда́-то собра́лся?! И тебе́ не тру́дно встава́ть в 5 утра́?
   —Зна́ешь, так прия́тно прогуля́ться в па́рке, когда́ во́здух све́жий, и почти́ никого́ нет. Так хорошо́ ду́мать о том о сём... Я́сным у́тром и мы́сли я́сные.

6. —Где ты пропада́ешь? До́ма тебя́ нет, телефо́н не отвеча́ет. Что случи́лось?
   —Ничего́ не случи́лось. Про́сто в кану́н Но́вого го́да о́чень мно́го дел, на́до всё пригото́вить, купи́ть пода́рки, всех поздра́вить.

7. —Ско́лько в Росси́и продолжа́ются ле́тние кани́кулы?
   —2 ме́сяца, с нача́ла ию́ля по коне́ц а́вгуста.

8. —Когда́ состои́тся защи́та диссерта́ции?
   —На сле́дующей неде́ле, в четве́рг, в три часа́.

9. —Дава́й пойдём в Ботани́ческий сад, там сейча́с така́я красота́ — цвету́т пио́ны.
   —Извини́, не могу́. Всю э́ту неде́лю я о́чень за́нят. Дава́й пойдём туда́ в сле́дующую сре́ду!

10. —Ты обеща́л прие́хать в час, а сам опозда́л на 2 часа́!
    —Извини́, но в э́то вре́мя дня в це́нтре ужа́сные про́бки, тру́дно добра́ться куда́-нибудь во́время.

ТЕКСТ

Как пра́вильно обща́ться с ру́сскими

Ру́сские обы́чно приве́тствуют при встре́че, оди́н раз в день. Пе́рвый здоро́вается мла́дший по во́зрасту или подчинённый. Приве́тствия «до́брое у́тро», «до́брый день», «до́брый ве́чер» по своему́ значе́нию равны́ сло́ву «здра́вствуйте», кото́рое мо́жно произноси́ть в любо́е вре́мя су́ток. Одна́ко общепри́нятое приве́тствие — э́то ру́сское сло́во «здра́вствуй(те)», — пожела́ние здоро́вья. С XVIII ве́ка появи́лось сло́во «приве́т», э́то приве́тствие обы́чно употребля́ют ро́дственники и друзья́.

Ча́сто при встре́че по́сле приве́тствия ру́сские спра́шивают «Как дела́?» и обы́чно отвеча́ют «Ничего́». «Отли́чно» ру́сские не говоря́т из суеве́рия. Счита́ется, что мо́жно «сгла́зить» благоприя́тное тече́ние жи́зни. «Пло́хо» отвеча́ют ре́дко, что́бы не переноси́ть свои́ пробле́мы на друго́го челове́ка.

У ру́сских при́нято два обраще́ния — «ты и вы». На «ты» обраща́ются к ро́дственникам, друзья́м. Обраще́ние на «вы» выража́ет большу́ю сте́пень уваже́ния. К роди́телям, ба́бушке, де́душке в обы́чной семье́ обраща́ются на «ты». Обраще́ния «ты — вы» зави́сят и от сте́пени знако́мства. Е́сли вы ма́ло знакомы с человеком, вы обращаетесь к нему на «вы». Потом возможно «ты». В официальной обстановке и к старшим по возрасту русские обращаются на «вы» и по имени-отчеству.

На улице, в транспорте можно услышать обращения «женщина», «мужчина». Часто к пожилым людям обращаются «дедушка», «бабушка», к молодым — «молодой человек, девушка». Обращение «девушка» популярно, но не следует это говорить немолодой женщине. «Гражданин», «гражданка» говорят обычно в полиции. Чтобы привлечь внимание в общественном месте, лучше сказать «Простите!», «Извините!» или «Одну минуту!». Возрождаются обращения «господин», «госпожа», после которых обязательно идёт фамилия; например, «господин Иванов». Они постепенно входят в общение в официальной обстановке, среди бизнесменов.

Когда русские уходят, они должны попрощаться со всеми или хотя бы с хозяевами дома. Если человек ушёл и не сказал «До свидания!», говорят, что он ушёл «по-английски». Чаще всего говорят «До свидания!», то есть «Мы скоро увидимся». Слово «прощай (-те)» значит «Прощай, мы больше никогда не увидимся». Поэтому русские редко его произносят. При прощании можно услышать: «Всего хорошего!» или «Всего доброго!» Это и форма прощания, и пожелание. Молодёжь при прощании говорит: «Пока!»

Изучение иностранных языков

— Привет!

— Добрый день.

— Ты говоришь по-русски?

— Немного. Знаю несколько русских фраз: «Здравствуйте!», «Извините!», «До свидания!», «Как вас зовут?», «Откуда вы?», «Кто вы по профессии?»

— Молодец! Тебе нравится русский язык?

— Очень нравится. Я хочу научиться говорить по-русски, читать русскую литературу — Пушкина, Гоголя, Толстого, Достоевского, Чехова. Я много занимаюсь, но сам говорить боюсь.

— Смелее! Хочешь говорить — говори. Язык — это как плавание. Пока не войдёшь в воду, плавать не научишься. Я вижу, у тебя гигантские планы! Надо начать. «Лиха беда начала», — говорят русские.

— Что ты сказал? Повтори, пожалуйста.

— «Лиха беда начало» — это русская поговорка.

— На́до запо́мнить.
— Ты по́нял, что э́то зна́чит?
— Ка́жется, по́нял. Это зна́чит: начина́ть всегда́ тру́дно. Не на́до э́того боя́ться. Я молоде́ц?
— Коне́чно, молоде́ц. У тебя́ есть языково́е чутьё.
— Языково́е чутьё? Что э́то зна́чит?
— Это зна́чит, что ты чу́вствуешь язы́к и понима́ешь смысл да́же без словаря́.
— Спаси́бо. Напиши́ мне э́то выраже́ние.
— Вот, пожа́луйста.

 НО́ВЫЕ СЛОВА́ И СЛОВОСОЧЕТА́НИЯ

привы́чка, -и; -и 习惯, 习性, 习气

пора́, -ы́; -ы 时候, 时节

прекраща́ть(未) -ю, -ешь; что или с инф. 停止, 终止; прекрати́ть(完) -ащу́, -ати́шь;
~о́пыт, ~собра́ние, ~ бесе́ду, ~ войну́, ~ рабо́тать, ~ спо́рить, ~ опа́здывать, ~ разгова́ривать

оконча́ние, -я 结束; 答辩

защи́та, -ы 保护; 答辩

кану́н, -а; чего (节日的)前一天
~ Но́вого го́да, в ~ пра́здника

продолжа́ться (未, 一、二人称不用) -а́ется 持续

продо́лжиться(完) -ится

экзаменацио́нный, -ая, -ое, -ые 考试的

се́ссия, -и; -и 考试; 考期

полнеде́ли, полуне́дели 或 полнеде́ли (阴)半周

плани́ровать (未) -рую, -руешь; что 计划, 拟定……计到; 设计

надо́лго 很久, 长期

зави́сеть(未) -и́шу, -и́сишь; от кого́-чего́ 取决于……, 由……决定
~ от тебя́, ~ от температу́ры, ~ от слу́чая, ~ от обстоя́тельств, ~ во́ли челове́ка, ~ от своего́ страда́ния

Она́ поступи́ла на рабо́ту и материа́льно бо́льше ни от кого́ не зави́сит. 她上班后就经济独立了。

Мы сде́лали всё, что от нас зави́сит. 我们尽力了。

семе́йный, -ая, -ое, -ые 家庭的; 有家室的

обстоя́тельство, -а; -а 情节, 情形, (复)情况, 环境

Сычуа́нь 四川(省)

наблюда́ть(未) -а́ю, -а́ешь; за кем-чем 观看, 注视; кого́-что 观察, 研究
~ за игро́й в футбо́л, ~ за больны́м, ~ за детьми́, ~ измене́ние пого́ды, ~ состоя́ние больно́го

затме́ние, -я; -я (日、月)食

явле́ние, -я 现象~ приро́ды

мысль, -и (阴)想法, 念头, 主意; (复)信念, 观点, 见解

случа́ться (未, 一、二人称不用) -а́ется 发生

случи́ться (完, 一、二人称不用) -и́тся

ботани́ческий, -ая, -ое, -ие 植物的

пио́н, -а; -ы 牡丹, 芍药

за́нятый, за́нят, занята́ 或 за́нята, за́нято (只用短尾); чем 正忙于某事的, 没有空闲的

Чем ты сейча́с за́нят? 你在忙什么?

Ниче́м я не за́нят. 我啥也没忙。

Все за́няты по го́рло. 大家都忙死了。

обеща́ть(未/完) -а́ю, -а́ешь; кому-чему или с инф. 答应,

允诺；
пообеща́ть (完) -а́ю, -а́ешь

ужа́сный, -ая, -ое, -ые 非常可怕的；非常糟糕的

здоро́ваться (未) -аюсь, -аешься; с кем 打招呼

поздоро́ваться (完), -а́юсь, -а́ешься

приве́тствие, -я 敬礼，问候，致意；祝词，贺词

подчинённый, -ого 下属（人员），部下

ра́вный, ра́вен, равна́, равно́, 相同的，相等的，平等的
~ возмо́жности, ~ по положе́нию

Сын по уму́ ра́вен отцу́. 儿子和父亲一样聪明。

В на́шем о́бществе мужчи́ны и же́нщины равны́. 我们的社会里男女平等。

произноси́ть (未) -ошу́, -о́сишь; что 说出；发音，发出（某种声音）

произнести́ (完) -су́, -сёшь
~ и́мя, ~ фами́лию

Хозя́ин гро́мко произнёс по-ру́сски: «За здоро́вье мое́й дорого́й Луи́зы!». 主人大声用俄语说：为我们亲爱的路易丝的健康干杯！

пожела́ние, -я; -я 愿望，心愿；要求

приве́т (口)(见面或分手时的问候语) 你好

суеве́рие, -я 迷信

сгла́зить (完) -а́жу, -а́зишь; кого́-что (口)(因夸奖、赞美等)引起不吉利的后果，使受损害

благоприя́тный, -ая, -ое, -ые 有利的，适于……的，好的
~ слу́чай, ~ усло́вия, ~ результа́т

переноси́ть (未) -ошу́, -о́сишь; кого́-что 搬到，挪到；迁移；移交

перенести́ (完) -су́, -сёшь; -нёс, -несла́
~ стол в ку́хню, ~ чемода́н в дом, ~ столи́цу в друго́й го́род, ~ сло́во на но́вую строку́

обраща́ться (未) -а́юсь, -а́ешься; к кому, с чем, за чем 向……提出（请求、要求、建议、问题等）；找……，请……（帮助、支持、出主意等）

обрати́ться (完) -ращу́сь, -рати́шься
~ к врачу́, ~ к преподава́телю; ~ с вопро́сом, ~ про́сьбой, ~ предложе́нием, ~ тре́бованием;
~ за по́мощью, ~ за подде́ржкой

обраще́ние, -я 称呼

выража́ть (未) -а́ю, -а́ешь; что 表达，表示；表现出，表露

вы́разить (完) -ажу, -азишь
~ недово́льство, ~ не́жность, ~ свою́ мысль, ~ про́сьбу

сте́пень, -и; -и (阴) 度，程度

официа́льный, -ая, -ое, -ые 正式的；官方的

мили́ция, -и 民警机关；(集) 民警

привлека́ть (未) -а́ю, -а́ешь; кого́-что; 吸引住，引起（兴趣、注意、好奇等）

привле́чь (完) -влеку́, -влечёшь, -влеку́т; привлёк, -влекла́, -ло́

Кри́ки привлекли́ меня́ на пло́щадь. 我循着喊声来到广场。

Рекла́ма привлекла́ большо́е число́ покупа́телей. 广告吸引了大量顾客。

возрожда́ться (未) -а́юсь, -а́ешься (破坏或衰颓后)恢复，复兴，重新生产

возроди́ться (完) -ожу́сь, -оди́шься

Се́льское хозя́йство бы́стро возроди́лось. 农业迅速恢复。

постепе́нно (副) 逐渐地

обстано́вка, -и 形势，局面，情况，环境

междунаро́дная ~, семе́йная ~, ~ в стране́, жить в ми́рной ~е

Бесе́да прошла́ в тёплой и дру́жественной обстано́вке. 座谈会在温暖友好的氛围中举办。

проща́ться (未) -а́юсь, -а́ешься; с кем-чем 告别，道别

попроща́ться (完) -а́юсь, -а́ешься;

фра́за, -ы; -ы 句子，语句

гига́нтский, -ая, -ое, -ие 巨大的，极大的，最大的

беда́, -ы́; бе́ды 不幸，灾难

Лиха́ беда́ нача́ло. <谚>万事开头难。

чутьё, -я 嗅觉，辨别力 языково́е~ 语感

смысл, -а 意义，涵义，意思

выраже́ние, -я 表达，表示

УПРАЖНЕНИЯ И ЗАДАНИЯ

1. 对句中黑体词提问。(Задáйте вопрóсы к вы́деленным словáм.)

1) **До начáла заня́тий** преподавáтель ужé был в аудитóрии.
2) **Мéжду пя́тью н шестью́ часáми** я всегдá бывáю в кабинéте.
3) **Пóсле обéда** студéнты занимáются спóртом.
4) **К вéчеру** отéц вернýлся из командирóвки.
5) **Зáвтра с утрá** я подойдý в деканáт.
6) Дéти хóдят в кружóк пéния **чéрез день пóсле урóков**.
7) **По прáздникам и выходны́м дням** мы чáсто встречáемся.
8) **На другóй день** нам вы́дали докумéнты.
9) **За три часá** молодóй худóжник написáл э́ту картѝну.
10) Переговóры о ценé продолжáлись **три часá**.

2. 将括号里的词汇或词组变成适当形式。(Постáвьте словá в скóбках в нýжной фóрме.)

1) Ребя́та собралѝсь к (час).
2) Пéред (едá) мáльчик помы́л рýки.
3) Шофёр останови́л маши́ну на (полчасá).
4) Я приготóвил вкýсный обéд за (два часá).
5) Все уéхали, а Сóня остáлась на (нéкоторое врéмя), чтóбы закóнчить рабóту.
6) Позовѝте Кóлю на (минýта).
7) Пóсле (шесть часóв) звонѝте мне домóй.
8) Заместѝтель дирéктора уéхал в Хабáровск на (три недéли).
9) В (э́та суббóта) Кóстя и Тамáра сыгрáют свáдьбу.
10) По (четвергѝ) у нас в институ́те покáзывают фи́льмы на рýсском языкé.

3. 用前置词填空。(Встáвьте вмéсто прóпусков предлóги.)

(до, с, к, по, в, на, чéрез, пóсле, за, при)

1) Ира всегдá бы́стро читáет, онá прочитáла э́ту пóвесть _____ одѝн вéчер.
2) _____ шестѝ часóв Анна начáла убирáть кóмнату.
3) _____ заня́тий я обы́чно читáю вслух полчасá.
4) Говоря́т, что _____ два мéсяца на э́той ýлице открóют нóвый супермáркет.
5) _____ какѝм дням у вас бывáет консультáция?
6) Теря́ть врéмеии не стóит. Начáльник бýдет тóлько _____ пятѝ.
7) Вчерá я óчень устáла и леглá спать _____ полдеся́того.

8) _____ какой неделе состоится семинар?

9) Извините, я могу с вами встретиться _____ футбольного матча.

10) _____ беседе мы договорились о времени и месте лечения.

4. 用所给的词或词组回答问题。(Ответьте на вопросы словами в колонках.)

1) Когда вы уезжаете в родной город?   十一后
2) Когда в нашем институте проходят вечера дружбы?   新年前
3) Когда вам сообщили, что соревнований не будет?   上周五
4) Когда специалист по русской литературе будет делать доклад?   下周末
5) За сколько времени вы выбрали костюм?   半小时
6) На какой срок можно взять книги в библиотеке?   两个月
7) Когда вам подарили этот русско-китайский словарь?   去年夏天
8) Когда вы переписывались с Максимом?   中学时
9) Когда вы сдали пальто в чистку?   昨天晚饭前
10) Когда вы послали электронное письмо своему другу?   课间

5. 对画线词提问并用该词或词组造句。(Задайте вопросы к подчёркнутым словам и составьте предложения с данным словами.)

1) Извините, директора нет, он вышел <u>на минуту</u>.
2) Дима заболел, врач советует ему ничего не есть <u>за два часа перед сном</u>.
3) <u>Год от года</u> количество студентов в университете увеличивается.
4) На соседней улице <u>за три месяца</u> построили детский сад.
5) <u>Каждый день после школы</u> Коля сразу возвращался домой.
6) <u>Вечером</u> ему часто звонили по телефону.
7) Папа и мама не поняли: кто же звонит их сыну <u>целый вечер</u>?
8) Позавчера я купила календарь <u>на следующий год</u>.
9) Первый космонавт Юрий Гагарин полетел в космос <u>в 1961-ом году</u>.
10) У нас в библиотеке перерыв <u>до двух часов</u>.

6. 翻译下列句子。(Переведите следующие предложения с китайского языка на русский.)

1) 吃晚饭时爸爸介绍了他们厂今年的计划。
2) 下雨前天空中乌云密布,刮大风。
3) 回到北京以后王教授开始讲授俄罗斯文学史。
4) 火车在本站只停了3分钟,所以我没下车买吃的。
5) 一般我五六点钟下班,今天我得晚饭后才回来。
6) 每周六市展览馆都有展览,明天是轻工业展。
7) 昨天是星期天,我们一大早就去郊外了,在林子里走了很长时间。

8) 我们学院每学期举办两次俄文晚会。
9) 教学楼只用6个月就建好了，共8层，有近200间教室。
10) 我9月15日到，住3天，因为20日有比赛。

 7. 写出下列词的反义词。(Напишите антонимы к данным словам.)

старший	здороваться
сокращать	дурной
больший	пожилой
хороший	уходить
редко	можно

 8. 填表格。(Дополните таблицу.)

	Обращение к мужчине	Обращение к женщине
1.	мальчик	девочка
2.		гражданка
3.		
4.	Господин Орлов	
5.	дедушка	

 9. 续对话。(Допишите диалоги.)

1) — Добрый день!
   —

2) — Как дела?
   —

3) —
   — Идите прямо, потом поверните налево.

4) — Всего хорошего!
   —

5) — Бабушка, садитесь, пожалуйста.
   —

6) —
   — Спасибо, нормально. А у тебя?

7) — Девушка, можно вас на минуту?
   —

8) —
   — Пока!

10. 翻译下列词组。(Переведите следующие словосочетания.)

家庭状况，天南地北地聊，电话无人接听，去植物园，路上严重塞车，美丽的星空，见面时打招呼，一天中的任何时间，将困难转嫁给他人，对亲戚朋友称"你"，在正式场合，商人之间的交往，对长辈和陌生人称名字和父称，先生、女士的称呼恢复使用，怕开口说俄语，语感好

 11. 根据情境编对话。(Придумайте и разыграйте диалоги (6–8 реплик) по данным ситуациям.)

1) В транспорте.
2) Короткая встреча с другом.
3) Разговор с молодой продавщицей.
4) Приветствие бизнесменов на переговорах.
5) Прощание с друзьями, уход домой.

 12. 按课文内容回答问题。(Ответьте на вопросы по тексту.)

1) Сколько раз в день обычно приветствуют русские?
2) Употребляют ли русские приветствия «Утро!», «День!», «Вечер!» ?
3) Кому и когда можно сказать «Привет!»?
4) Как русские отвечают на вопрос «Как дела?» ?
5) Чего они стараются не говорить при ответе на вопрос «Как дела?» ? Почему?
6) К кому обращаются на «ты», а к кому на «вы»? Почему?
7) Когда возможно перейти на «ты»?
8) Что значит выражение «он ушёл по-английски»?
9) Почему русские редко говорят «прощай», когда кто-то уходит?
10) Как прощается молодёжь?

 13. 记住下列词语并运用这些词讲述：我是如何学俄语的。(Запомните следующие слова и употребите их в своём рассказе: «Как я изучаю русский язык».)

языкознание 语言学

лингвистика 语言学

прикладная лингвистика 应用语言学

теоретическая лингвистика 理论语言学

общее языкознание 普通语言学

филология 语文学

фонетика 语音；语音学

морфология 词法；形态学；

синтаксис 句法；句法学

14. 按要求讲述。(Составьте рассказ по данной теме.)

«Как вы общаетесь с друзьями? Есть ли у вас русские друзья? Как вы подружились?»

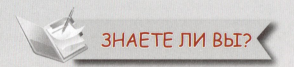
ЗНАЕТЕ ЛИ ВЫ?

Народы России говорят более чем на 100 языках и диалектах. Наиболее распространённые языки — русский, украинский, белорусский и немецкий (индоевропейская семья), татарский и чувашский (алтайская), удмуртский и марийский (уральская языковая семья). Самым распространённым языком в России является русский. Он также считается государственным языком Российской Федерации.

УРОК 2

> **ГРАММАТИКА**
> ☞ I. 俄罗斯人的姓名及其变格 (ру́сские имена́, о́тчества, фами́лии и их склоне́ние)
> II. 非俄罗斯人的姓名变格 (склоне́ние неру́сских имён и фами́лий)
>
> **ТЕКСТ** О ру́сских имена́х
> **ДИАЛОГ** Встре́ча с интере́сным челове́ком

ГРАММАТИКА

听录音请扫二维码

I. 俄罗斯人的姓名及其变格
ру́сские имена́, о́тчества, фами́лии и их склоне́ние

俄罗斯人的姓名由三部分组成，即名字(и́мя)、父称(о́тчество)和姓(фами́лия).

1. **名字 (и́мя)**

俄罗斯人的名字分男人名和女人名，大都是从现成的名字中选用。

1) 常见的男人名字：

Алекса́ндр, Евге́ний, Вале́рий, Кла́вдий, Андре́й, Анто́н, Арка́дий, Бори́с, Вади́м, Васи́лий, Ви́ктор, Вита́лий, Влади́мир, Вячесла́в, Ге́рман, Глеб, Григо́рий, Дени́с, Дми́трий, Его́р, Ерофе́й, Ефи́м, Ива́н, И́горь, Илья́, Ио́сиф, Карп, Кири́лл, Константи́н, Кузьма́, Лавре́нтий, Лев, Леони́д, Лео́нтий, Лука́, Лукья́н, Макси́м, Матве́й, Митрофа́н, Михаи́л, Ники́та, Никола́й, Оле́г, Па́вел, Пётр, Рома́н, Святосла́в, Севастья́н, Семён, Серге́й, Си́мон, Станисла́в, Степа́н, Тара́с, Тиму́р, Фёдор, Фили́пп, Я́ков, Яросла́в

2) 常见的女人名字：

Алекса́ндра, Евге́ния, Вале́рия, Валенти́на, Варва́ра, Кла́вдия, Кристи́на, А́лла, Анастаси́я, Ангели́на, А́нна, Ве́ра, Викто́рия, Гали́на, Да́рья, Е́ва, Екатери́на, Еле́на, Елизаве́та, Зинаи́да,

Зо́я, Ири́на, Лари́са, Ли́дия, Любо́вь, Людми́ла, Ма́йя, Маргари́та, Мари́на, Мари́я, Наде́жда, Ната́лья, Ни́на, Ольга, Раи́са, Светла́на, Серафи́ма, Со́фья, Тама́ра, Татья́на, Улья́на, Юлия

俄罗斯人的名字还分为大名、小名和爱称。例如：

	大名	小名	爱称
男人名	Алекса́ндр	Са́ша, Шу́ра	Са́шенька, Шу́рочка
	Влади́мир	Воло́дя	Воло́денька, Во́вочка
	Серге́й	Серёжа	Серёженька
	Никола́й	Ко́ля	Ко́ленька
	Ива́н	Ва́ня	Ва́нечка
女人名	Анна	Аня	Аннушка
	Евге́ния	Же́ня	Же́нечка
	Ната́лья	Ната́ша	Ната́шенька
	Ольга	Оля	Олечка
	Татья́на	Та́ня	Та́нечка

2. 父称 (о́тчество)

俄罗斯人的父称是通过父亲的名字加构词后缀 -ович, -овна, -евич, -евна, -ич, -инична 等构成的。

1) 父称的构成

А. 父亲的名字以硬辅音结尾时，加后缀 -ович 和 -овна。例如：

Алекса́ндр	Алекса́ндрович	Алекса́ндровна
Анто́н	Анто́нович	Анто́новна
Влади́мир	Влади́мирович	Влади́мировна
Ива́н	Ива́нович	Ива́новна
Макси́м	Макси́мович	Макси́мовна

Б. 父亲的名字以软音符号 ь 或者 й 结尾时，去掉 ь 或 й，加后缀 -евич 和 -евна。例如：

Игорь	Игоревич	Игоревна
Ла́зарь	Ла́заревич	Ла́заревна
Алексе́й	Алексе́евич	Алексе́евна
Андре́й	Андре́евич	Андре́евна
Тимофе́й	Тимофе́евич	Тимофе́евна

В. 父亲的名字以 -ий 结尾时，将 ий 变为软音符号 ь，然后加构词后缀 -евич 和 -евна。例如：

Вита́лий	Вита́льевич	Вита́льевна
Генна́дий	Генна́дьевич	Генна́дьевна
Григо́рий	Григо́рьевич	Григо́рьевна
Евге́ний	Евге́ньевич	Евге́ньевна

Г. 父亲的名字以元音结尾时，去掉元音，加后缀-и́ч和-и́ничн(а)。例如：

Илья́	Ильи́ч	Ильи́нична
Кузьма́	Кузьми́ч	Кузьми́нична
Лука́	Луки́ч	Луки́нична
Фома́	Фоми́ч	Фоми́нична

俄语中以-ий结尾的男性名字，在构成父称时除了可以加-ьевич和-ьевна以外，也可以直接加构词后缀-евич和-евна构成父称。例如：

| Аза́рий | Аза́рьевич (–евна) | Аза́риевич (–евна) |
| Аки́нфий | Аки́нфьевич (–евна) | Аки́нфиевич (–евна) |

俄语中以元音结尾的男性名字构成女性父称时，除了可以使用构词后缀-инична以外，也可以直接在表示男性父称的构词后缀-ич后加-на。例如：

Ми́на	Ми́нинична	Ми́нична
Са́вва	Са́ввинична	Са́ввична
Фо́ка	Фо́кинична	Фо́кична

对于俄语中以-слав为词干的男性名字变成父称时也要加构词后缀-ич，构成女性父称时则要加构词后缀-на。例如：

Владисла́в	Владисла́вич	Владисла́вна
Вячесла́в	Вячесла́вич	Вячесла́вна
Станисла́в	Станисла́вич	Станисла́вна
Яросла́в	Яросла́вич	Яросла́вна

2）父称的读音规则

A. 父称和名字连读时，如果构词后缀-ович和-евич在非重读音节中，那么构词后缀-óвич读作[ыч']或者[ъч']，而构词后缀-éвич读作[ич']。例如：

Антóнович	Антóн[ыч']
Бори́сович	Бори́с[ыч']
Ивáнович	Ивáн[ыч']
Алексéевич	Алексé[ич']
Андрéевич	Андрé[ич']
Сергéевич	Сергé[ич']
Васи́льевич	Васи́л[ич']

Б. 女性的父称在读音时如果遇到-ée-时只发一个[e]；如果遇到了-áe-时只发一个[a]。即非重读音节中的e是不发音的，同时非重读音节中的-ов-和-ев-通常情况下也不发音。例如：

Алексéевна	Алекс[é] вна
Андрéевна	Андр[é] вна
Сергéевна	Серг[é] вна
Тимофéевна	Тимоф[é] вна
Николáевна	Никол[á] вна
Влади́мировна	Влади́ми[рн]а
Ивáновна	Ивá[н]а
Макси́мовна	Макси́[мн]а
Анатóльевна	Анатó[л'н]а
Васи́льевна	Васи́[л'н]а

 注4

有一些俄罗斯男性名字具有"可变重音"，即重音在词形变化时移动到原来没有重音的音节上。这样的父称在读音时需要特别注意。例如：

Пётр	Петрóвич	Петрóвна
Михаи́л	Михáйлович	Михáйловна
Лев	Львóвич	Львóвна

3. **姓**(фами́лия)

俄罗斯人的姓分为男人姓和女人姓，其结尾形式不同。

1）男人的姓通常以-ов, -ев, -ин结尾。例如：

Ивáнóв, Петрóв, Румя́нцев, Бу́нин

2) 女人姓通常以-ова, -ева, -ина 结尾。例如：

Ивано́ва, Петро́ва, Румя́нцева, Бу́нина

3) 以形容词词尾结尾。例如：

Толсто́й, Зе́мская, Остро́вский, Кру́пская

4) 姓的复数形式表示："……一家人"。例如：

Ивано́вы, Петро́вы, Бу́нины, Зе́мские

4. 俄罗斯人姓名的变格

1) 名字和父称的变格与动物名词相同。

格 名称	男人名	男人父称	女人名	女人父称
一格	Оле́г	Макси́мович	Татья́на	Анто́новна
二格	Оле́га	Макси́мовича	Татья́ны	Анто́новны
三格	Оле́гу	Макси́мовичу	Татья́не	Анто́новне
四格	Оле́га	Макси́мовича	Татья́ну	Анто́новну
五格	Оле́гом	Макси́мовичем	Татья́ной	Анто́новной
六格	об Оле́ге	о Макси́мовиче	о Татья́не	об Анто́новне

2) 姓的变格有以下几种情况：

А. 以-ой, -ий, -ая, -яя 结尾的姓按照形容词变格。例如：

一格	Го́рький	Толсто́й	Залевска́я
二格	Го́рького	Толсто́го	Залевско́й
三格	Го́рькому	Толсто́му	Залевско́й
四格	Го́рького	Толсто́го	Залевску́ю
五格	Го́рьким	Толсты́м	Залевско́й
六格	о Го́рьком	о Толсто́м	о Залевско́й

Б. 以-ов, -ев, -ин 结尾的男人姓按照动物名词变格，但第五格词尾同形容词，为-ым。例如：

一格	Петро́в	Медве́дев	Пу́шкин
二格	Петро́ва	Медве́дева	Пу́шкина
三格	Петро́ву	Медве́деву	Пу́шкину
四格	Петро́ва	Медве́дева	Пу́шкина
五格	Петро́вым	Медве́девым	Пу́шкиным
六格	о Петро́ве	о Медве́деве	о Пу́шкине

В. 以-ова, -ева, -ина 结尾的女人姓变格时，除第四格为-y外，其他各格均为-ой。例如：

一格	Петро́ва	Медве́дева	Пу́шкина
二格	Петро́вой	Медве́девой	Пу́шкиной
三格	Петро́вой	Медве́девой	Пу́шкиной
四格	Петро́ву	Медве́деву	Пу́шкину
五格	Петро́вой	Медве́девой	Пу́шкиной
六格	о Петро́вой	о Медве́девой	о Пу́шкиной

Г. 姓的复数形式按照形容词变格：

一格	Петро́вы	Го́рькие	Пу́шкины
二格	Петро́вых	Го́рьких	Пу́шкиных
三格	Петро́вым	Го́рьким	Пу́шкиным
四格	Петро́вых	Го́рьких	Пу́шкиных
五格	Петро́выми	Го́рькими	Пу́шкиными
六格	о Петро́вых	о Го́рьких	о Пу́шкиных

注：

以-енко结尾的姓通常不变。

5. 俄罗斯人姓名的用法

常见用法有如下几种：

1) 表示尊敬时(如对长辈、上级、陌生人)要称呼名字和父称。例如：

(1) До́брый день, Илья́ Рома́нович! С прие́здом вас!

您好，伊里亚·罗曼诺维奇，欢迎您的到来！

(2) Скажи́те, пожа́луйста, Татья́на Андре́евна, как э́то сло́во произно́сится?

请问，塔吉娅娜·安德烈耶夫娜，这个词怎么读？

2) 在关系较密切的人们之间(家庭成员、朋友、同事)或长辈对晚辈通常只称呼名字或小名。例如：

(1) Но́чью Алёша ви́дел сон.

夜里阿廖沙做了个梦。

(2) Со́ня, помоги́ скоре́е.

索尼娅，快来帮忙。

3) 在与表示人的身份、职务等方面的词连用时一般只用姓。例如：

(1) Дóктор Виногрáдов, вас прóсят к телефóну.

维诺戈拉多夫医生，您的电话。

(2) Лéкцию по психолóгии нам читáет профéссор Жýков.

茹科夫教授给我们上心理学课。

4) 单独使用父称，通常多出现于口语中，多为相互很熟悉、很亲密的人之间的一种亲昵的、尊重的或者是戏谑、玩笑的称呼。例如：

(1) А мы с тобóй, Ивáныч, пойдём в кинó.

伊万内奇，咱们一块儿去电影院吧。

(2) Здорóво, Ромáныч, рад тебя́ ви́деть.

你好啊，罗曼内奇，见到你真高兴。

5) 表达亲切等情感时用爱称。例如：

(1) Лю́бочка, ми́лая моя́, слу́шайся меня́.

柳芭奇卡，亲爱的，听我的话。

(2) Сáшенька, спи спокóйно.

萨申卡，好好睡吧。

6) 正式的、庄严的场合通常用全称(名字、父称、姓)。例如：

(1) Давáйте попривéтствуем президéнта Росси́йской Федерáции Влади́мира Влади́мировича Пýтина и председáтеля Китáйской Нарóдной Респýблики Си Цзиньпина.

让我们欢迎俄罗斯联邦总统弗拉基米尔·弗拉基米罗维奇·普京和中华人民共和国主席习近平。

(2) Пётр Ильи́ч Чайкóвский явля́ется одни́м из сáмых выдаю́щихся композиторов Росси́и.

彼得·伊里奇·柴可夫斯基是俄国最杰出的音乐家之一。

6. 俄罗斯人姓名的书写

俄罗斯人的姓名在书写时，可以按照姓、名字、父称的顺序，也可以是名字、父称、姓。例如：

Жýков Алексáндр Дми́триевич

Бори́с Леони́дович Пастернáк

一般情况下，姓全写，名字和父称简写，用头一个字母，两部分之间字母后下方用略号"."隔开，但译成中文时，"·"放在中间。例如：

А. Д. Жýков　　阿·德·茹科夫

В. И. Лéнин　　弗·伊·列宁

Ⅱ. 非俄罗斯人的姓名变格
склонéние нерýсских имён и фамúлий

非俄罗斯人，包括中国人、独联体各国以及欧美各国人的姓名特点和变格情况如下：

1. 欧美人姓名的两个部分：姓和名，书写时一般名在前，姓在后。例如：

Николáй Копéрник　　尼古拉·哥白尼
　　名　　　姓

Чáрли Чáплин　　查理·卓别林
　　名　　姓

男人姓名变格同阳性动物名词，以元音结尾的男人姓名不变，女人名一般不变。例如：

(1) Мне óчень хотéлось послýшать мýзыку Иóганна Штрáуса.
　　我非常想听约翰·施特劳斯的音乐。

(2) В том годý онú встрéтились с Рúчардом Нúксоном.
　　那年他们和理查德·尼克松见过面。

2. 中国人姓名姓在前，名在后，如果名字是两个字，不分开。例如：

Ли Юйфан　　李玉芳

Чжан Сипин　　张希平

中国男人姓名连用时，只变名，不变姓；分开使用时，则都要变。女人姓名均不变。例如：

(1) Мы пошлú вмéсте с товáрищем Чжáном.（男）
　　我们是和张同志一起去的。

(2) Мы пошлú вмéсте с товáрищем Ван.（女）
　　我们是和王同志一起去的。

(3) По э́тому вопрóсу спросúте Ван Дýна.（男）
　　这件事去问王东。

РЕЧЕВЫЕ ОБРАЗЦЫ

1. — С кем вы познакóмились во врéмя óтдыха?

　— Мы познакóмились с　Николáем Максúмовичем.
　　　　　　　　　　　　　Óльгой Геннáдьевной.
　　　　　　　　　　　　　Захáровыми.

(Сергéй Петрóвич, Борúс Васúльевич, Надéжда Сúмоновна, Зинаúда Алексáндровна, Пáвловы, Лапшины́)

2. — У кого вы ча́сто быва́ете по воскресе́ньям?

— Мы ча́сто быва́ем у   Ники́ты Арка́дьевича.
　　　　　　　　　　　　 Ю́лии Константи́новны.
　　　　　　　　　　　　 Бело́вых.

(Фома́ Ники́тич, Вячесла́в Анто́нович, Ри́мма Влади́мировна, Серафи́ма Луки́нична, Попо́вы, Суса́нины)

3. — Кому́ на́до позвони́ть, чтобы узна́ть о конкре́тной да́те прибы́тия делега́ции?

— Сове́тую позвони́ть   Андре́ю Анато́льевичу Твардо́вскому.
　　　　　　　　　　　　 Зо́е Па́вловне Найдёновой.

(Генна́дий Фёдорович Са́харов, Ю́рий Дми́триевич Шатуно́вский, Варва́ра Ива́новна Юсу́пова, Ни́на Бори́совна Жарко́ва, профе́ссор Яку́нин, дире́ктор Заха́рова)

4. Иностра́нные студе́нты написа́ли дипло́мные рабо́ты о(об)   Алекса́ндре Дюма́.
　　　　　　　　　　　　　　　　　　　　　　　　　　　　　　 Го Можо́.
　　　　　　　　　　　　　　　　　　　　　　　　　　　　　　 Мао Цзэду́не.

(Чжо́у Эньла́й, Леона́рдо да Ви́нчи, Мо́царт, Бетхо́вен, Копе́рник)

5. В мо́лодости Фиде́ль Ка́стро увлека́лся революцио́нной литерату́рой   Ле́нина.

(Ста́лин, При́мо де Риве́ру, Хосе́ Ма́ти)

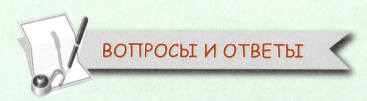

ВОПРОСЫ И ОТВЕТЫ

1. — Чьё и́мя но́сит Моско́вский госуда́рственный университе́т?
   — С 1940-го го́да МГУ но́сит и́мя Михаи́ла Васи́льевича Ломоно́сова.
2. — Ты слы́шал о Никола́е Васи́льевиче Го́голе?
   — Коне́чно! Это вели́кий ру́сский писа́тель. В Харби́не есть у́лица Го́голя и па́мятник ему́.
3. — Почему́ ты сиди́шь в чита́льном за́ле с утра́ до ве́чера?
   — Я гото́влю докла́д о семье́ Мари́ны Ива́новны Цвета́евой и её поэти́ческом насле́дии.
4. — С кем из поэ́тов ты хоте́л бы поговори́ть?
   — Со мно́гими! Наприме́р, я бы побесе́довал о стиха́х с А́нной Андре́евной Ахма́товой, с Никола́ем Степа́новичем Гумилёвым. Ещё за́дал бы вопро́сы о жи́зни

в пари́жской эмигра́ции поэ́там Гео́ргию Ивано́ву и Ири́не Одо́евцевой.
5. — Мы проезжа́ем пло́щадь. Кому́ э́тот па́мятник, кото́рый стои́т в це́нтре?
   — Это па́мятник Алекса́ндру Серге́евичу Пу́шкину.
6. — О чём расска́зывается в э́той кни́ге?
   — О жи́зни замеча́тельного росси́йского полково́дца Михаи́ла Илларио́новича Куту́зова.
7. — Тебе́ нра́вится кита́йская жи́вопись?
   — Да, я восхища́юсь карти́нами Ци Байши́. В них сто́лько внима́ния к жи́зни, сто́лько красоты́, то́чности, и при э́том — ми́нимум дета́лей, ничего́ ли́шнего.
8. — Что необходи́мо знать, что́бы поня́ть кита́йский национа́льный хара́ктер?
   — Ты слы́шал о Кун-цзы? В Росси́и его́ при́нято называ́ть «Конфу́ций». Почита́й о нём.
9. — Куда́ бы ты пое́хал на кани́кулах?
   — Мечта́ю посети́ть Ита́лию, свои́ми глаза́ми уви́деть произведе́ния мастеро́в Возрожде́ния — Леона́рдо да Ви́нчи, Микела́нджело, Рафаэ́ля и други́х.
10. — Зна́ешь, Юра, кто вошёл в шорт-лист рейтинга «Челове́к го́да» журна́ла *Time*?
    — Как я зна́ю, в спи́сок попа́ли До́нальд Трамп, Хи́ллари Кли́нтон, Наре́ндра Мо́ди, а так же Марк Цу́керберг, Влади́мир Пу́тин и други́е.

О ру́сских имена́х

У ка́ждого из нас есть и́мя. У ру́сских, кро́ме и́мени, есть о́тчество и фами́лия. Отчество — э́то осо́бая фо́рма и́мени отца́. Фами́лия перехо́дит от отца́ к сы́ну. Же́нщины, как пра́вило, но́сят фами́лию отца́ то́лько до заму́жества. Выходя́ за́муж, же́нщины обы́чно беру́т фами́лию му́жа. Иногда́ же́нщины сохраня́ют отцо́вскую (деви́чью) фами́лию.

Быва́ет, что лю́ди но́сят одно́ и́мя. Это тёзки. Иногда́ не ро́дственники но́сят одина́ковую фами́лию. Это однофами́льцы. Одни́ имена́ употребля́ют о́чень широко́, други́е встреча́ются ре́дко. То же отно́сится и к фами́лиям. Наприме́р, Ивано́вых в Москве́ 100 ты́сяч (из них 1000 Ива́нов Ива́новичей), Смирно́вых — 80 ты́сяч, Петро́вых 50 ты́сяч, Васи́льевых 45 ты́сяч.

Имена́ име́ют свою́ исто́рию. Они́ возника́ют, изменя́ются, исчеза́ют. Дре́вние ру́сские имена́ бы́ли своеобра́зными характери́стиками люде́й. Имя дава́лось как приме́та, по кото́рой мо́жно бы́ло вы́делить челове́ка из семьи́ и́ли ро́да. Таки́е имена́ отража́ли физи́ческие и́ли мора́льные сво́йства люде́й (Мал, Бел, Добр, Храбр, Умник), поря́док рожде́ния дете́й, отноше́ние к ним родителей (Первак, Второк, Третьяк, Ждан, Неждан, Любим), профессию, занятие человека и т.д.

С появлением на Руси христианства имена стали даваться церковью. Могли называть только именами из специальных книг. Эти имена когда-то тоже обозначали моральные или физические достоинства человека. Например, Александр — защитник людей, Виктор — победитель, Геннадий — благородный, Галина — тишина, Елена — светлая, сверкающая, Зоя — жизнь, Ирина — мир.

Некоторые имена и фамилии кажутся обыкновенными (Волков, Попов, Екатерина, Сергей). Другие — странными и необычными (Эльвира, Булах). Как у русских могли появиться иноязычные имена и фамилии? В России всегда проживало немало мужчин из других стран. Они нередко женились на русских, оставались в России. Их имена и фамилии переходили из поколения в поколение.

Многим детям дают имена литературных героев. Давно стали популярными имена пушкинских героев (Ольга, Татьяна, Евгений, Владимир). Многие из необычных имён в России не прижились. Иногда люди с такими именами меняют их на простые, обычные. Сегодня в России большинство родителей выбирают своим детям традиционные русские имена.

Встреча с интересным человеком

(Преподаватель и студенты)
— Здравствуйте! Сегодня у нас необычный урок, к нам приехал на лекцию гость из России. Давайте познакомимся с нашим гостем! Ребята, постарайтесь узнать о нём как можно больше. Задавайте ему интересные вопросы. Начинайте!

(Гость и студенты)
— Здравствуйте! Добро пожаловать в Китай!
— Добрый день! Спасибо!
— Разрешите с вами познакомиться. Как к вам обращаться?
— Карен Борисович Драгунский. Карен — это имя. Борисович — отчество, Драгунский — фамилия.
— Очень приятно. Карен Борисович, у вас такое необычное имя. Почему вас так назвали?
— Вы правы, это не русское имя. Так звали моего деда, отца моей матери, он был армянин.
— А где вы работаете? Кто вы по профессии?
— Я журналист, работаю в журнале «Вокруг света», езжу по миру и пишу о том, что вижу

и узнаю́. В э́том году́ я бу́ду жить и рабо́тать здесь, писа́ть о Кита́е и кита́йцах для ру́сских чита́телей.

— Вы пе́рвый раз в Кита́е?

— Нет, уже́ второ́й. Впервы́е я посети́л Кита́й в а́вгусте 2008 го́да, когда́ прие́хал на Пеки́нскую Олимпиа́ду.

— Вы выступа́ли на Олимпи́йских и́грах?

— Ну что вы, спорт — э́то моё хо́бби. Я писа́л об Олимпиа́де статьи́ для росси́йских газе́т и журна́лов.

— Здо́рово! А каки́е иностра́нные языки́ вы зна́ете?

— Хорошо́ зна́ю англи́йский, немно́го говорю́ по-неме́цки, понима́ю по́льский и украи́нский, ведь они́ похо́жи на ру́сский язы́к.

— Вы зна́ете кита́йский язы́к?

— Пока́ я зна́ю лишь не́сколько фраз, могу́ обща́ться с людьми́ в магази́не, рестора́не, гости́нице, могу́ сказа́ть такси́сту, куда́ мне на́до е́хать. Я бу́ду изуча́ть кита́йский язы́к на ку́рсах.

— Вы сказа́ли, что ва́ше хо́бби — спорт. Каки́м ви́дом спо́рта вы увлека́етесь?

— О́чень люблю́ пла́вать, я ма́стер спо́рта по пла́ванию. Ещё игра́ю в те́ннис, баскетбо́л, бе́гаю.

— Чем вы ещё увлека́етесь?

— Люблю́ путеше́ствовать. Я счастли́вый челове́к, потому́ что моя́ рабо́та почти́ совпада́ет с мои́м хо́бби.

— Как журнали́ст, что вы ду́маете о Кита́е?

— Огро́мная, зага́дочная и о́чень интере́сная страна́. На́ши чита́тели хотя́т бо́льше знать о Кита́е.

— Вам нра́вится кита́йская ку́хня?

— Коне́чно. Кита́йская ку́хня популя́рна во всём ми́ре, я быва́л в кита́йских рестора́нах и в Росси́и, и в Аме́рике, но са́мые вку́сные кита́йские блю́да ел в Кита́е.

— А мо́жно ли́чный вопро́с? У вас есть семья́?

— Да, я жена́т. У меня́ есть дочь. Моя́ жена́ сейча́с в Москве́, преподаёт в университе́те ру́сский язы́к иностра́нцам. Дочь у́чится в МГУ, хо́чет стать журнали́стом.

(Преподава́тель)

— На́ша встре́ча подхо́дит к концу́. Дава́йте поблагодари́м на́шего го́стя за отве́ты. Большо́е спаси́бо!

— Спаси́бо за тёплую встре́чу. Рад был с ва́ми познако́миться и поговори́ть.

— Приходи́те к нам ещё!

— Спаси́бо за приглаше́ние, обяза́тельно приду́.

НОВЫЕ СЛОВА И СЛОВОСОЧЕТАНИЯ

произноси́ться(未)-сится; 说出;发音,发出
произнести́сь(完)-сётся, -су́тся
психоло́гия, -и; -и 心理学;心理
споко́йно (副) 安静地;平静地
президе́нт, -а; -ы 总统
Росси́йская Федера́ция (РФ) 俄罗斯联邦
председа́тель, -я; -и (阳)主席
Кита́йская Наро́дная Респу́блика (КНР) 中华人民共和国
явля́ться(未)-я́юсь, -я́ешься; кем-чем ……是
яви́ться(完) явлю́сь, я́вишься;
о́тдых, -а 休息
знако́миться(未)-млюсь, -мишься;
с кем-чем (或无补语) 相识,认识
познако́миться(完)-млюсь, -мишься;
конкре́тный, -ая, -ое, -ые 具体的
да́та, -ы, -ы 日期
прибы́тие, -я 到达,来到
чита́льный, -ая, -ое, -ые 阅读用的
поэти́ческий, -ая, -ое, -ие 诗的;艺术创作的;富有诗意的
насле́дие, -я; -я 遗产
пари́жский, -ая, -ое, -ие 巴黎的
эмигра́ция, -и 侨居国外,(集)侨民
восхища́ться(未)-ща́юсь, -ща́ешься; кем-чем 赞叹,赞赏

钦佩
восхити́ться(完)-ищу́сь, -ити́шься;
то́чность, -и; -и (阴)准确度,准确性
дета́ль, -и; -и (阴)详情;细节;零件,配件
Кун-цзы (Конфу́ций) 孔子
Ита́лия 意大利
Возрожде́ние, -я 复活;复兴,恢复
шорт-лист, -а 名单
ре́йтинг, -а 排行榜
спи́сок, -а 列表,名单
спи́сок книг 书单
заму́жество, -а (指女人)结婚,出嫁
отцо́вский, -ая, -ое, -ие 父亲的,父亲般的
деви́чий, -чья, -чье, -чьи 少女的
тёзка, -и (阳及阴)同名的人
одина́ковый, -ая, -ое, -ые 一样的,同样的
однофами́лец, -льца; -льцы 同姓的人
изменя́ться(未)-я́юсь, -я́ешься; 变样,起变化
измени́ться(完)-ню́сь, -ме́нишься;
исчеза́ть(未)-а́ю, -а́ешь; 消失,消逝
исче́знуть(完)-ну, -нешь; -е́з, -е́зла
своеобра́зный, -ая, -ое -ые; -зен, -зна 独特的,与众不同的;

别出心裁的
характери́стика, -и; -и 评定,评述;特性,特征
дава́ться(未)даю́сь, даёшься; 允许,受;(一、二人称不用)容易掌握
да́ться(完)да́мся, да́шься, да́стся, дади́мся, дади́тесь, даду́тся
приме́та, -ы; -ы 特征,标记;预兆,兆头
выделя́ть(未)-я́ю, -я́ешь; кого-что 挑出,选出;区分出,标出
вы́делить(完)-лю, -лишь;
род, -а; -ы́ 族,氏族;世系;代,辈
отража́ть(未)-а́ю, -а́ешь; кого-что 反映,表现
отрази́ть(完)-жу́, -зи́шь;
мора́льный,-ая, -ое -ые; 道德上的,有道德的;精神上的
сво́йство, -а 性质,性能;特性,本性
хра́брый, -ая, -ое, -ые 勇敢的,大胆的
у́мник, -а (口)聪明人,机灵人
христиа́нство, -а; -а 基督教
це́рковь, -и; -т (阴)教会;教堂
специа́льный, -ая, -ое, -ые 专门的,特别的;专业的,专科的
обознача́ть(未)-а́ю, -а́ешь; что 标志出,标上符号
обозна́чить(完)-чу́, -чишь;
защи́тник, -а; -и 保卫者,维护者
победи́тель, -я; -и (阳)胜利者

УРОК 2

благоро́дный, -ая, -ое, -ые 高尚的,崇高的;卓越的,优美的
сверка́ющий, -ая, -ее, -ие 闪烁的,闪耀的(сверка́ть 的主动行动词)
обыкнове́нный, -ая -ое, -ые 常见的,通常的;普通的,平凡的
иноязы́чный, -ая, -ое, -ые 说另一种语言的;外来语的
прожива́ть(未)-а́ю, -а́ешь; что 活(若干时间);居住,生活(若干时间)
прожи́ть(完)-иву́, -ивёшь; про́жил (прожи́л), прожила́, про́жило (прожи́ло)

прижива́ться(未)-а́юсь, -а́ешься 住惯
прижи́ться(完)-иву́сь, -ивёшься;
дед, -а; -ы 祖父;外祖父
армяни́н, -а; -я́не, -я́н 亚美尼亚人
впервы́е (副)初次,首次
по́льский, -ая, -ое, -ие 波兰的,波兰人的
украи́нский, -ая, -ое, -ие 乌克兰的,乌克兰人的
обща́ться(未)-а́юсь, -а́ешься; с кем 与……交往,交际

увлека́ться(未)-а́юсь, -а́ешься; кем-чем 全神贯注,专心致志于;迷恋,酷爱;爱上
увле́чься(完)-еку́сь, -ечёшься, -еку́тся; -ёкся, -екла́сь; ~люби́мой рабо́той
совпада́ть (未,一、二人称不用) -а́ет; с чем 正赶上,巧合;相符,相同
совпа́сть(完)-адёт; Экза́мены совпа́ли с о́тпуском. 考试正赶上假期。
зага́дочный, -ая, -ое, -ые 需要猜度的;费解的,神秘的

УПРАЖНЕНИЯ И ЗАДАНИЯ

1. 正确读出并记住下列名字、父称和姓。(Запо́мните сле́дующие по́лные имена́.)

Алекса́ндр Серге́евич Пу́шкин
Алексе́й Макси́мович Го́рький
Анто́н Па́влович Че́хов
Ива́н Серге́евич Турге́нев
Влади́мир Влади́мирович Маяко́вский
Влади́мир Галактио́нович Короле́нко
Лев Никола́евич Толсто́й
Михаи́л Алекса́ндрович Шо́лохов
Никола́й Васи́льевич Го́голь
Фёдор Миха́йлович Достое́вский

Илья́ Ефи́мович Ре́пин
Ива́н Петро́вич Па́влов
Михаи́л Васи́льевич Ломоно́сов
Михаи́л Ива́нович Гли́нка
Юрий Алексе́евич Гага́рин

Влади́мир Ильи́ч Ле́нин

Иосиф Виссарионович Сталин
Борис Николаевич Ельцин
Владимир Владимирович Путин
Дмитрий Анатольевич Медведев

 2. 说出下列名字的小名。(Назовите сокращённые имена.)

Александр, Александра, Евгений, Евгения, Валерий, Валерия, Клавдий, Клавдия. Виктор, Виктория, Анастасия, Ангелина, Аркадий, Артерий, Борис, Василий, Вера, Виталий, Владимир, Вячеслав, Галина, Герман, Григорий, Дарья, Дмитрий, Екатерина, Елена, Елизавета, Ерофей, Ефим, Зинаида, Иван, Илья, Иосиф, Ирина, Константин, Кузьма, Лаврентий, Лариса, Лев, Леонид, Леонтий, Лидия, Любовь, Людмила, Майя, Маргарита, Мария, Михаил, Моисей, Надежда, Наталья, Николай, Ольга, Павел, Пётр, Раиса, Роман, Самсон, Светлана, Святослав, Серафима, Сергей, Софья, Станислав, Татьяна, Тимофей, Ульяна, Фёдор, Феликс, Филипп, Юлия, Яков, Ярослав

 3. 说出构成下列父称的名字。(Назовите составляющие отчество имена.)

Ивановна, Петрович, Михайлович, Львович, Павловна, Викторович, Никитична, Ильич, Андреевна, Аркадьевич, Анатольевич, Николаевна

 4. 说出下列名字的指小表爱形式。(Назовите ласкательные имена.)

Вера, Алла, Наташа, Галя, Нина, Зоя, Лиза, Нина, Таня, Оля, Люба, Саша, Алёша, Андрей, Вася, Коля, Костя, Петя, Степан, Дима, Миша

 5. 将下列括号内的名字变成适当形式。(Поставьте имена в скобках в нужном падеже.)

1) Первый раз мы встретились с (Анна Петровна Щукина) в прошлом году.
2) Нам предложили читать по-русски (Владимир Галактионович Короленко), а по-китайски — (Лу Синь и Дин Лин)
3) К профессору (Иван Алексеевич Зайцев) часто приходят бывшие студенты за советом.
4) Вчера по дороге в институт я видел (Наталия Семёновна Соколова).
5) О доценте (Дмитрий Николаевич Фёдоров) много пишут в Интернете.
6) Выставка произведений (Виктория Самойловна Токарева) недавно прошла.

 6. 用指定的名字回答问题。(Ответьте на вопросы данными именами.)

А. Пётр Павлович Солнцев

1) От кого вы получаете письма?
2) К кому новые студенты ходили в гости в воскресенье?
3) Кого все сотрудники любят и уважают?

4) С кем вы разговаривали по телефону?

5) О ком была статья?

Б. Валерия Викторовна Шевченко

1) Кого с кафедры не было на конференции?

2) Кому передать эти работы?

3) Кого мы должны встречать на вокзале?

4) С кем вы вели беседу?

5) О ком идёт речь?

В. Прохоровы

1) Кто живёт в этой квартире?

2) У кого вы часто берёте книги по истории РФ?

3) Кому вы привезли из Америки подарки?

4) С кем эти иностранцы проводили время в Новый год?

5) О ком вы читаете?

  7. 记住下列外国人名字，注意重音。(Запомните имена нерусских, обращайте внимание на ударение.)

Александр Дюма 大仲马   Бетховен 贝多芬

Шекспир 莎士比亚   Гюго 雨果

Леонардо да Винчи 列昂纳多·达·芬奇   Иоганн Штраус 约翰·施特劳斯

Микеланджело 米开朗基罗   Моцарт 莫扎特

Рафаэль 拉斐尔

  8. 用俄语解释下列概念。(Дайте определение этим понятиям.)

Образец: отчество — это особая форма имени отца.

девичья фамилия —

тёзки —

однофамильцы —

иноязычное имя —

пушкинский герой —

традиционное имя —

  9. 俄语中人名经常使用全称和省略形式，还有表爱形式和表卑形式，请说出下列形式的使用场合。(В русском языке используются полные и сокращённые имена, сокращённые имена могут иметь ласкательное значение (Сашенька, Танечка) или грубоватую оценку (её даёт суффикс –к–): Ванька, Машка)

В данной таблице соедините полное имя и его сокращённые варианты.

полное имя	сокращённое имя
Иван	Са́ша, Са́ня, Са́шка, Шу́ра, Са́шенька, Са́нечка, Са́нька, Шу́рка
Анастаси́я	Го́ша, Го́га, Го́шенька, Го́ра, Го́шка, Жо́ржик
Еле́на	На́стя, На́стенька, Настю́ша, А́ся, А́ська, А́сенька
Евге́ний	Ню́ра, Ню́рка, А́ня, А́нечка, Аню́та, А́ннушка, А́нька
Алекса́ндр	Же́ня, Же́ка, Женю́ра, Же́нечка, Же́нька, Евге́ша
Мари́я	Ва́ня, Ваню́ша, Ва́нька, Ва́нечка
Влади́мир	Воло́дя, Воло́денька, Во́ва, Во́вка, Во́вочка, Во́ван, Воло́дька
Гео́ргий	Ма́ня, Ма́ша, Мару́ся, Ма́шенька, Му́ся, Ма́шка, Ма́ха, Ма́нька
А́нна	Ле́на, Алёна, Алёнушка, Лёночка, Лёля, Ле́нка

10. 翻译下列词组。(Переведи́те сле́дующие словосочета́ния.)

代表团抵达日期，以罗蒙诺索夫的名字命名，从早到晚待在阅览室，国外侨居生活，关注生活细节，民族性格，亲眼所见，文艺复兴时期的大师，根据惯例，父亲名字的特殊形式，出嫁后仍保留父姓，名字产生、变化、消失，表现生理特征，出生顺序，随着基督教的出现，获得称名权，文学作品主人公的名字，《环球》杂志，上汉语培训班，工作和兴趣的吻合

11. 读短文回答问题。(Прочита́йте текст и отве́тьте на вопро́сы.)

Пятиле́тний Па́влик слы́шал, как его́ роди́тели здоро́вались с гостя́ми и по-ра́зному называ́ли их.

Оте́ц: Дя́дя Ва́ся, приве́т!

Мать: До́брый ве́чер, Васи́лий Петро́вич!

Па́влик пришёл на ку́хню к ба́бушке и сказа́л, что прие́хали дя́дя Ва́ся, Васи́лий Петро́вич, тётя Ма́ша, Ни́ночка, Мари́я Серге́евна, Надю́ша, Ни́на Ива́новна, Са́ша, Наде́жда, Алекса́ндр.

— Так мно́го госте́й? — удиви́лась ба́бушка.

1) Ско́лько бы́ло госте́й?

2) Почему́ роди́тели Па́влика называ́ли их по-ра́зному?

12. 了解并用俄语写出下列人物的身份。(Зна́ете ли вы э́тих люде́й? Напиши́те, кто они́. Испо́льзуйте слова́ для спра́вок..)

Образе́ц: Никола́й Васи́льевич Го́голь — вели́кий ру́сский писа́тель.

1) Михаи́л Ю́рьевич Ле́рмонтов —

2) Христофо́р Колу́мб —

3) Дми́трий Ива́нович Менделе́ев —

4) Валенти́н Алекса́ндрович Серо́в —

5) Михаи́л Гли́нка —

УРОК 2

6) Микела́нжело Буонаро́тти —
7) Ча́рли Ча́плин —
8) Исаа́к Ньюто́н —
9) Дэн Сяопи́н —
10) Дже́ки Чан —
11) Ви́ктор Гюго́ —
12) Джузе́ппе Ве́рди —
13) Ники́та Серге́евич Михалко́в —
14) Була́т Ша́лвович Окуджа́ва —
15) Никола́й Цискари́дзе —

Слова́ для спра́вок:

поэ́т, писа́тель, морепла́ватель, худо́жник, ску́льптор, режиссёр, актёр, учёный-фи́зик, учёный-хи́мик, исполни́тель, танцо́вщик, компози́тор, госуда́рственный де́ятель;

вели́кий, замеча́тельный, популя́рный, знамени́тый, изве́стный, генна́льный, непревзойдённый.

ру́сский, англи́йский, америка́нский, кита́йский, италья́нский, францу́зский, росси́йский

13. 按课文回答问题。(Отве́тьте на вопро́сы по те́ксту.)

1) Каковы́ 3 ча́сти по́лного именова́ния ру́сских?
2) Кто и почему́ меня́ет фами́лию?
3) Каки́е фами́лии явля́ются са́мыми распространёнными в Росси́и? А в ва́шей стране́?
4) Как дава́ли имена́ в дре́вней Руси́?
5) От каки́х слов произошли́ ру́сские фами́лии Добро́в, Люби́мов, Бара́нов, Во́лков, Москви́н, Ряза́нов, Вдо́вин, Ко́лесов, Попо́в, Солда́тов, Кузнецо́в, Поляко́в, Тата́ринов?
6) Каки́ми имена́ми ста́ли называ́ть люде́й по́сле креще́ния Руси́? Как вы ду́маете, почему́?
7) Как на Руси́ появля́лись неру́сские имена́ и фами́лии?
8) Имена́ каки́х литерату́рных геро́ев популя́рны в Росси́и?
9) Почему́ иногда́ лю́ди меня́ют имена́?
10) Како́е ру́сское и́мя вам нра́вится? Почему́?

14. 记住下列词语并运用这些词组讲述一个名人。(Запо́мните сле́дующие слова́ и употреби́те их в своём расска́зе об изве́стном челове́ке.)

жи́вопись 绘画   пейза́ж 风景画
портре́т 肖像画   гравю́ра 版画
иллюстра́ция 插画   скульпту́ра 雕塑
резьба́ по де́реву 木刻   резьба́ по льду 冰雕
ста́туя 全身雕像   бюст 半身雕像

15. 讲述。(Составьте рассказ по данной теме)

«Почему мы выбрали русское имя»

Около 80% населения России составляют русские — 116889107 человек (по данным 2008 г.) Русские расселены по территории страны неравномерно: в некоторых регионах, таких как Ингушетия, составляют менее 5% населения. Кроме русского народа, на территории России проживает более 180 различных малочисленных народов.

УРОК 2

УРОК 3

ГРАММАТИКА

☞ I. 性质形容词和关系形容词 (ка́чественные прилага́тельные и относи́тельные прилага́тельные)

II. 性质形容词的短尾形式 (кра́ткая фо́рма ка́чественных прилага́тельных)

ТЕКСТ Как дру́жат в ра́зных стра́нах
ДИАЛОГ Библиоте́ка, кни́га

ГРАММАТИКА

听录音请扫二维码

I. 性质形容词和关系形容词
ка́чественные прилага́тельные и относи́тельные прилага́тельные

形容词(и́мя прилага́тельное)表示事物的特征,有性、数、格的变化,通常用来说明名词并与被说明的名词保持性、数、格的一致。在句中做定语或谓语。

按照意义,形容词可以分为性质形容词和关系形容词。

1. 性质形容词

性质形容词(ка́чественное прилага́тельное)表示事物固有的或暂时的特征,如大小、尺寸、长短、好坏、颜色、味道、轻重、温度等,一般有程度上的差异。例如:

кру́пный го́род 大城市
бо́лее кру́пный го́род 较大的城市
са́мый кру́пный го́род 最大的城市

性质形容词还具有以下特点:
1) 除了长尾形式之外,还有短尾形式。例如:

краси́вый — краси́в, краси́ва, краси́во, краси́вы（美丽的）

широ́кий — широ́к, широка́, широко́, широки́（宽广的）

2）有比较级和最高级形式。例如：

большо́й — бо́льше（较大）— са́мый большо́й（最大的）

3）可以构成以-o结尾的性质副词（个别以-e结尾）。例如：

чи́стый — чи́сто

ти́хий — ти́хо

4）可以被程度副词说明。例如：

о́чень голубо́е не́бо（非常蓝的天空）

соверше́нно то́чный отве́т（完全准确的答案）

5）可以构成主观评价形式。例如：

но́вый — но́венький（崭新的）

молодо́й — молоде́нький（年纪轻轻的）

2. 关系形容词

关系形容词 (относи́тельное прилага́тельное)通过事物之间的关系来表示事物的特征，一般没有程度上的差别，也没有比较级和最高级的形式。例如：

городска́я библиоте́ка 市立图书馆

желе́зная доро́га 铁路

II. 性质形容词的短尾形式
кра́ткая фо́рма ка́чественных прилага́тельных

性质形容词的长尾形式有性、数、格的变化，而短尾形式则只有性和数的变化，没有格的变化。

1. 短尾形式的构成

短尾形容词由性质形容词的长尾（原形）构成。

方法是：去掉长尾形式的词尾-ый, -ой,-ий，即构成短尾形容词的阳性、阴性加-a (-я), 中性加-o (-e), 复数加-ы (-и)。

长尾形容词	短尾形容词			
	阳性	阴性	中性	复数
хоро́ший	хоро́ш	хороша́	хорошо́	хороши́
бога́тый	бога́т	бога́та	бога́то	бога́ты
вели́кий	вели́к	велика́	велико́	велики́
молодо́й	мо́лод	молода́	мо́лодо	мо́лоды

构成阳性短尾形式时，如果是两个辅音并列，后一个辅音是 н, 辅音之间加 е, 后一个辅音是 к 或 г, 则加 о, 但是阴性、中性、复数形式不加。例如：

кра́сный — кра́сен (-сна́, -сно́, -сны́)（红色的）
больно́й — бо́лен (-льна́, -льно́, -льны́)（生病的）
лёгкий — лёгок (-гка́, -гко́, -гки́)（轻的，轻松的）
бли́зкий — бли́зок (-зка́, -зко́, -зки)（近的）

 注2

某些词干为单音节或双音节的形容词，在构成短尾形式时重音有移动现象。常见的情况有两种：

А. 阳性形式重音在词干，其他形式重音在词尾。例如：
   хоро́ший — хоро́ш, хороша́, хорошо́, хороши́（好的）
   вели́кий — вели́к, велика́, велико́, велики́（大的）

Б. 仅阴性形式重音在词尾，其他形式重音在词干。例如：
   тру́дный — тру́ден, трудна́, тру́дно, тру́дны
   сла́бый — слаб, слаба́, сла́бо, сла́бы

 注3

有些性质形容词没有短尾形式。例如：

большо́й（大的），ма́ленький（小的），ста́рший（年长的），мла́дший（年幼的），родно́й（亲的），передово́й（先进的）

 注4

还有些性质形容词只有短尾形式，或在某一意义上只用短尾形式。例如：

рад, ра́да, ра́до, ра́ды (高兴)
до́лжен, должна́, должно́, должны́ (应该)
прав, права́, пра́во, пра́вы (对，正确)
винова́т, винова́та, винова́то, винова́ты (有过错)
согла́сен, согла́сна, согла́сно, согла́сны (同意)
на́добен, на́добна, на́добно, на́добны (需要)

2. 短尾形容词的用法

1) 长尾形容词在句中可以做定语，也可做谓语，回答како́й? 的问题，而短尾形式在句中只能做谓语，回答како́в, какова́, каково́, каковы́? 的问题。短尾形容词的性和数必须和主语一致。例如：

(1) По́сле дождя́ во́здух чист и свеж. 雨后空气洁净清新。

(2) Фильм интере́сен для дете́й. 电影对孩子们而言是有趣的。

(3) Сегóдня Яша ужé здорóв. 今天雅沙身体好起来了。

(4) На слéдующей недéле я бýду свобóден. 下周我有空。

2) 短尾形容词和长尾形容词用作谓语时的区别是：

А. 短尾形容词常用于书面语。强调程度时，长尾形式与 такóй 连用，短尾形式则与 так 连用。例如：

(1) Как обши́рна и прекрáсна нáша Рóдина! 我们的祖国多么辽阔、美丽！

(2) Сéвер богáт ýглем и лéсом. 北方盛产煤炭和木材。

Б. 短尾形容词表示短暂的特征，而长尾形容词表示经常的特征。例如：

(1) Брат сегóдня вéсел. 今天弟弟很高兴。

(2) Тамáра весёлая и разговóрчивая. 塔玛拉性格开朗，健谈。

В. 当形容词充当谓语并带间接补语时，一般用短尾形式。有些表示大小、长短、肥瘦、宽窄等意义的形容词，长尾形式代表正常的度量性质，短尾则表示程度过分。例如：

(1) Это пальтó мне корóтко. 这件大衣我穿短。

(2) Эта кóмната для пяти́ человéк малá. 这个房间五个人住太小了。

(3) Текст для меня трýден. 课文对我来说太难。

Г. 与 будь, бýдьте 连用表"祝愿、嘱咐"等意义时，要用短尾形式。例如：

(1) Бýдьте добры́! 劳驾！

(2) Будь здорóва! 祝你健康！

(3) Будь осторóжен! 当心！

3) 有些短尾形式可与动词不定式连用，构成动词性合成谓语。例如：

(1) Очень рад вас ви́деть. 很高兴见到您。

(2) Кáждый студéнт дóлжен в конце семéстра сдавáть экзáмены. 每个学生都应该在学期末参加考试。

РЕЧЕВЫЕ ОБРАЗЦЫ

1. — Каковы́ бы́ли вопрóсы на экзáмене?

— Вопрóсы бы́ли  просты́.
трудны́.
легки́.
сложны́.

(я́сный, поня́тный, пустóй, вáжный, знакóмый)

2. — Каков новый декан?

— Он открыт. / трудолюбив. / справедлив. / энергичен.

(надёжный, гостеприимный, внимательный, терпеливый, скрытный)

3. — Как вам эта кожаная куртка?

— Эта куртка мне велика. / мала.

(длинный, короткий, широкий, узкий)

4. — Какова ваша родина?

— Она прекрасна. / велика.

(обширный, просторный, красивый, богатый)

5. Родной город дорог / близок каждому из нас.

(памятный, милый, важный, нужный)

ВОПРОСЫ И ОТВЕТЫ

1. — Простите, вы сейчас свободны? Можно вас на минуту?

— Извините, я занят. Подождите 15 минут, пожалуйста.

2. — Я устал заниматься. Хочется погулять, посидеть в парке, но надо учиться.

— Учись, на каникулах погуляешь. «Корень учения горек, зато плод его сладок», как говорит русская пословица.

3. — Я услышала недавно русскую пословицу: «Не по хорошу мил, а по милу хорош». Что это значит?

— «Хорош, хороша» в русском языке имеют значение «красив, красива внешне». Смысл пословицы таков: мы любим кого-то не за внешнюю красоту; наш любимый человек кажется нам самым красивым.

4. — Мы занимаемся уже 2 часа. Давайте сделаем перерыв, выпьем чаю.

— Согласен. Давайте немного отдохнём.

5. — Любой иностранный язык в начале изучения труден и сложен.
   — Ты права.
6. — Эта шуба мне мала и коротка. А эта велика.
   — Примерьте вот эту. По-моему, это ваш размер.
7. — «Широка страна моя родная » — так поют в русской песне.
   — Да, Россия — огромная страна. Из Москвы во Владивосток поездом надо ехать неделю, а самолётом лететь 9 часов.
8. — Я звонила тебе вчера целый день, но слышала только «Абонент недоступен».
   — Вчера мы ездили за город, видимо, там не было связи.
9. — Будьте добры, проходите, садитесь.
   — Благодарю вас. Вы очень внимательны и любезны.
10. — Как красива природа!
    — Да, надо её беречь, как нашу жизнь.

Как дружат в разных странах

Несмотря на общие правила дружбы, люди по-разному представляют себе дружбу, существуют большие различия дружеских отношений. Для русского человека дружба искренна, а друзья всегда открыты друг другу и могут не только говорить о себе, но и просить совета. К другу можно обращаться в любое время, ему можно многое простить.

Практически для всех народов дружба — то, что поддерживает, связывает духовно. Однако англичанин будет в дружбе, скорее всего, сдержан, иногда замкнут; итальянец экспрессивен. Французы в дружбе более общительны и менее сдержанны, чем немцы. Они очень чувствительны к чужому мнению о себе. Если для русского человека другу можно откровенно рассказать о своих проблемах, переживаниях, чувствах, то для француза друг — тот, с кем можно обсудить обстоятельства жизни, властей, соседей, критиковать их. Но даже с самым близким другом француз не станет «изливать душу», когда он говорит о себе самом. Русский художник А.Н. Бенуа много лет прожил во Франции и считал, что французы сдержанны и недоступны, что они «себе на уме» в отношении ко всем. И художник не смог завести с ними дружбу на русский лад.

Считается, что наиболее «открыты» для дружбы американцы. И действительно, внешний стиль их поведения очень демократичен, свободен, они кажутся довольными и собой и окружающим миром. Идеал дружбы у русских близок к японскому. Японцы хотят иметь другом того, кому можно доверять как самому себе, кто вникает в ваши проблемы так же серьёзно, как в свои собственные. Представления русских о дружбе выражаются в таких пословицах: «Сам погибай, а товарища выручай», «Не имей сто рублей, а имей сто друзей», «Без друга на сердце вьюга».

Итак, каждый народ имеет свой характер, свои особенности дружеских отношений. Но для всех людей дружба была и остаётся одной важной ценностью, и каждому человеку необходим друг.

Библиотека, книга

1. — Дайте мне, пожалуйста, роман Василия Гроссмана «Жизнь и судьба» и сборник стихотворений Евгения Евтушенко.
   — К сожалению, все экземпляры сборников Евтушенко уже выданы. А Гроссмана можете взять.
   — Хорошо, дайте, пожалуйста, роман Гроссмана.
   — Так, вот ваша карточка. Здесь записано, что у вас на руках пять книг. Вы сдаёте что-нибудь?
   — Да, я сдаю всё. Вы не скажете, есть что-нибудь новое по искусству, по театру?
   — Хотите новую книгу «Сказки в творчестве русских художников»?
   — Да, запишите её на моё имя.
   — Хорошо. Вот вам три книги.
   — Вы не можете выдать мне на дом русско-китайский и китайско-русский словари?
   — Нет, у нас словари на дом не выдаются. Все справочники, словари и энциклопедии находятся в читальном зале. Этот зал сейчас работает.
   — Благодарю вас.

2. — Яночка, привет! Что ты читаешь?
   — А, привет, Артём, фантастику.
   — «Солярис» Станислава Лема! Ого, Яночка, ты читаешь умные книжки!
   — Смеёшься надо мной!
   — Ни в коем случае! Просто обычно девочки читают романы о любви. Поэтому я удивился, когда увидел классику фантастики у тебя в руках.
   — Почему же, «Солярис» тоже о любви. Только это не простая любовь. И ещё здесь много интересного помимо любовного сюжета. А что читаешь ты, Артём?
   — Я тоже фантастику люблю. Только больше отечественную. Например, романы братьев Стругацких. Или книги Сергея Лукьяненко.

— Лукья́ненко я чита́ла. Кни́ги о ночно́м и дневно́м дозо́рах. А вот э́ти бра́тья мне незнако́мы.

— Они́ понра́вятся тебе́. Почита́й обяза́тельно их рома́н «Ули́тка на скло́не». И влю́бишься по́сле э́того в их тво́рчество на всю жизнь.

— Хорошо́, Артём. Я обяза́тельно почита́ю. А пото́м расскажу́ о впечатле́ниях.

КОММЕНТАРИЙ

1. «Широка́ страна́ моя́ родна́я» 是《祖国进行曲》(«Пе́сня о Ро́дине», 1936) 的第一句歌词，这首歌由列别杰夫—库马契填词，杜那耶夫斯基谱曲，为苏联的第二国歌。这是20世纪50年代在中国流传最广、给人们留下印象最深刻的苏联歌曲之一。

2. А.Н. Бенуа́ (1870—1960)，亚·尼·别努阿，19世纪末20世纪俄罗斯美术团体"艺术世界" (Мир иску́сства) 的思想策划和组织者，现代派艺术的代表人物。

3. В.С. Гро́ссман (1905—1964)，瓦·谢·格罗斯曼，20世纪俄罗斯小说家。著有史诗小说《为了正义的事业》(За пра́вое де́ло, 1952)、《生活与命运》(Жизнь и судьба́, 1980) 和《一切都在流动》(Всё течёт..., 1989)。

4. Е.А. Евтуше́нко (1933—2017)，叶·亚·叶甫图申科，20世纪俄罗斯诗人、小说家、政论家、导演、编剧、演员。赫鲁晓夫解冻时期的文学旗帜性人物。

5. Станисла́в Лем (1921—2006)，史坦尼斯劳·莱姆，波兰科幻小说家。其代表作《索拉里斯星》(Соля́рис, 1961) 曾被多次搬上银幕。

6. А.Н. Струга́цкий (1925—1991)，阿·纳·斯特鲁加茨基；Б.Н. Струга́цкий (1933-2012)，鲍·纳·斯特鲁加茨基。斯特鲁加茨基兄弟是著名的苏联科幻小说作家。

7. С.Лукья́ненко (1968—   )，当代俄罗斯著名科幻小说家，"守夜人"系列，包括《守夜人》(Ночно́й дозо́р, 1998)、《守日人》(Дневно́й дозо́р, 2000)、《黄昏使者》(Су́меречный дозо́р, 2003) 和《最后的守护人》(После́дний дозо́р, 2005) 等作品使其一举成名。

НОВЫЕ СЛОВА И СЛОВОСОЧЕТАНИЯ

бо́лее (副) 更加

~ **споко́йный**

то́чный, -ая, -ое, -ые; -чен, -чна́ 准确的, 确切的; 精确的, 精密的; 认真的, 守时(间)的(指人)

желе́зный, -ая, -ое, -ые 铁的; 含铁的

передово́й, -а́я, -о́е, -ы́е 先进的

винова́тый, -ая, -ое, -ые; -ва́т, -та, -то, -ты 有过错的, 有过失的

на́добен, -бна, -бно, -бны 需

УРОК 3

要，必须

каков, -á, -ó, -ы́ 怎么样(的)，如何(的)

обши́рный, -ая, -ое, -ые; -рен, -рна 辽阔的，广阔的

у́голь, у́гля; у́гли (阳)煤

разгово́рчивый, -ая, -ое, -ые 健谈的，爱说话的

коро́ткий, -ая, -ое, -ие 短的，矮的；简短的；短暂的

~ путь, ~ие во́лосы, ~ое пла́тье; ~ срок, ~ разгово́р

ма́лый, -ая, -ое, -ые; -л, -ла́ 小的

осторо́жный, -ая, -ое, -ые; -жен, -жна 小心谨慎的，慎重的

сло́жный, -ая, -ое, -ые; -жен, -жна́ 复杂的

согла́сный, -ая, -ое, -ые; -сен, -сна 同意的，赞同的

стро́гий, -ая, -ое,-ые; -г, -га́ (要求)严格的；严厉的

трудолюби́вый, -ая, -ое, -ые 爱劳动的，勤劳的

справедли́вый, -ая, -ое, -ые 公正的，公平的；正义的，正当的；确实的，确凿的，确切的

~ челове́к, ~ое реше́ние

надёжный, -ая, -ое, -ые; -жен, -жна 可靠的，可信赖的；牢固的

внима́тельный, -ая, -ое, -ые; -лен, -льна 注意的，细心的；关心的，关怀的

терпели́вый, -ая, -ое, -ые 有耐性的，能忍耐的

скры́тный, -ая, -ое, -ые; -тен, -тна (性格)内向的；隐蔽的

ко́рень (阳) -рня; -рни, -éй (植物的)根；根源

го́рький, -ая, -ое, -ие; -рек, -рька́ 苦的；痛苦的

зато́ (带有补偿意味)但是，不过，却

вне́шний, -яя, -ее, -ие 外面的，外部的，外在的；外界的；表面(上)的，外表(上)的；对外的；国外的

каза́ться(未), кажу́сь, ка́жешься; кем-чем, каки́м 好像，显得

показа́ться(完)

~ ребёнком, ~ весёлым (уста́лым), ~ моло́же свои́х лет

Вода́ показа́лась ему́ холо́дной. 他觉得水凉。

изуче́ние, -ия 学习；研究

шу́ба, -ы 毛皮大衣；(动物的)毛皮

абоне́нт, -а; -ы 用户，订户

недосту́пный, -ая, -ое, -ые; -пен, -пна 不能通行的，不能到达的；难于接近的；力所不及的；难懂的，不解的

бере́чь(未), -егу́, -ежёшь; берёг, -егла́; что 爱惜；кого-что 爱护，保护；保存

дружи́ть(未), -жу́, -жи́шь; с кем 与……交好，要好，相好

существова́ть(未), -тву́ю, -тву́ешь 存在，有；чем 或 на что 生存；靠……生活，以……为生

разли́чие, -я; -я 区别，差别；区分

проща́ть(未), -а́ю, -аешь; кого-что 或 что кому 原谅，饶恕；宽恕

прости́ть(完), прощу́, -сти́шь

практи́чески (副)实际上；几乎

подде́рживать(未), -аю, -аешь; кого-что 扶，搀扶；支援，援助；支持；维持，保持，拥护

поддержа́ть(完), -ержу́, -е́ржишь

свя́зывать(未), -аю, -аешь; кого-что 使建立联系，使关系密切；联系起来

связа́ть(完), свяжу́, свя́жешь

духо́вно (副)精神上

сде́ржанный, -ая, -ое, -ые; -ан, -анна 沉稳的，镇静的；拘谨的；审慎的

за́мкнутый, -ая, -ое, -ые 与外界隔绝的(长尾)；孤僻的

италья́нец, -нца; -нцы 意大利人

экспресси́вный, -ая, -ое, -ые; -вен, -вна 有表现力的，富有表情的

общи́тельный, -ая, -ое, -ые; -лен, -льна 好交往的，善交际的

чувстви́тельный, -ая, -ое, -ые; -лен, -льна 有感觉的，敏感的；灵敏的；多愁善感的

чужо́й, -а́я, -о́е, -и́е 别人的，人家的

открове́нно (副)坦白地，直率地；开诚布公地；公开地，露骨地

Говори́те открове́нно, не стесня́йтесь. 大胆说，别不好意思。

пережива́ние, -я; -я 心境，感受，心情

обсужда́ть(未), -а́ю, -аешь; что 讨论，商量

~ вопро́с (план, пробле́му, ситуа́цию),

обсуди́ть(完), -сужу́, -су́дишь;

власть, -и; -и, -е́й (阴)权力；政权

ме́стные ~и; теря́ть ~ над собо́й

критикова́ть(未), -ку́ю, -ку́ешь; кого́-что́ 批评,评判,评论

излива́ть(未), -а́ю, -а́ешь 流出；倾吐出, 表露出
изли́ть(完), изолью́, изольёшь

в отноше́ниии к кому́-чему́ 对于

заводи́ть(未)-ожу́, -о́дишь; кого́-что́ 引进,领进；(顺便)带到；制定,实施；开始(共同的行为)；开动,发动
завести́(完), -еду́, -едёшь; -вёл, -вела́

лад, -а; -ы 方式方法, 形式, 样子

счита́ться(未)-а́юсь, -а́ешься; с кем-чем 考虑到,顾及,重视 кем-чем (被)认为是,算是

демократи́чный, -ая, -ое, -ые; -чен, -чна 民主性的；大众化的, 普通的

окружа́ющий, -яя, -ее, -ие 周围的, 附近的

идеа́л, -а; -ы 理想；(某种品德的)典范

доверя́ть(未), -я́ю, -я́ешь; кому́ кого́-что́ 托付, 委托; (未)кому́ 信任,信赖
дове́рить(完), -рю, -ришь
~ та́йну подру́ге, ~ кому́ переда́ть письмо́ дире́ктору Он мне по́лностью доверя́ет. 他完全信任我。

вника́ть(未), -а́ю, -а́ешь; во что 深入理解, 领会
вни́кнуть(完), -ну, -нешь; вник, вни́кла
~ в чьи слова́, ~ в значе́ние ре́чи

со́бственный, -ая, -ое, -ые 私有的, 私人的；本人的, 亲自的

представле́ние, -я 观念, 概念；认识, 知识

выруча́ть(未), -а́ю, -а́ешь; кого́ 救出, 搭救
вы́ручить(完), -чу, -чишь
~ дру́га из беды́

вью́га, -и 暴风雪

ита́к (连) 这样, 总之；这样一来

сбо́рник, -и; -и 集, 汇编

сожале́ние, -я 遗憾, 懊悔, 可惜；抱歉, 歉意, 内疚；可怜, 同情, 怜悯
к ~ю 遗憾, 可惜, 抱歉

энциклопе́дия, -и 百科全书；大全；(某门科学的)综述, 总论

удивля́ться(未), -я́юсь, -я́ешься 觉得奇怪, 惊奇, (感到)惊讶
удиви́ться(完), -влю́сь, -ви́шься
~ чьему́ прие́зду, ~ неожи́данной встре́че, ~ чьим зна́ниям

поми́мо(前)кого́-чего́ 除……之外；不经过……, 在……不知道的情况下
~ всего́ про́чего; ~ чьей во́ли

сюже́т, -а 情节

ули́тка, -и; -и, -ток 蜗牛

склон, -а 山坡

влюбля́ться(未), -я́юсь, -я́ешься; во кого́-что́ 爱上, 钟情于；迷上
влюби́ться(完), влюблю́сь, влю́бишься
~ в де́вушку(в па́рня), всерьёз (си́льно, стра́стно, без па́мяти) ~, ~ с пе́рвого взгля́да

УПРАЖНЕНИЯ И ЗАДАНИЯ

1. 按示例将下例词组变成简单句。(Употреби́те словосочета́ния по образцу́ в просты́х предложе́ниях.)

Образе́ц: *стро́гий учи́тель*
  У нас учи́тель строг.

здоро́вый па́рень, молода́я секрета́рша, изве́стные учёные, ста́рый профе́ссор, тру́дный вопро́с, гря́зная вода́, све́жий во́здух, у́зкий коридо́р, свобо́дная ко́мната, тру́дная зада́ча, лёгкие слова́, ску́чная статья́, ва́жное вре́мя, высо́кие интере́сы.

2. 将括号里的形容词变成短尾形式填空。(Поставьте слова в скобках в нужной форме.)

1) Вчера я была _____ и целый день лежала в постели. (больной)
2) Эта аудитория _____. (просторный и светлый)
3) Заходите ко мне, если будете _____. (свободный)
4) Все студенты полностью _____ к экзаменам. (готовый)
5) Сегодняшнее утро _____. (ясный и свежий)
6) Этот срок слишком _____. (короткий)
7) Родители _____ моими успехами в учёбе. (довольный)
8) Кто в этом _____? (виноватый)
9) Мой друг _____. (крепкий и сильный)
10) К чему _____ эти девочки? (способный)

 3. 用反义词回答问题。(Ответьте на вопросы, используя антонимы.)

1) Это место свободно?
2) Скажите, пожалуйста, этот столик занят?
3) Ваш друг уже здоров?
4) Зина ещё больна?
5) Новый начальник молод?
6) Эти кроссовки вам узки?
7) Тексты были легки?
8) Жизнь в Москве проста?
9) Рассказ был интересен?
10) Вчерашние задания были трудны?

 4. 翻译下列句子，指出句中长尾形容词和短尾形容词的区别。(Переведите следующие предложения с русского языка на китайский, обращая внимание на разницу между полной формой и краткой формой.)

1) Андрей родился в очень богатой семье, поэтому он много ездил по стране.
   Наш район богат лесом, нефтью и углем.
2) Моя сестра весёлая, она часто улыбается.
   Витя сегодня весел: получил премию.
3) В свободное от занятий время я хожу в спортзал, там я занимаюсь йогой.
   Заходите ко мне, когда будете свободны.
4) Я люблю русский язык. Это язык великого русского поэта Пушкина.
   Страна наша велика и прекрасна!
5) Все его любят и уважают, потому что он человек хороший, образованный.
   Как хорош лес ранней осенью!

6) Гулять утром, когда свежий воздух, птицы поют, полезно для здоровья.

Пойдём гулять. Посмотри, как свежо утро!

7) Дайте нам все необходимые документы.

Дружба необходима каждому из нас.

8) Мальчик крепкий, сильный, здоровый.

Мальчик силён в математике.

9) Тётя Надя способный человек, у неё золотые руки.

Тётя Надя способна к языкам, она говорит и читает на восьми языках.

10) Юрий Борисович — наш знакомый.

Он знаком со всеми новыми аспирантами.

5. 将下列句子译成汉语。(Переведите следующие предложения с русского языка на китайский.)

1) Это близнецы, они похожи друг на друга как две капли воды.

2) Советую вам покупать фрукты и овощи на рынке, там всё довольно дёшево.

3) Я довольна своими успехами, все экзамены сдала на «отлично».

4) Мама, большое тебе спасибо! Пальто мне как раз.

5) Наша преподавательница аккуратна в работе.

6) Это место известно всем жителям: здесь жил Суриков.

7) Будьте добры! Передайте мне, пожалуйста, соль.

8) Я не согласна с вами. Русская грамматика сложная, но интересная.

9) Мы вам очень благодарны за поддержку и помощь.

10) Я виноват перед вами. Прошу извинить.

6. 请写出下列表示人性格特征形容词的同义词和反义词。(Перед вами прилагательные, которые обозначают качества человека. Подберите к ним: а) синонимы; б) антонимы.)

прилагательное	синоним	антоним
откровенный — добрый — смелый — активный — жадный —		
аккуратный — работящий — верный — вежливый — серьёзный — честный — грустный —		

7. А. 请将下列性质形容词分为优点、缺点两个类别。(Перепиши́те да́нные прилага́тельные в 2 сто́лбика: 1) положи́тельные ка́чества; 2) отрица́тельные ка́чества.)

Б. 用所给的词构成同根名词。(Образу́йте от да́нных прилага́тельных существи́тельные.)

Образе́ц: *сме́лый* — *сме́лость*, *до́брый* — *доброта́*

трусли́вый, му́дрый, глу́пый, безво́льный, пасси́вный, упря́мый, рассе́янный, злой, ве́рный, трудолюби́вый, жа́дный, кова́рный, высокоме́рный, молчали́вый, равноду́шный, нечистопло́тный, болтли́вый

8. 翻译下列词组。(Переведи́те сле́дующие словосочета́ния.)

外在美,心灵美,用户无法接通,爱护自然,对他人的看法敏感,批判时事,吐露真心,不露心计,建立友情,友好关系的特点,新闻系,邀请函

9. 确切固定词组的意义并连线。(Каки́е ка́чества обознача́ют э́ти усто́йчивые словосочета́ния? Найди́те соотве́тствия.)

золота́я голова́	трусли́вый
ста́льные не́рвы	сме́лый
желе́зная (ста́льная) во́ля	хладнокро́вный
ледяно́е се́рдце	равноду́шный
золото́е се́рдце	до́брый
ка́менное се́рдце	великоду́шный
за́ячья душа́	глу́пый
льви́ное се́рдце	че́стный
кури́ные мозги́	волево́й
чи́стая душа́	у́мный

10. 翻译下列句子。(Переведи́те сле́дующие предложе́ния на ру́сский язы́к.)

1) 俄语语法对刚开始学习俄语的人是困难的。
2) 今天一整天这个教室都将被占用。
3) 时间对每个人来说都是宝贵的。
4) 进行体育锻炼对身体有益。
5) 在这个问题上我完全同意您的意见。
6) 没有朋友的生活他无法想象。
7) 每个民族都有自己的风俗和习惯。
8) 希望这一切只有我们知道。
9) 图书馆没有这本书,但我一定给您弄到。

11. 按课文回答问题。(Ответьте на вопросы по тексту.)

1) Каковы в дружбе англичане, французы, итальянцы?
2) Чем отличается отношение к другу у русского и француза?
3) Почему русский художник А.Н. Бенуа не смог подружиться с французами?
4) Найдите в тексте описание американцев. Согласны ли вы с этим описанием? Почему?
5) Что общего в отношении к другу у русских и японцев?
6) Какие русские пословицы о дружбе вы знаете?
7) Какие китайские пословицы о дружбе вы знаете? Переведите их на русский язык.
8) Каким должен быть идеальный друг с точки зрения китайца? Опишите китайский идеал дружбы и друга.
9) Расскажите о своём друге (подруге). Можно ли назвать его (её) идеальным(-ой) ? Почему?
10) Чего вы ждёте от своего близкого друга? Какие отношения у вас с вашим другом? Было ли у вашей дружбы серьёзное испытание, трудная ситуация? Расскажите об этом.

12. 记住下列名称和词组并在讲述中应用。(Запомните следующие названия, словосочетания и употребите их в своём рассказе.)

Российская государственная библиотека (имени Ленина) 俄罗斯国立图书馆（列宁国立图书馆）

Библиотека по естественным наукам 自然科学图书馆

Всероссийская Государственная библиотека иностранной литературы 全俄国立外文图书馆

Российская Государственная библиотека для слепых 俄罗斯国立盲人图书馆

Российская Государственная юношеская библиотека 俄罗斯国立青年图书馆

Президентская библиотека имени Б.Н. Ельцина 叶利钦总统图书馆

электронная библиотека 电子图书馆

бесплатные книги 免费书籍

межбиблиотечный обмен 馆际交流

рейтинг популярности произведений 畅销图书排行榜

13. 讲述。(Составьте рассказ по данной теме.)

«Каковы особенности русского характера?» (Сравните с китайским.)

УРОК 3

ЗНАЕТЕ ЛИ ВЫ

В 1980 году́ Москва́ принима́ла ле́тние Олимпи́йские и́гры, а го́род Со́чи принима́л зи́мние в 2014 году́. В Росси́и наибо́лее популя́рны сле́дующие ви́ды спо́рта: футбо́л, хокке́й, фигу́рное ката́ние, биатло́н, бокс, баскетбо́л, волейбо́л, во́льная борьба́. Росси́йские спортсме́ны традицио́нно сильны́ в фигу́рном ката́нии, биатло́не, лы́жных го́нках, спорти́вной и худо́жественной гимна́стиках, синхро́нном пла́вании, а та́кже в разли́чных ви́дах единобо́рств.

УРОК 4

ГРАММАТИКА
☞ 谓语的类型(1)(ти́пы сказу́емых)

ТЕКСТ Мо́да XXI ве́ка
ДИАЛОГ В магази́не

ГРАММАТИКА

谓语的类型(1)
ти́пы сказу́емых

谓语按照结构分为简单谓语、合成谓语和复合谓语。本课着重学习简单谓语和合成谓语。

1. **简单谓语**(просто́е сказу́емое)

1) 动词简单谓语(просто́е глаго́льное сказу́емое)

通常把单个动词的各种变位形式所表示的谓语叫作简单谓语。简单谓语主要由动词的陈述式、命令式和假定式的各种形式表示。例如：

(1) Наступа́ет пе́рвое октября́.
    十一快到了。

(2) Пусть кре́пнет на́ша дру́жба!
    愿我们的友谊日益巩固。

(3) Пое́хали бы на мо́ре!
    能去海边多好啊！

2) 简单谓语还可以是某些固定词组，这些词组的意义相当于一个动词，有的也可以用相应的单个动词替换。

这类词组有：

принимáть учáстие(учáствовать)（参加）, дать оцéнку(оценúть)（评价）, дать согласие (согласúться)（同意）, имéть бесéду (бесéдовать)（座谈）, одержáть побéду(победúть)（战胜）, окáзывать пóмощь(помогáть)（帮助）, окáзывать поддéржку(поддéрживать)（支持）以及прийтú в себя́（苏醒）, вы́йти из себя́（失去控制、发怒）, потеря́ть сознáние（失去知觉）, ходúть в гóсти（去做客）, приводúть в поря́док（整理）等。例如：

(1) Все второкýрсники принимáли учáстие в кóнкурсе рýсского языкá.
　　所有二年级的学生都参加了俄语竞赛。
(2) К утрý больнóй пришёл в себя́.
　　天快亮的时候病人恢复了知觉。
(3) Преподавáтели и друзья́ оказáли большýю пóмощь в проведéнии вéчера.
　　老师和朋友们对晚会的举办给予了极大的帮助。

3）口语中常用пойтú + { 陈述式
　　　　　　　　　　　 命令式+另一动词命令式

这种动词简单谓语表示决心要实现的动作，后一动词表示行为的目的，前一动词пойтú已丧失了独立的词汇意义，两个动词的变化形式要一致。例如：

(1) Пойдý посмотрю́.
　　我去着着。
(2) Пойдём узнáем.
　　咱们去打听打听吧。
(3) Ты пойдú спросú.
　　你去问问。

2. 合成谓语(составнóе сказýемое)

合成谓语通常由两部分组成，一部分表示性、数等语法意义，另一部分表示谓语主要的词汇意义。合成谓语一般分为动词性合成谓语和静词性合成谓语。

1）动词性合成谓语(глагóльное составнóе сказýемое)

动词性合成谓语通常由助动词加动词不定式构成。助动词一般分为两大类：

A. 表示行为的开始、继续、结束等意义的动词。例如：

начинáть-начáть（开始）

продолжáть-продóлжить（继续）

кончáть-кóнчить（结束）

стать（开始）

принимáться-приня́ться（开始,着手）

переставáть-перестáть（停止）

прекращáть-прекратúть（中止）

与这一类助动词连用的动词不定式要用未完成体。例如：

(1) Ребя́та, ужé порá. Начинáйте соревновáния!
　　孩子们,是时候了,开始比赛吧!

(2) Со второ́го ку́рса Анто́н стал хорошо́ учи́ться.
   从二年级起安东的学习好起来了。

(3) Я давно́ переста́л ходи́ть в хими́ческий кружо́к.
   我早就不去化学小组了。

Б. 表示行为的可能、愿望、打算、决心等意义的助动词。例如：

мочь-смочь（能够）
уме́ть-суме́ть（会，善于）
хоте́ть-захоте́ть（想）
ду́мать（想，思考）
стреми́ться（追求，致力于）
жела́ть-пожела́ть（希望，祝愿）
собира́ться-собра́ться（打算）
стара́ться-постара́ться（努力，力求）
пыта́ться-попыта́ться（试图，企图）
реша́ться-реши́ться（下决心，决定）
про́бовать-попро́бовать（尝试，试图）

(1) Я никуда́ не хочу́ идти́: устал. / 我哪儿也不打算去：累了。

(2) Попро́буйте писа́ть ина́че. / 试着换个写法。

(3) Он стара́лся говори́ть споко́йно. / 他努力讲得平心静气。

需要注意的是，успе́ть（来得及）、забы́ть（忘记）等动词也和另一动词的不定式构成合成谓语，但动词不定式要用完成体。例如：

(1) Мы не успе́ли зако́нчить рабо́ту в срок.
   我们没能按期完成工作。

(2) Я забы́л вам принести́ диск.
   我忘了给您带光盘了。

除此之外，少数具有情态意义的短尾形容词也可起到助动词的作用，与动词不定式一起构成动词性合成谓语。

这类短尾形容词有：

до́лжен (должна́, должно́, должны́)（应该）
гото́в (гото́ва, гото́во, гото́вы)（准备）
рад (ра́да, ра́до, ра́ды)（高兴，乐于）
наме́рен (наме́рена, наме́рено, наме́рены)（打算，拟）

这些短尾形容词和动词不定式连用时，谓语的时间要用 быть 表示。быть 的现在时 (есть) 不用。例如：

(1) Дека́н до́лжен был прийти́ на собра́ние.
   系主任应该到会的。

(2) Я бу́ду ра́да встре́титься с ва́ми.
   我将很高兴见到您。

(3) Я всегда́ гото́в вам помо́чь.

我随时准备帮助您。

2) 静词性合成谓语(составно́е именно́е сказу́емое)

静词性合成谓语由系词(свя́зка)加表语(именна́я часть)构成。

A. 系词

系词用来连接主语和谓语，表示谓语的时间和式等语法意义。常见的系词有：

быть-быва́ть（是，为，系，当）

явля́ться-яви́ться（是）

станови́ться-стать（成为，变为，变成）

называ́ться-назва́ться（叫，叫做，称做）

де́латься-сде́латься（成为，变为）

каза́ться-показа́ться（好像，显出，似乎）

остава́ться-оста́ться（还是，仍然是，仍旧，保持）

представля́ть собо́й（是）

上述系词中，представля́ть собо́й通常不用于人，常见于书面语体，表语用四格。例如：

Эконо́мика как нау́ка представля́ет собо́й о́трасль социа́льных нау́к.

经济学作为一门科学，属于社会科学领域。

быть的现在时 есть 一般不用，但用于科学、政论语体，常用于定义中，要求表语一格。当быть为过去时与将来时，表语一般用五格，在过去时的句子中也可以用一格。当表语为长尾形容词时，表语可以是一格，也可以是五格。通常的情况是：口语中用一格，书面语中则用五格。试比较：

(1) Лингви́стика есть нау́ка о языке́.

语言学是关于语言的科学。

(2) Мой сосе́д — врач.

Мой сосе́д был врачо́м.

Мой сосе́д бу́дет врачо́м.

我的邻居是医生。

(3) День был я́сный.

День был я́сным.

天气晴朗。

除此之外，上述其他系词均要求表语用五格。例如：

(1) Оле́г оста́лся на́шим дру́гом.

奥列格还是我们的朋友。

(2) Его́ лицо́ сде́лалось гру́стным.

他的脸色忧郁起来。

(3) Ру́сский язы́к явля́ется одни́м из са́мых тру́дных языко́в ми́ра.

俄语是世界上最难学的语言之一。

俄语中一些具有实体意义的动词也可以做系词。常见的有状态动词 сиде́ть（坐着），лежа́ть（躺着），стоя́ть（站着、立着）和带有各种前缀的运动动词 прийти́（来到），прие́хать（来到），верну́-

ться（归来、回来）,уе́хать（离开）,пойти́（去）等。使用这类实体系词时,表语常用形容词第一格或五格,位于动词之后,如果是名词则用五格。例如：

    (1) Сего́дня мать верну́лась ра́достная/ра́достной.

        今天母亲回来时很高兴。

    (2) Влади́мир Петро́вич уе́хал дово́льным.

        弗拉基米尔·彼得罗维奇满意地离开了。

    (3) Макси́м пошёл волонтёром.

        马克西姆去做志愿者了。

Б. 表语

表语是静词性合成谓语中表示词汇意义的部分。常见的表示方式有：

а. 用名词第一格或第五格表示。例如：

    (1) Вася актёр.

        瓦夏是演员。

    (2) Оте́ц рабо́тает инжене́ром.

        父亲做工程师。

    (3) По́сле университе́та он бу́дет перево́дчиком.

        大学毕业后他将成为翻译。

б. 用形容词(形动词)第一格、第五格或比较级表示。例如：

    (1) Пого́да стои́т холо́дная.

        天气冷。

    (2) Пого́да стано́вится холо́дной.

        天气变得冷起来。

    (3) Пого́да стано́вится всё холодне́е.

        天气变得越来越冷。

в. 用名词间接格表示,最常见的是第二格。例如：

    (1) Я тако́го же мне́ния, как вы.

        我和你看法一致。

    (2) Но́вый режиссёр оказа́лся твоего́ во́зраста.

        新来的导演和你同龄。

г. 用带前置词的名词间接格表示。例如：

    (1) Де́душка на пе́нсии.

        爷爷退休了。

    (2) С утра́ они́ уже́ на нога́х.

        一大早她就起床了。

    (3) Дире́ктор в командиро́вке.

        经理出差了。

д. 用短尾形容词表示。例如：

    (1) Это я́сно.

        这一点很清楚。

(2) Как интере́сно студе́нческое вре́мя!
学生时代多么有趣啊!

(3) Спорти́вный костю́м мне дли́нен.
这件运动服我穿长。

е. 用数词、代词、副词表示。例如:

(1) Два и два—четы́ре.
二加二等于四。

(2) Э́тот паке́т мой.
这个袋子是我的。

(3) Сестра́ ско́ро бу́дет за́мужем.
姐姐很快就要出嫁了。

ж. 用动词不定式表示。例如:

(1) На́ша зада́ча—овладе́ть ру́сским языко́м.
我们的任务就是掌握俄语。

(2) Моя́ мечта́—жить свое́й жи́знью.
我的理想是过自己的生活。

有时为了强调谓语所强调的意义,把谓语放在句首,后面的不定式就是主语。再如:

Большо́е сча́стье — рабо́тать на бла́го наро́да.
为人民造福就是莫大的幸福。

РЕЧЕВЫЕ ОБРАЗЦЫ

1. Я о́чень рад   вас ви́деть.
                  с ва́ми встре́титься.

(э́то слы́шать, э́то ви́деть)

2. Де́ти продолжа́ли   собира́ть грибы́.
                       игра́ть во дворе́.
                       петь и танцева́ть.

(чита́ть ска́зки, занима́ться спо́ртом, осма́тривать вы́ставку)

3. Все мы стара́лись   рассказа́ть по-но́вому.
                       помо́чь ему́ в учёбе.
                       относи́ться к э́тому серьёзно.

(поня́ть его́ слова́, реши́ть вопро́с, вы́полнить рабо́ту, учи́тывать э́ти фа́кторы)

4. На́дя { явля́ется / счита́ется / ста́ла } одни́м из спосо́бных студе́нтов в на́шей гру́ппе.

(станови́ться, оказа́ться, показа́ться, сде́латься)

5. Ви́тя был { учи́телем. / скро́мным. / трусли́в. }

(по́вар, секрета́рь, трудолюби́вый, засте́нчивый, до́брый)

6. Сестра́ пришла́ (прие́хала, верну́лась) { весёлая. / уста́лая. / загоре́лой. / гру́стной. }

(ра́достный, дово́льный, пе́рвый, серди́тый)

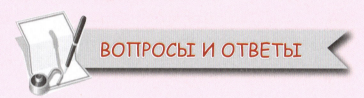

ВОПРО́СЫ И ОТВЕ́ТЫ

1. — Ива́н Алекса́ндрович, ско́лько лет, ско́лько зим! Серде́чно ра́да сно́ва с ва́ми встре́титься!
   — Здра́вствуйте, Валенти́на Серге́евна! Я то́же рад вас ви́деть.

2. — Ма́шенька, ми́лая, добро́ пожа́ловать в столи́цу! Как я рад тебя́ ви́деть! Надо́лго к нам в Москву́?
   — Здра́вствуй, Са́ша, и я ра́да с тобо́й встре́титься. Сейча́с с Камча́тки в Москву́ прие́хать не так-то про́сто. Но мне повезло́, бу́ду год учи́ться на ку́рсах в МГУ.

3. — Пого́да по́ртится, ка́жется, начина́ется дождь... Пора́ домо́й, хва́тит броди́ть в лесу́.
   — Да, а на́ша ба́бушка продолжа́ет собира́ть грибы́, и дождь ей не меша́ет. Ба́бушка! Идём домо́й!

4. — Фе́дя, ты ведь неда́вно слома́л но́гу! Что ты де́лаешь на стадио́не?
   — Как что! Я продолжа́ю занима́ться спо́ртом: хожу́ и немно́го бе́гаю, что́бы нога́ быстре́е зажила́.

5. — По-мо́ему, Ви́ктору тру́дно изуча́ть иностра́нные языки́.
   — Да, у него́ небольши́е спосо́бности к языка́м. Но мы стара́емся помога́ть ему́

в учёбе.

6. — Вы пишете исторические очерки для детей. Что самое сложное в вашей работе?
— Самое трудное для меня — добиться разнообразия. Я стараюсь рассказать по-новому старые, хорошо известные истории.

7. — Кто был твоим любимым учителем в школе?
— Александр Иванович Попов. Он был нашим учителем русского языка и литературы. Его уроки всегда были интересными, познавательными, а сам он — добрым, но очень требовательным. Это настоящий учитель, учитель с большой буквы!

8. — Кто в вашей группе учится лучше всех?
— Трудно сказать сразу. Василий считается одним из самых способных студентов, но он часто забывает делать домашние задания. Думаю, Таня является самой способной студенткой, хотя сначала у неё не было ярких способностей к языкам.

9. — Как вы думаете, какой язык является самым трудным для изучения?
— По мнению учёных, китайский язык считается одним из самых трудных. Но для многих иностранцев это самый интересный язык!

10. — Светлана, ты выглядишь бледной, усталой, больной. По-моему, тебе пора отдохнуть!
— Ты прав. Скоро каникулы — я собираюсь поехать на море. Вернусь здоровой, загорелой и весёлой.

Мода XXI века

Известный театральный художник и историк моды Александр Васильев — специалист в области моды, в 2000 году высказал своё мнение о тенденциях моды сегодняшнего дня и моды нового тысячелетия. Александр Васильев живёт в Париже, тесно общается с ведущими модельерами французских домов моды, преподаёт и делает театральные постановки в десятках городов в земного шара, пишет книги и статьи по истории моды.

По его мнению, мода будет становиться всё более функциональной и прагматичной. Трикотажные вещи постепенно заменят пиджаки, а затем и классические брючные костюмы, которые будут носить только на торжественных и публичных мероприятиях. Практически не будет разницы между мужским и женским костюмом, так как женский станет всё более похожим на мужской. Уже сегодня есть одежда, которую могут носить и мужчины, и женщины.

Сохранятся национальные особенности в одежде, специалисты думают, что победит американский стиль: майки, шорты, широкие свитеры. И именно американская мода поможет исключить из одежды швы. Швы в XXI веке станут просто украшением. Уже сейчас в ряде коллекций известных дизайнеров можно увидеть швы в самых неожиданных местах.

В новом тысячелетии люди всё меньше времени будут проводить вне дома, работать будут не в офисах, а в домашних кабинетах. Даже общение с друзьями в основном будет по Интернету, поэтому в одежде человечество предпочтёт вещи свободные, по-домашнему: уютные халаты и пижамы. Эта одежда нравится людям, потому что её просто и удобно носить. Многие дизайнеры уже вовсю начали разрабатывать данное направление.

Основным и универсальным цветом XXI века станет белый. Не случайно кто-то из модельеров заметил: «Белый цвет — это новый чёрный цвет». Он займёт примерно то же место, что сейчас в нашей одежде занимает цвет чёрный.

И ещё, самое главное! В конце века, считает Александр Васильев, актуально носить одежду с дырочками и пятнышками, застиранную, и вещи не новые, уже как бы из прошлого, XX века.

В магазине

(В общежитии)

— Я собираюсь за продуктами, тебе купить что-нибудь?

— У меня совсем ничего нет, пошли вместе.

— Мне нужно купить хлеб, молоко, йогурт, масло, сыр, колбасу, сосиски и что-нибудь сладкое к чаю. Ой, а ещё овощи для салата и фрукты.

— Тогда лучше на рынок. Там всё дешевле.

— Нет, это далеко. Давай поедем на рынок в воскресенье, а сейчас пойдём в супермаркет. Сумку взял?

— Да, самую большую. Так, вот деньги... Пошли.

— А тебе много нужно купить?

— Меньше, чем тебе: только хлеб и что-нибудь для бутербродов.

— Хорошо, что рядом открылся круглосуточный супермаркет, в любое время можно купить всё, что нужно.

— Да, здорово. Только дороже, чем в обычном магазине или на рынке.

... (В супермаркете)

— Давай возьмём тележку, чтоб не нести всё в руках.

— Давай. Вот молочный отдел. Два пакета молока, пачка масла, йогурт...Кажется, всё.

— А сыр?

— Точно, ещё сыр. Возьму «Швейцарский», он дорогой, но такой вкусный!

— Теперь мясной отдел. Дайте, пожалуйста, 400 граммов копчёной колбасы, 400 — варёной и полкило свиных сосисок.

(Продавец)

— Колбасы получилось немножко больше. Берёте?

— Да, беру. Платить вам или в кассу?

(Продавец)

— В нашем супермаркете все расчёты — через кассу. Вот, пожалуйста.

— Так, теперь хлебный отдел. Возьми батон и буханку чёрного хлеба. И ещё свои любимые сушки с маком.

— А я люблю сухарики с изюмом и медовые пряники... Что же взять?

— Бери и то, и другое, будем вместе чай гонять.

— Хорошо. Ну что, ещё в овощной отдел?

— А может, за фруктами-овощами съездим в воскресенье на рынок? А то мы уже много всего.

— Ладно. Пошли платить.

(У кассы)

— Выкладывайте всё из тележки, пожалуйста. Пакет нужен?

— Нет.

— С вас 496 рублей.

— Ой, я забыл кошелёк!

— Не волнуйся, я за всё заплачу, отдашь деньги в общежитии.

— Спасибо, ты настоящий друг!

— Не стоит.

НОВЫЕ СЛОВА И СЛОВОСОЧЕТАНИЯ

принимать участие в чём 参加
участвовать(未)-вую, -вуешь; в чём 参加,参与
~ в выборах, ~ в беседе, ~ в общественной работе
прийти в себя 苏醒

выйти из себя 失去控制、发怒
одержать победу 战胜,取得胜利
поддерживать(未)-аю, -аешь; кого-что 搀扶,援助,支持；帮助,拥护

поддержать(完)-жу, -ержишь
сознание, -я 知觉,意识
продолжать(未)-аю, -аешь; что 或 с инф. 继续
продолжить(完)-жу,

6) абонéнт —

7) дóбрые кáчества —

8) путешéствие по мúру —

 12. 回答扩展性问题。(Отвéтьте на развёрнутые вопрóсы.)

1) Как вы оцéниваете национáльные харáктеры рáзных нарóдов? Чем онú отличáются?

2) Каковá роль (фýнкция) улы́бки в общéнии? Когдá рýсские не улыбáются?

3) Как называ́ют своúх детéй рýсские? Какúе перемéны происхóдят в совремéнном россúйском общéстве?

4) Как дрýжат в рáзных стрáнах? В чём дрýжба помогáет лю́дям?

 13. 用括号里给出的词填入合适的答句。(Встáвьте подходя́щие рéплики, употребля́я словá в скóбках.)

1) — Кáтя, покажú мне твою́ рабóту.

—... (с удовóльствием, жаль)

2) — Как к вам обращáться?

—... (назвáть прóсто, по úмени)

3) — Нáдя ещё не пришлá?

—... (дóжен, зáнят)

4) — Андрéй Петрóвич, у меня́ к вам вопрóсы.

—... (готóв, порá)

 14. 任选一题编写与俄罗斯留学生的对话。(Состáвьте диалóг с рýсским студéнтом по однóй из слéдующих тем.)

1) « Россúя в моúх глазáх»

2) « Как дружúть с (рýсскими, китáйцами)»

3) « Я счáстлив, что живý в XXI вéке.»

УРОК 5

ГРАММАТИКА

☞ I. 形容词的比较级 (сравни́тельная сте́пень прилага́тельных)

II. 形容词的最高级 (превосхо́дная сте́пень прилага́тельных)

III. 副词的比较级和最高级 (сравни́тельная и превосхо́дная сте́пень наре́чий)

ТЕКСТ Как вести́ себя́ в музе́е, на вы́ставке, в теа́тре?
ДИАЛОГ На вы́ставке

ГРАММАТИКА

听录音请扫二维码

俄语中的性质形容词大多具有比较级和最高级形式,表示区分事物特征的程度差异。形容词比较级表示"更……""较为……"等意义,形容词最高级表示"最……的"等意义。

I. 形容词的比较级
сравни́тельная сте́пень прилага́тельных

1. 形容词比较级的构成

形容词比较级有两种形式:简单式和复合式。

1) 简单式比较级的构成

去掉原级(原形)形容词的词尾,某些形容词要发生词干的辅音交替,再加上比较级后缀-ее或-е。例如:

краси́вый — краси́вее   до́брый — добре́е
интере́сный — интере́снее   счастли́вый — счастли́вее
дорого́й — доро́же   лёгкий — ле́гче
чи́стый — чи́ще   ра́нний — ра́ньше

构成方式见下表：

原级	规则	比较级
	去掉词尾+后缀-ее	
све́тлый	светл	светле́е
тру́дный	трудн	трудне́е
но́вый	нов	нове́е
бы́стрый	быстр	быстре́е
ую́тный	уютн	ую́тнее
тёплый	тепл	тепле́е
дли́нный	длинн	длинне́е
	去掉词尾、音变+后缀-е	
молодо́й	молож	моло́же
бога́тый	богач	бога́че
ти́хий	тиш	ти́ше
бли́зкий	ближ	бли́же
ни́зкий	ниж	ни́же
ре́дкий	реж	ре́же
до́лгий	дольш	до́льше
сла́дкий	слащ	сла́ще

注：

① 部分形容词构成比较级时加后缀-ее (口语或诗歌中也用-ей)，但词干是单音节的形容词构成比较级时重音一般在第一个-е 上，而词干是多音节的重音不变。例如：

но́вый-нове́е, тру́дный-трудне́е, све́тлый-светле́е, бы́стрый-быстре́е краси́вый-краси́вее, счастли́вый-счастли́вее, интере́сный-интере́снее

② 以 г, к, х, д, дк, зк, т, ст 结尾的形容词构成比较级时发生语音交替。音变规则：г, д→ж, дк, зк→ж, к, т→ч, тк→ч, х→ш, ст→щ。此时使用后缀-е，重音基本不变，如果原级重音在词尾，构成比较级时重音向前移动一个音节。例如：

дорого́й — доро́же, молодо́й — моло́же

гро́мкий — гро́мче, до́лгий — до́льше

гла́дкий — гла́же, коро́ткий — коро́че

③ 有一些形容词构成比较级时除了音变之外，还可能使用另一词干。例如：

далёкий — да́льше, дешёвый — деше́вле

широ́кий — ши́ре, высо́кий — вы́ше

ма́ленький — ме́ньше, большо́й — бо́льше

хоро́ший — лу́чше, плохо́й — ху́же

УРОК 5

④ 形容词比较级前可加前缀 по-，表示"稍微……"，"……一点"，常用于口语。例如：

побо́льше, поинтере́снее, покоро́че, помоло́же

2) 复合式比较级的构成

形容词复合式比较级由原级形容词前面加 бо́лее 或 ме́нее 构成，常用于多音节形容词、书面语体中。例如：

бо́лее ва́жный 更重要的　　　　ме́нее ва́жный 不太重要的

бо́лее интере́сный 更有趣的　　ме́нее интере́сный 不太有趣的

有些性质形容词不能构成简单式比较级，只能用"бо́лее+原级""ме́нее+原级"构成复合式比较级。例如：

больно́й, го́рдый, дру́жеский, отста́лый, передово́й, уста́лый 等。

2. 形容词比较级的用法

简单式形容词比较级没有性、数、格的变化；复合式形容词比较级的变化与其原级形容词相同，бо́лее、ме́нее 不变。

1) 简单式比较级在句中做谓语，比较对象用 чем 加第一格或把被比较的词变成第二格形式。例如：

(1) Оля ста́рше меня́.

Оля ста́рше, чем я.

奥利娅比我大。

(2) Этот рома́н интере́снее того́.

Этот рома́н интере́снее, чем тот.

这部小说比那部有意思。

(3) Вре́мя доро́же зо́лота.

Вре́мя доро́же, чем зо́лото.

时间比黄金宝贵。

2) 简单式形容词比较级在句中的时间借助于系词 бы́ть, ста́ть, станови́ться 等表示，还经常以重叠形式表示特征逐渐增强。例如：

(1) Наступи́ла о́сень, ста́ло холодне́е.

秋天来了，天变冷了。

(2) На́ша жизнь стано́вится всё лу́чше и лу́чше.

我们的生活越来越好。

(3) Вопро́с о защи́те приро́ды стано́вится всё важне́е и важне́е.

保护自然的问题越来越重要。

3) 两个事物进行比较时，相差的额度通常用带前置词 на 的第四格或第五格形式表示。例如：

(1) Воло́дя вы́ше меня́ на́ голову.

瓦洛佳比我高一头。

(2) Это пла́тье доро́же того́ на сто юа́ней.

这条裙子比那条贵一百元。

4) 带前缀 по- 的简单式比较级通常位于被说明的名词后面，在句中做非一致定语。例如：

(1) Да́йте мне брю́ки покоро́че.

给我拿一条短一些的裤子。

(2) Читáйте дéтям расскáз попрóще.

给孩子们读简单些的故事。

复合式比较级同原级形容词,在句中既可以用作定语,也可以用作谓语。用作定语时与被说明的词保持性、数、格上的一致关系,用作谓语时多用短尾,被比较对象只能用чем加第一格形式表示。例如:

(1) Мы взялúсь за бóлее трýдную рабóту.

我们着手做一件更难的工作。

(2) Сегóдняшняя погóда бóлее тёплая, чем вчерáшняя.

今天的天气比昨天暖和。

(3) Нúна мéнее прилéжна, чем сосéдка.

妮娜没有同桌勤奋。(和同桌相比,妮娜不够勤奋。)

II. 形容词的最高级
превосхóдная стéпень прилагáтельных

1. 形容词最高级的构成

形容词最高级也分简单式和复合式。

1) 简单式最高级的构成

(1) 去掉原级形容词的词尾,加-ейш和词尾-ий。例如:

красúвый — красúвейший

сúльный — сильнéйший

извéстный — извéстнейший

(2) 如果原级形容词的词干以г, к, х结尾,则г, к, х音变后(г-ж, к-ч, х-ш)加后缀-айш 和词尾-ий。例如:

велúкий — величáйший

стрóгий — строжáйший

тúхий — тишáйший

注:

简单式形容词最高级的重音大多在后缀-ейш-和-айш-上,但如果比较级后缀为不带重音的-ее的形容词,构成以-ейш-为后缀的最高级时,后缀-ейш-也不带重音。

例如:

огрóмный — огрóмнее(比较级)— огрóмнейший(最高级)

красúвый — красúвее(比较级)— красúвейший(最高级)

① 有些形容词的简单式最高级形式是特殊的。例如:

хорóший — лýчший

плохóй — хýдший

в лýчшем слýчае

в ху́дшую пого́ду

② 与比较级相同，-дк-, -зк-音变时，-к-脱落，-д-, -з-交替为-ж-。例如：
бли́зкий — ближа́йший

③ 还有一些形容词没有简单式最高级形式。例如：
молодо́й, ча́стный, родно́й, до́лгий, гро́мкий, ло́вкий, све́жий, большо́й 等

2) 复合式最高级的构成

在原级形容词前加 са́мый 构成，与原级形容词一起修饰名词，并与被修饰的名词保持性、数、格的一致。例如：

са́мый высо́кий   са́мый краси́вый
са́мый тру́дный   са́мый дорого́й

2. 形容词最高级的用法

俄语形容词简单式和复合式最高级都有性、数、格的变化，其变化同原级形容词一样。复合式最高级形容词变化时，са́мый 和后面的原级形容词同时变化。

两种最高级形式在句中主要作定语，也可以作谓语，用法与原级形容词相同。简单式最高级形式具有书面语色彩，口语中常用复合式最高级形式。例如：

(1) Э́тот сорт са́мый дорого́й.
这个品种是最贵的。

(2) Еги́пет — одна́ из древне́йших стран ми́ра.
埃及是世界上最古老的国家之一。

III. 副词的比较级和最高级
сравни́тельная и превосхо́дная сте́пень наре́чий

以 -о (-е) 结尾的性质副词基本由相应的性质形容词变来。与性质形容词一样，这类性质副词也有比较级和最高级的形式。

1. 副词比较级的构成和用法

副词比较级也有复合式和单一式两种：

1) 复合式副词比较级由 бо́лее, ме́нее 加副词原级形式构成。例如：

бо́лее интере́сно   ме́нее интере́сно
бо́лее сло́жно   ме́нее сло́жно
бо́лее глубоко́   ме́нее глубоко́

这种比较级形式一般用于书面语。

2) 单一式副词比较级与其相应的形容词单一式比较级相同。例如：

си́льно — сильне́е
краси́во — краси́вее
счастли́во — счастли́вее
чи́сто — чи́ще

副词比较级经常说明动词,在句中用作状语。被比较的事物用带чем的比较短语或名词第二格形式来表示。例如:

(1) Сегóдня прохлáднее, чем вчерá.

今天比昨天凉爽。

(2) В нáшей аудитóрии чи́ще, чем у них.

我们班教室比他们班干净。

2. 副词最高级的构成和用法

副词最高级是由单一式副词比较级加上代词всё的第二格形式всегó(指事物的相比)和все的第二格形式всех(指人的相比)构成。

副词最高级表示"最……(地)"的意义,用来说明动词,在句中也用作状语。例如:

Áнна бóльше всегó лю́бит плáвать.

安娜最喜欢游泳。(和其他体育项目相比,安娜最喜欢游泳。)

Áнна бóльше всех лю́бит плáвать.

安娜比谁都更喜欢游泳。(和其他人相比,安娜最喜欢游泳。)

Степáн бежи́т быстрée всех.

斯捷潘跑得比谁都快。

РЕЧЕВЫЕ ОБРАЗЦЫ

1. —Какóй язы́к труднée? / сложнée?

—Рýсский язы́к труднée / сложнée , чем англи́йский.

(лёгкий, простóй, интерéсный, скýчный, богáтый)

2. —Кто молóже / стáрше, Антóн и́ли Лéна?

—Антóн молóже / стáрше Лéны.

(высóкий, си́льный, здорóвый, весёлый, крéпкий)

3. —Каки́м станóвится наш гóрод?

—Везде́ идёт строи́тельство, наш гóрод станóвится всё краси́вее и краси́вее.

(совремéнный, прекрáсный, чи́стый, аккурáтный, крýпный)

4. — Какая выставка более интересная?
   — Выставка картин более интересная, чем выставка книг.
   (богатый, скучный, привлекательный)

5. — На сколько эта кофта короче той?
   — На 20 сантиметров.
   (узкий, длинный, широкий)

6. Река Янцзы — одна из длиннейших рек мира.
   (великий, известный, широкий)

7. — Как себя чувствует больной?
   — Ему стало лучше.
   (плохо, тяжело, сложно)

8. — Кто лучше всех работает?
   — В нашем цехе лучше всех работает мастер.
   (прилежно, много, плохо, старательно, мало)

9. — В каком городе летом жарче?
   — В Нанькине гораздо жарче, чем в Пекине.
   (тепло, прохладно)

10. — Кто учится лучше, Володя или Дима?
    — Володя учится лучше Димы.
    (упорно, прилежно, активно, старательно)

ВОПРОСЫ И ОТВЕТЫ

1. — Мне кажется, в китайском языке почти нет грамматических форм. Значит, он проще русского, английского, немецкого или французского языков?
   — Нет, это поверхностное мнение. Во многом китайский язык сложнее.

2. — Почему северные диалекты стали основой общенационального нормативного языка Путунхуа?
   — Потому что на них говорит больше всего людей: более 70 % носителей китайского языка.

3. — В ру́сском языке́ сто́лько граммати́ческих форм, падеже́й, по-мо́ему, всё э́то невозмо́жно вы́учить!
   — Не расстра́ивайся, любо́й язы́к внача́ле ка́жется тру́дным. Пото́м учи́ть бу́дет ле́гче и интере́снее!

4. — Ты настоя́щий полигло́т, зна́ешь сто́лько языко́в! А ты мо́жешь сравни́ть их?
   — Попро́бую. Я ду́маю, италья́нский язы́к нежне́е и музыка́льнее, чем други́е языки́, неме́цкий — стро́же, францу́зский — живе́е, испа́нский — торже́ственнее, англи́йский — практи́чнее...
   — А како́й язы́к са́мый краси́вый?
   — Мне ка́жется, родно́й!

5. — Ты побыва́л в ра́зных стра́нах. Где тебе́ понра́вилось бо́льше всего́?
   — Тру́дно сказа́ть. В Евро́пе кли́мат мя́гче и прия́тнее, в Кита́е ку́хня разнообра́знее, в Аме́рике жизнь удо́бнее... А в Росси́и жизнь трудне́е, но интере́снее!

6. — Где тебе́ понра́вилось бо́льше, в Москве́ и́ли в Санкт-Петербу́рге?
   — В Петербу́рге. Э́тот го́род, се́верная столи́ца Росси́и, по-мо́ему, краси́вее и споко́йнее Москвы́. Москва́ краси́ва, но крупне́е и шумне́е Петербу́рга.

7. — По-мо́ему, че́стность, правди́вость — са́мое ва́жное в отноше́ниях.
   — Мо́жет быть, ты прав. Но зна́ешь ру́сскую погово́рку: «Пра́вда — хорошо́, а любо́вь лу́чше». Иногда́ любо́вь важне́е и нужне́е пра́вды.

8. — Что са́мое ва́жное в семе́йной жи́зни? Наве́рное, любо́вь?
   — Мой де́душка и ба́бушка про́жили вме́сте 50 лет. Они́ говоря́т, что любо́вь — хорошо́, но взаи́мное уваже́ние и понима́ние — лу́чше!

9. — Почему́ ка́ждое ле́то вы соверша́ете путеше́ствие в го́ры?
   — Во-пе́рвых, я северя́нин, и ле́том на ю́ге чу́вствую себя́ ху́же и́з-за жары́, а в гора́х всегда́ прохла́днее, чем на равни́не. Во-вторы́х, я не зна́ю ничего́ вели́чественнее и прекра́снее гор!

10. — Как сде́лать дли́нную доро́гу коро́че?
    — На́до путеше́ствовать с интере́сным челове́ком, с кото́рым мо́жно поговори́ть о ра́зных веща́х!

Как вести себя в музее, на выставке, в театре?

Посещение театра, концертного зала, музея и художественной выставки требует от посетителя знания и соблюдения особых правил. По правилам хорошего тона посетитель музея должен снять верхнюю одежду в гардеробе и оставить там большие сумки, пакеты и т.д. В музеях и на выставках при входе продаются специальные каталоги-путеводители. Они помогут вам найти нужный зал или экспонат. В большом музее невозможно осмотреть всё за день, лучше всего выбрать для осмотра один или несколько залов.

По залам музея или выставки следует передвигаться бесшумно. Громко разговаривать или звать знакомого, шумно обсуждать произведения искусства недопустимо. Давать информацию о том или ином произведении, его истории и авторе — задача экскурсовода. Посетители могут коротко, вполголоса обменяться друг с другом своими впечатлениями.

Для того чтобы ознакомиться с каким-либо экспонатом, не нужно вставать перед другим посетителем. Лучше всего дождаться, когда он отойдёт. Трогать руками музейные или выставочные экспонаты строго воспрещается.

Надо ли надевать в театр своё самое роскошное платье, самый модный костюм? Только на праздничный концерт или на премьеру! На обычный спектакль или концерт лучше всего надеть классический костюм спокойных тонов, т.е. одеться нужно так, чтобы не привлекать к себе особого внимания окружающих.

Опаздывать к началу спектакля или концерта недопустимо. Однако если вам пришлось опоздать, то не нужно беспокоить других зрителей, необходимо подождать окончания акта спектакля или музыкального произведения и в антракте пройти на своё место. Идти вдоль ряда нужно, повернувшись лицом к другим зрителям. При этом следует извиниться перед ними за беспокойство.

Подпевать, разговаривать с соседями во время исполнения — дурной тон. И, конечно, непозволительно в это время что-то есть, если у вас кашель или насморк, надо тихо извиниться перед соседями и покинуть зал.

Грубейшей ошибкой и серьёзнейшим нарушением норм театрального этикета считается уход из зрительного зала во время спектакля или за несколько минут до его окончания. Вежливый человек поблагодарит актёров или музыкантов за игру.

На вы́ставке

— Где Ю́ра и Ма́ша? Опя́ть они́ опа́здывают, а нам пора́ в теа́тр!
— О, вот, наконе́ц, и они́. Где вы бы́ли? Что случи́лось?
— Извини́те! Всё в поря́дке, мы бы́ли на вы́ставке де́тского рису́нка. Уви́дели афи́шу и реши́ли зайти́.
— Де́тские рису́нки? Ра́зве э́то интере́сно?
— Коне́чно! Де́ти — настоя́щие худо́жники.
— Вот катало́г, посмотри́те. Они́ рису́ют кра́сочно, свобо́дно, необы́чно.
— Действи́тельно, интере́сно. Но что э́то? Не понима́ю.
— И для меня́ э́то зага́дка.
— По-мо́ему, э́то ко́смос.
— А мо́жет быть, зи́мняя ночь? Или вече́рний го́род? Ну и фанта́зия у э́тих дете́й!
— Да, они́ по-сво́ему ви́дят мир.
— Говоря́т, все де́ти гениа́льны.
— Ха-ха́, отку́да тогда́ появля́ются ску́чные взро́слые? Вот идёт На́дя. Приве́т!
— Приве́т! Бо́же, как я уста́ла! Це́лый день на нога́х. Как нам е́хать?
— Такси́ возьмём. Где ты была́, На́дя?
— Я была́ в карти́нной галере́е, в Третьяко́вке. Слы́шали о ней?
— Госуда́рственная Третьяко́вская галере́я? Коне́чно, слы́шала. Как ты туда́ попа́ла?
— Случа́йно. Гуля́ла по Москве́ и уви́дела зда́ние необы́чной архитекту́ры, в ру́сском сти́ле. Зашла́ — и не пожале́ла, ведь с древнеру́сским иску́сством я была́ знако́ма, а о совреме́нном ничего́ не зна́ла.
— Как, ра́зве там есть произведе́ния совреме́нного иску́сства? Я ду́мала, Третьяко́вка — музе́й исто́рии иску́сств.
— Тут вы не пра́вы. Там есть большо́й разде́л совреме́нной жи́вописи, скульпту́ры и гра́фики. Коне́чно, одного́ ра́за недоста́точно, я пойду́ туда́ ещё.
— Дава́й пойдём туда́ за́втра вме́сте. Я то́же мечта́ю свои́ми глаза́ми уви́деть древнеру́сские ико́ны, знамени́тую «Тро́ицу» Андре́я Рублёва.
— Хорошо́. За́втра на весь день — в Третьяко́вку. А сейча́с — в теа́тр!
— Пое́хали!

НОВЫЕ СЛОВА И СЛОВОСОЧЕТАНИЯ

ра́нний, -яя, -ее, -ие 早的，早来到的

ни́зкий, -ая, -ое, -ие 低的，矮的

до́лгий, -ая, -ое, -ие 长久的，长时间的

гла́дкий, -ая, -ое, -ие 平的，平整的

далёкий, -ая, -ое, -ие 远的，远处的

го́рдый, -ая, -ое, -ые 有自尊心的；高傲的

дру́жеский, -ая, -ое, -ие 朋友的

отста́лый, -ая, -ое, -ые 掉队的，落伍的；落后的

ко́фта, -ы; -ы 女短衫

сантиме́тр, -а; -ы 厘米；公分；米尺

пове́рхностный, -ая, -ое, -ые 表面的，表层的；肤浅的，浅薄的

диале́кт, -а; -ы 方言，地方话

нормати́вный, -ая, -ое, -ые 规范的，标准的；定额的

носи́тель, -я; -и (阳) 体现者；代表者

паде́ж, -а́; -и́ 名词的格

внача́ле (副) 起初，起先

полигло́т, -а; -ы 通晓多种语言的人

сра́внивать(未)-аю, -аешь; кого́-что с кем-чем; 比较，相对照；比喻，把……比作

сравни́ть(完)-ню́, -ни́шь; ~ мо́лодость с весно́й 把青春比作春天

торже́ственный, -ая, -ое, -ые 隆重的，盛大的；激昂的，昂扬的；庄严的

мя́гкий, -ая, -ое, -ие 软的；柔和的；轻盈的

удо́бный, -ая, -ое, -ые 舒服的，舒适的；适当的

шу́мный, -ая, -ое, -ые 喧哗的，吵闹的；热闹的

че́стность, -и; -и (阴) 诚实，正直

правди́вость, -и; -и (阴) 真实，诚实

погово́рка, -и; -и 俗语

взаи́мный, -ая, -ое, -ые 互相的，彼此的

равни́на, -ы; -ы 平原

вели́чественный, -ая, -ое, -ые 雄健的，壮丽的；庄严的

тре́бовать(未)-бую, -буешь; чего́ от кого́-чего́, с инф. 要求，指望；

потре́бовать(完)-бую, -буешь

гардеро́б, -ы; -ы 衣帽间

катало́г, -а 目录；分类品名册

передвига́ться(未)-а́юсь, -а́ешься; (从一处) 走, 乘行 (至另一处); 移到, 转到; 小心地从一处挪到另一处

передви́нуться(完)-нусь, -нешься; ~ с ме́ста на ме́сто осторо́жно

вполго́лоса (副) 低声, 小声

ознакомля́ться(未)-я́юсь, -я́ешься; с чем 熟悉, 了解；

ознако́миться (完) -млюсь, -мишься;
~ с положе́нием 熟悉情况, ~ с но́вым ме́тодом 了解新方法

экспона́т 展品, 陈列品

дожида́ться(未)-аюсь, -аешься

дожда́ться(完)-ду́сь, -дёшься; 等到, 弄到

воспреща́ться(未)-а́юсь, -а́ешься; 禁止, 不准

антра́кт, -а; -н 幕间休息; 幕间曲

вдоль (副) 沿着, 顺着

повора́чиваться (未)-а́юсь, -а́ешься 转身, 翻转

поверну́ться (完)-ну́сь, -нёшься;

подпева́ть(未)-а́ю, -а́ешь; 随着唱, 伴唱

подпе́ть(完)-пою, -поёшь;

ка́шель, -шля; -шли 咳嗽

на́сморк, -ка; -ки 伤风, 鼻炎

похло́пывать(未)-аю, -аешь; что 或无补语 <口> 不时地轻拍

прито́пывать(未)-аю, -аешь; 用脚踏拍子

прито́пнуть(完)-ну, -нешь;

графи́ческий, -ая, -ое, -ие 图示的，图表的，图解的

археологи́ческий, -ая, -ое, -ие 考古的；考古学的

це́нный, -ая, -ое, -ые 有价的，标价的；贵的，贵重的；宝贵的

бо́же (叹) 天啊，上帝啊 (表示惊奇、高兴、愤怒等)

гуде́ть(未) гужу́, гуди́шь; 汽笛响；耳鸣，脑袋里嗡嗡响；(一、二人称不用) 酸痛，隐隐作痛

ра́зве (语气) 莫非，难道

разде́л, -а; -ы 部分，篇，章

гра́фик, -а; -и 格拉费卡艺术家 (从事素描、版画、水粉画等的造型艺术家)

древнеру́сский, -ая, -ое, -ие 古

俄ро́сский 的
ико́на, -ы; -ы 圣像
зага́дка, -и 谜语，谜

фанта́зия, -и 想象，想象力；幻想，梦想

гениа́льный, -ая, -ое, -ые; -лен, льна 天才的，极有才能的

 1. 按示例变换下列句子。(Переде́лайте предложе́ния по образцу́.)

Образе́ц: Второ́й уро́к ле́гче, чем пе́рвый.

Второ́й уро́к ле́гче пе́рвого.

1) Зо́лото тяжеле́е, чем желе́зо.

2) Река́ Янцзы́ намно́го ши́ре, чем река́ Сунхуацзя́нь.

3) Ю́жные райо́ны бога́че, чем се́верные и за́падные.

4) Ваш отве́т был точне́е, чем мой.

5) Воло́дя сильне́е в матема́тике, чем Макси́м.

6) Ру́сская грамма́тика сложне́е, чем грамма́тика англи́йского языка́.

7) Но́вая у́лица на 5 киломе́тров длинне́е, чем ста́рая.

8) Э́та ста́нция метро́ гора́здо краси́вее, чем сле́дующая.

9) Мы жи́ли за грани́цей до́льше, чем на́ши друзья́.

10) По-мо́ему, упражне́ния на перево́д те́кста трудне́е, чем сочине́ние.

 2. 将括号内的形容词或副词变成比较级形式。(Поста́вьте слова́ в ско́бках в фо́рме сравни́тельной сте́пени.)

1) От я́ркого ю́жного со́лнца ко́жа рыбако́в ста́ла (тёмный).

2) По́сле экза́мена настрое́ние у Ви́ти ста́ло (хоро́ший).

3) Мы смотре́ли в окно́ авто́буса, и пе́ред на́ми открыва́лись карти́ны одна́ за друго́й (краси́вый).

4) Зада́йте де́вочке вопро́сы (интере́сный), а то она́ не отве́тит на них.

5) Ря́дом уче́бный ко́рпус, он (высо́кий) библиоте́ки, и конце́ртный зал.

6) Возвраща́йтесь (ско́ро)! Мы вас ждём.

7) Больно́й забы́л приня́ть лека́рство, и к ве́черу ему́ ста́ло (пло́хо).

8) Говори́те (гро́мко): вас не слы́шно.

9) Студе́нты ста́рших ку́рсов говоря́т по-ру́сски (свобо́дно, чи́сто, краси́во).

10) Они́ шли (далеко́ и далеко́), а ма́ма всё стои́т на ме́сте.

3. 将带比较连接词 чем 的句子变成不带 чем 的句子。(Переде́лайте предложе́ния с «чем» в предложе́ния без «чем».)

1) Но́вая кварти́ра удо́бнее, чем ста́рая.
2) Ки́ев от Москвы́ да́льше, чем Санкт-Петербу́рг.
3) В э́том музе́е пейза́жей бо́льше, чем портре́тов.
4) Ду́маю, что францу́зский язы́к краси́вее и живе́е, чем неме́цкий.
5) Сестра́ намно́го вы́ше, чем брат.
6) Ко́мната ма́мы тепле́е, ую́тнее, чем моя́.
7) У Андре́я получи́лось сочине́ние длинне́е, чем моё.
8) Вре́мя доро́же, чем зо́лото.
9) Говори́т, что ста́рый друг надёжнее, лу́чше, чем но́вый.
10) Глаго́л сложне́е, чем и́мя прилага́тельное и и́мя числи́тельное.

4. 用括号里所给的词回答问题。(Отве́тьте на вопро́сы слова́ми, да́нными в ско́бках.)

1) Како́й музе́й Росси́и вы лю́бите бо́льше всего́?
(Эрмита́ж, Третьяко́вская галере́я, Ру́сский музе́й, Дом-музе́й Пу́шкина в Москве́, Моско́вский музе́й совреме́нного иску́сства, Госуда́рственный литерату́рный музе́й)
2) Кого́ из ру́сских писа́телей вы бо́льше всех лю́бите?
(Ле́рмонтов, Пу́шкин, Толсто́й, Го́рький, Го́голь, Достое́вский, Бу́нин)
3) Произведе́ния каки́х худо́жников вас бо́льше привлека́ют?
(Ре́пин, Ши́шкин, Левита́н, Су́риков, Рублёв, Поле́нов, Васнецо́в)
4) Каки́е го́ры явля́ются высо́кими в А́зии, в Евро́пе, в Аме́рике, и в А́фрике?
(Гимала́и, А́льпы, А́нды, Килиманджа́ро)
5) Каки́е ви́ды спо́рта тепе́рь бо́лее популя́рны?
(шейпинг, йо́га, те́ннис, футбо́л, ша́хматы, пла́вание, хокке́й)
6) Каки́е предме́ты вам бо́льше всего́ понра́вились в университе́те?
(ру́сский язы́к, литерату́ра, исто́рия и геогра́фия РФ, англи́йский язы́к)
7) Зна́ете ли вы, каки́е ре́ки явля́ются са́мыми дли́нными в ми́ре?
(Нил, Миссиси́пи, Янцзы́, Обь, Амазо́на)
8) В каки́х кру́пных города́х Росси́и вы хоте́ли побыва́ть?
(Москва́, Санкт-Петербу́рг, Новосиби́рск, Екатеринбу́рг, Ни́жний Но́вгород)
9) Каки́е ру́сские компози́торы по́льзуются сла́вой во всём ми́ре?
(Гли́нка, Чайко́вский, Му́соргский, Рахма́нинов, Проко́фьев, Шостако́вич)
10) О каки́х са́мых изве́стных теа́трах Росси́и вы мно́го слы́шали?
(Большо́й теа́тр, Ма́лый теа́тр, Мари́инский теа́тр, МХАТ)

5. 翻译下列句子。(Переведи́те сле́дующие предложе́ния с кита́йского языка́ на ру́сский.)

1) 第4课比第1课难得多,语法和生词都比较复杂。
2) 新建的街道比原来的宽3米,两边还种了很多树。
3) 鲍里斯比我小7岁,可是他已经是中文系的研究生了。
4) 我们的生活越来越紧张,但是机会也越来越多。
5) 他家比我家离学校远15公里,所以他自己开车上班。
6) 今天最高气温15度,比昨天低4度。
7) 派几个更有经验的工人去完成这件工作吧。
8) 从国外回来以后,他变得更沉默、更严肃了。
9) 看上去维拉比斯维塔年轻,实际上维拉比斯维塔大七八岁呢。
10) 秋天到了,白天越来越短,夜晚越来越长。

6. 按示例用比较级回答问题。(Напиши́те отве́ты на вопро́сы. В отве́ты включи́те фо́рму сравни́тельной сте́пени.)

Образе́ц: — Кли́мат Се́верного Кита́я сухо́й. А кли́мат Монго́лии?
— Ещё су́ше.

1) Населе́ние И́ндии о́чень большо́е. А населе́ния Кита́я?
2) Мя́со в ки́сло-сла́дком со́усе о́чень вку́сное! А у́тка по-пеки́нски?
3) Э́тот студе́нт хорошо́ говори́т по-ру́сски. А его́ друг?
4) Вчера́ мне бы́ло пло́хо. А сего́дня? (К сожале́нию...)
5) В Евро́пе ре́дко быва́ют си́льные снегопа́ды. А си́льные моро́зы?
6) Ру́чка сто́ит дёшево. А каранда́ш?
7) Компью́тер сто́ит до́рого. А ноутбу́к после́дней моде́ли?
8) Сего́дня мы зако́нчили заня́тия по́здно. А вчера́?
9) Тушёные о́вощи поле́зны для здоро́вья. А све́жие?
10) А́встрия — ма́ленькая страна́. А Швейца́рия?
11) На по́езде туда́ е́хать до́лго. А на авто́бусе?
12) А́льпы — высо́кие го́ры. А Гимала́и?

7. 按示例做否定回答。(В отве́те на вопро́с вырази́те противополо́жное мне́ние.)

Образе́ц: — В э́том году́ ле́то тепле́е, чем в про́шлом.
— Нет (Что ты! Ничего́ подо́бного! Непра́вда!) в э́том году́ ле́то холодне́е, чем в про́шлом.

1) Ста́рый ко́рпус университе́та бо́льше, чем но́вый.
2) Мотоци́кл сто́ит доро́же, чем автомоби́ль.
3) Э́тим ле́том дожди́ иду́т ре́же, чем про́шлым ле́том.

4) Ла́дожское о́зеро глу́бже Байка́ла.

5) Англи́йский язы́к трудне́е, чем ру́сский.

6) Харби́н бо́льше Шанха́я.

7) Анто́н моло́же А́нны.

8) Во́здух в дере́вне грязне́е, чем в го́роде.

9) Япо́нская пи́сьменность сложне́е кита́йской пи́сьменности.

10) В прови́нции Юнына́нь кли́мат суро́вее, чем на се́вере Кита́я.

11) Зимо́й дни длинне́е, чем но́чи.

12) Монго́лия бога́че приро́дными ископа́емыми, чем Кита́й.

8. 按要求完成练习。(Вы́полните зада́ния.)

1) Сравни́те кли́мат ва́шей страны́ и кли́мат сре́дней полосы́ (це́нтра) Росси́и.

2) Сравни́те кита́йскую и ру́сскую национа́льные ку́хни.

3) Сравни́те кита́йскую семью́ нача́ла XX ве́ка и совреме́нную.

4) Сравни́те дре́вние во́йны и во́йны XX ве́ка.

5) Сравни́те кита́йскую мо́ду 200 лет наза́д и совреме́нную.

9. 根据所给词的意义填空。(Вста́вьте в предложе́ния подходя́щие по смы́слу слова́.)

Слова́ для спра́вок: гора́здо, значи́тельно, всё, не́сколько, как мо́жно

1) В Кита́е живёт _____ бо́льше люде́й, чем в Росси́и.

2) На 2-ом ку́рсе должны́ занима́ться мно́го, _____ бо́льше, чем на 1-ом.

3) Ско́ро наступит зима́, с ка́ждым днём пого́да _____ холодне́е.

4) И Мэ́ри, и Джейн прекра́сно говори́т по-ру́сски, но у Мэ́ри произноше́ние _____ лу́чше.

5) Температу́ра в ию́не _____ вы́ше, чем в ма́е.

6) Постара́йтесь на кани́кулах отдохну́ть _____ лу́чше.

7) В после́дние го́ды Кита́й развива́ется _____ быстре́е и быстре́е.

8) По́сле пое́здки в Росси́ю его́ ру́сский язы́к стал _____ лу́чше.

10. 回答问题。(Отве́тьте на вопро́сы.)

1) Како́е де́ло, заня́тие для вас са́мое прия́тное?

2) Что, по-ва́шему, са́мое гру́стное в жи́зни?

3) Что вы счита́ете са́мым необходи́мым в жи́зни?

4) Что вы счита́ете са́мым плохи́м в жи́зни?

5) Каки́е собы́тия в исто́рии Кита́я вы счита́ете са́мыми значи́тельными?

6) Каки́е собы́тия ва́шей жи́зни вы счита́ете са́мыми ва́жными?

7) Что для вас явля́ется са́мым больши́м удово́льствием?

11. 翻译下列词组。(Переведите следующие словосочетания.)

语法形式，表面看法，全民标准语，地区方言，相互尊重和理解，沙皇官邸，冬宫，巴洛克风格，宫廷艺术品收藏，文化宝库，希腊罗马时期作品，西欧艺术藏品，独一无二的饰品，隆重的开幕式，跑了一整天，画廊，俄式建筑，古代俄罗斯圣像画

12. 读下列俄语俗语，您是如何理解的？汉语中是否有类似的表达？(Прочитайте русские поговорки. Как вы их понимаете? Есть ли похожие по смыслу поговорки в китайском языке?)

1) Тише едешь — дальше будешь.
2) Рыба ищет, где глубже, а человек — где лучше.
3) Худой мир лучше доброй ссоры.
4) Лучше синица в руках, чем журавль в небе.
5) Своя рубашка ближе к телу.

13. 朗读并背诵小笑话和短诗。(Прочитайте шутку и стихотворение. Выучите их наизусть.)

А. Шутка

Внук показывает дедушке свои отметки.

— Когда я учился в школе, у меня по истории были одни пятёрки, а у тебя — тройка.

— Ну, дедушка, когда ты учился в школе, история была гораздо короче.

Б. Стихотворение

Ржавеет золото и истлевает сталь.

Крошится мрамор. К смерти всё готово.

Всего прочнее на земле печаль,

И долговечней — царственное слово.

—Анна Ахматова

14. 按课文回答问题。(Ответьте на вопросы по тексту.)

1) Можно ли посещать залы музея в верхней одежде?
2) Как найти в музее нужный зал, нужный экспонат?
3) Почему в большом музее за один день лучше осмотреть один или несколько залов?
4) Как надо вести себя в зале музея?
5) Что следует надевать в театре?
6) Что надо делать, чего нельзя делать, если вы опоздали на спектакль или на концерт?
7) Чего нельзя делать во время исполнения (песни, спектакля)?
8) Почему не следует уходить из зала за несколько минут до конца спектакля или концерта?
9) Когда можно и когда нельзя аплодировать?
10) Что нового вы узнали в данном тексте?

15. 记住下列博物馆的名称并在讲述中应用。(Запо́мните сле́дующие назва́ния музе́ев и употреби́те их в своём расска́зе.)

Ру́сский музе́й 俄罗斯博物馆

Третьяко́вская галере́я 特列季亚科夫画廊

Госуда́рственный музе́й Пу́шкина 国立普希金博物馆

Моско́вский музе́й совреме́нного иску́сства 莫斯科现代艺术博物馆

Госуда́рственный Истори́ческий Музе́й 国家历史博物馆

Центра́льный музе́й вооружённых сил 中央军事博物馆

Музе́й ра́дио и телеви́дения 广播电视博物馆

Госуда́рственный Музе́й Городско́й скульпту́ры 国家城市雕塑博物馆

Музе́й декабри́стов 十二月党人博物馆

Влади́миро-Су́здальский музе́й-запове́дник 弗拉基米尔-苏兹达里自然保护博物馆

 16. 讲述。(Соста́вьте расска́з по да́нной те́ме.)

«В каки́х музе́ях вы хоти́те побыва́ть? Почему́?»

ЗНА́ЕТЕ ЛИ ВЫ?

В ма́е 1896 г. состоя́лась пе́рвая в Росси́и демонстра́ция кино́. Кинопока́зы бы́стро ста́ли мо́дным развлече́нием, постоя́нные кинотеа́тры на́чали появля́ться во мно́гих кру́пных города́х Росси́и. Пе́рвый постоя́нный кинотеа́тр откры́лся в Санкт-Петербу́рге в том же году́ по а́дресу Не́вский проспе́кт, дом **46**.

УРОК 6

ГРАММАТИКА
- I. 说明从属句(2) (изъяснительное придаточное предложение)
- II. 指示词 то (указательное слово «то»)
- III. 直接引语和间接引语 (прямая и косвенная речь)

ТЕКСТ Мужчина и женщина
ДИАЛОГ У доктора

ГРАММАТИКА

I. 说明从属句(2)
изъяснительное придаточное предложение

说明从属句可以说明主句中表示言语、思维、感觉、评价等意义的动词，还可以说明形容词短尾、形动词短尾、谓语副词等。例如：

(1) Мама сказала, чтобы дети не выходили на улицу. (说明动词)
    妈妈不让孩子们到外面去。

(2) Оказалось, что он сам виноват в этом. (说明动词)
    结果全都是他自己的错。

(3) Мы рады, что вы нас поняли. (说明形容词短尾)
    我们很高兴您理解了我们。

(4) Уже решено, что Николай будет работать за меня. (说明形动词短尾)
    已经决定尼古拉代替我工作。

(5) Надо, чтобы присутствовали все. (说明谓语副词)
    应当让大家都来。

(6) Жаль, что профе́ссор Петро́в ушёл на другу́ю рабо́ту.（说明谓语副词）

遗憾的是彼得罗夫教授换了另一份工作。

同时，说明从属句也可以说明主句中的名词，从属句可以用 что, что́бы, как 等与主句连接。

一般主句中被说明的名词有：мысль（想法），сообще́ние（通知），про́сьба（请求），обеща́ние（承诺，保证），тре́бование（要求），жела́ние（愿望），изве́стие（消息），чу́вство（感觉），расска́з（讲述），вопро́с（问题），реше́ние（决定），впечатле́ние（印象），сло́во（话语），сомне́ние（怀疑）等。例如：

(1) Мы получи́ли сообще́ние, что ко́нкурс перенесли́ на сле́дующий ме́сяц.

我们接到通知，比赛改到下个月了。

(2) Ви́тя дал сло́во, что бу́дет мно́го занима́ться в э́том году́.

维佳许下诺言说，今年要好好学习。

(3) У меня́ нет никако́го сомне́ния, что Ка́тя сказа́ла пра́вду.

我毫不怀疑卡佳说的是真话。

мысль, сообще́ние, вопро́с, расска́з 这类名词带出的从句现在之所以作为说明从句，是因为这些名词与相应言语、思维动词在意义上相似。试比较：мысль (о том) — ду́мать (о том); вопро́с (о том) — спроси́ть (о том); дать сло́во — обеща́ть。试比较：

Мы до́лго ду́мали, как проводи́ть э́то ле́то.

我们考虑了很长时间，要怎样度过这个夏天。

Мысль о том, как проводи́ть э́то ле́то, до́лго нас беспоко́ила.

关于这个夏天怎么过困扰了我们很长时间。

II. 指示词 то
указа́тельное сло́во «то»

1. 在带有说明从句的主从复合句中，主句中常用指示词 то 及其间接格来强调从句的内容。例如：

(1) Мать ра́да тому́, что сын продолжа́ет её де́ло.

妈妈高兴的是儿子继续着她的事业。

(2) Причи́на заде́ржки в том, что опозда́л университе́тский авто́бус.

耽搁的原因是校车来晚了。

(3) Пло́хо то, что он не обраща́ет внима́ние на своё произноше́ние.

糟糕的是他不在意自己的发音。

2. 指示词 то 有时可以省略，只起突出、强调从句内容的作用。

在下列情况下指示词 то 不可省略：

(1) 当主句中谓语是 заключа́ться в том, состоя́ть в том（在于）时。例如：

Вопро́с заключа́ется в том, кто бу́дет отвеча́ть за э́то.

问题在于谁为此负责。

Гла́вная пробле́ма состоя́ла в том, что места́ не хвата́ет.

主要的问题在于地方不够。

(2) 当主句是 де́ло в том（问题是……），ра́зница в том（区别在于……），причи́на в том（原因乃是……），зада́ча в том（任务是……），цель в том（目的是……），тру́дность в том（困难在于……）等结构时。例如：

Де́ло в том, что он до сих пор об э́том ещё не зна́ет.
问题是到现在为止他还不知道这件事。

Цель была́ в том, что́бы созда́ть на террито́рии Кита́я совме́стное предприя́тие.
目的是在中国建一个合资企业。

(3) 当 то 是同等成分时。例如：

Дека́н говори́л о студе́нческой жи́зни, об изуче́нии языка́, о том, что на́до воспи́тывать в себе́ высо́кие мора́льные ка́чества.
系主任谈到大学生活，谈到了语言学习，还谈到应当培养自身崇高的道德品质。

И тепе́рь де́ти ста́ли ве́рить в свои́ си́лы, ве́рить в то, что они́ победя́т.
现在孩子们开始相信自己的力量，相信他们能取胜。

(4) 当指示词前有加强语气词 и, то́лько, да́же, и́менно, лишь 时。例如：

Мы по́няли то́лько то, что нас туда́ не пу́стят.
我们只明白了一点，那地方不让我们进去。

Оте́ц хоте́л узна́ть и́менно то, как он ведёт себя́ в шко́ле.
父亲想知道他在学校的表现到底如何。

当主句谓语是 выхо́дит（结果是），быва́ет（有时），ка́жется（觉得），счита́ть（认为），ви́деть（看见）等动词时，主句不用指示词 то。例如：

Выхо́дит, что Са́ша прав.
结果萨沙是对的。

Мне ка́жется, что она́ о́чень уста́ла.
我感觉她很累。

Я ви́жу, что в после́днее вре́мя Ли́за почти́ ка́ждый день хо́дит в спортза́л.
我发现最近丽莎几乎天天去体育馆。

III. 直接引语和间接引语
пряма́я и ко́свенная речь

由于交际的需要，经常要在言语活动中引用别人或自己的话语及思想。这种被引用的话语或思想就叫做引语。根据引用方式的不同，可以分为直接引语和间接引语。

1. 直接引语(пряма́я речь)

直接引语指未加任何改变、保持原来面目的话语或思想，通常放在《 》内，例如：
Вдруг Са́ша кри́кнул: «Он проснулся!» 萨沙突然喊了一声："他醒了！"
作者在使用直接引语时，要说明引的是谁的话，对什么人说的，什么场合下说的，怎么说的等。这种引出直接引语的话叫做引者的话或作者的话(а́вторские слова́)。直接引语之外的部分就是引者的话，它可以放在直接引语的前面、直接引语后面或插在直接引语中间。例如：

(1) Брат попроси́л меня́: «Возьми́ меня́ с собо́й!» 弟弟请求我："带我一起去吧！"

(2) «Почему́ молчи́шь?» — спроси́л Пе́тя. 别佳问:"你怎么不说话呢?"

(3) «Хочу́ я спроси́ть тебя́, — сказа́ла ма́ма, — чем ты занима́ешься ка́ждый день?»
"我想问问你,"妈妈说,"你每天都忙些什么?"

直接引语在书写时,第一个字母要大写。俄语中直接引语用引号或破折号标出,一般情况如下:

1) 对话中的直接引语,每个人的话都另起一行,不用引号,每句前用破折号,句子开头要大写。例如:

— Куда́ спеши́шь, Ка́тя? "卡佳,去哪儿?"

— На собра́ние. "开会。"

2) 如果引者的话位于直接引语前面,引者的话后面用冒号,直接引语放在引号中,以大写字母开头。陈述句句末用句号,放在引号外面;疑问句或感叹句,句末分别用问号和叹号,放在引号里面。例如:

Ма́льчик подошёл и сказа́л: «Дай мне хле́ба».
小男孩走过来说道:"给我点面包吧。"

Ма́ша спроси́ла: «Кто там?»
玛莎问道:"谁啊?"

3) 如果引者的话位于直接引语后面,引者的话一律小写字母开头,谓语在前,主语后置,直接引语和引者的话之间用破折号。按照俄语的规则,陈述句句末用逗号,放在引号外面,其他标点符号一律放在引号里面。例如:

«Я не могу́ пое́хать сего́дня», — сказа́л Дени́с.
"我今天走不了,"丹尼斯说。

4) 如果引者的话插在一个句子中间,直接引语第一部分后面用逗号,第二部分小写字母开头,引者的话前面用破折号,而后面先逗号,后破折号。例如:

«Для меня́, — сказа́л Карп, — жизнь есть и борьба́ с боле́знью.»
"对于我而言,"卡尔普说道,"生活就是和病魔做斗争。"

如果引者的话放在两个独立的句子中间,引者的话小写字母开头,前面用破折号,后面先句号,后破折号。但是第二句用大写字母开头。例如:

«Умница! — сказа́л профе́ссор, — И вы бу́дете хоро́шим студе́нтом.»
"真聪明!"教授说道,"你会成为一个好学生的。"

2. 间接引语(ко́свенная речь)

间接引语是引用者用自己的话对别人的原话所做的转述。间接引语通常以说明从属句的形式出现。试比较:

直接引语	间接引语
(1) Де́вочка спроси́ла меня́: «Когда́ ты е́дешь?» 小女孩问我:"你什么时候走?"	(1) Де́вочка спроси́ла меня́, когда́ я е́ду. 小女孩问我,什么时候走。
(2) Молоды́е лю́ди говори́ли: «Мы должны́ вы́полнить план во́время». 小伙子们说:"我们应该按时完成计划。"	(2) Молоды́е лю́ди говори́ли, что они́ должны́ вы́полнить план во́время. 小伙子们说,他们应该按时完成计划。

3. 变直接引语为间接引语

直接引语通常都可以变成间接引语，改变时句子结构、人称代词、物主代词、动词谓语的人称形式等都要发生变化。

1) 如果直接引语是陈述句，用带连接词 что 的说明从属句代替。例如：

直接引语	间接引语
(1) Он сказа́л: «Я приду́ ве́чером». 他说："我晚上来。"	(1) Он сказа́л, что он придёт ве́чером. 他说他晚上来。
(2) Ната́ша говори́т: «Я его́ пло́хо зна́ю». 娜塔莎说："我不太了解他。"	(2) Ната́ша говори́т, что она́ его́ пло́хо зна́ет. 娜塔莎说她不太了解他。

2) 如果直接引语是表示请求、命令等意义的祈使句，用带 что́бы 的说明从属句代替。例如：

直接引语	间接引语
(1) «Расскажи́те об э́том!» — я попроси́л старика́. "讲讲这件事吧！"我请求老人道。	(1) Я спроси́л старика́, что́бы он рассказа́л об э́том. 我请求老人让他讲讲这件事。
(2) Ли́за сказа́ла Са́ше: «Приходи́ ко мне!» 丽莎对萨沙说："到我这儿来一下！"	(2) Ли́за сказа́ла Са́ше, что́бы он пришёл к ней. 丽莎说让萨沙到她那里去一下。

3) 如果直接引语为带有疑问词 кто, что, кото́рый, како́й, где, куда́, ско́лько, почему́ 等的疑问句，变为间接引语时，把这些疑问词变为关联词。如果直接引语是不带疑问词的疑问句，应加疑问语气词 ли 连接主句和从句。

直接引语	间接引语
(1) Ма́ма спроси́ла: «Почему́ ты не ешь, Ми́шка?» 妈妈问："你为什么不吃呢，米什卡？"	(1) Ма́ма спроси́ла Ми́шку, почему́ он не ест. 妈妈问米什卡他为什么不吃东西。
(2) Учи́тельница спроси́ла: «Па́ша, ты поёшь?» 老师问："巴沙，你会唱歌吗？"	(2) Учи́тельница спроси́ла Па́шу, поёт ли он. 老师问巴沙会不会唱歌。

4) 如果直接引语中有感叹词、语气词、插入语等，一般不能变成间接引语。例如：

«Как тебе́ не сты́дно! Да́же дво́йку получи́л!» — сказа́ла ма́ма сы́ну.
"你可真不害臊，竟然得了2分！"母亲对儿子说道。

РЕЧЕВЫЕ ОБРАЗЦЫ

1. Де́ти слы́шали о том,
   удиви́лись тому́,
   дово́льны тем,
   что сего́дня пришла́ но́вая учи́тельница исто́рии.

(беспоко́иться, обра́доваться, заинтересова́ться, разгова́ривать)

УРОК 6

2. Решено то,
   Нам сообщили о том,   что завтра поедем в Дом отдыха.
   Мы рады тому,

   (узнать, договориться, довольный, рассказать)

3. О просьбе,   чтобы пришли на помощь старику,   сообщил староста.
              чтобы к нему зашли после обеда,

   (послать на тяжёлую работу, показать новую киноленту)

4. Наша цель
   Наша задача   состоит в том,   чтобы   хорошо овладеть русским и английским языками за 4 года.
   Наша проблема

   (правильно и быстро говорить по-русски, узнать больше о России)

5. Мы получили   приказ,   чтобы все   немедленно собрались у главного входа.
                сообщение,

   (сдать курсовую работу к пятнице, принимать участие в соревнованиях)

6. Его очень беспокоила мысль, что   Лиза больше не вернётся в этот город.
                                    за неё будет работать другой человек.

   (экзамен перенесли на..., защита состоится на следующей неделе)

7. Важно,
   Надо,
   Необходимо,   чтобы все   это поняли.
   Нужно

   (мало говорить, много делать, закончить работу в срок)

8. Я согласен с тем,
   На собрании голосовали за то,   что   на берегу реки нельзя строить фабрику.
   В газетах пишут о том,

   (надо построить новую школу в горах, нужно помогать этим бедным в жизни)

9. Серёжа рассердился на то, что   никто об этом ему не говорил раньше.
   Серёжа рассердился, почему

   (не получить посылки, не удаться увидеться со своим любимым поэтом)

10. Интересно, когда он приобрёл этот словарь.
откуда он приобрёл этот словарь.
для кого он приобрёл этот словарь.

(почему всё время молчать, что никто не ответить на письмо)

ВОПРОСЫ И ОТВЕТЫ

1. — Скажи, пожалуйста, когда у нас экзамен по устной речи?
   — Пока не знаю. Я тебе сообщу это завтра.
2. — Сейчас 5 часов утра! Зачем ты встал так рано?
   — Хочу погулять в парке, послушать, как поют птицы.
3. — Я могу быстро читать по-русски, хорошо пишу сочинения, могу спросить то, что нужно. А устную речь понимаю плохо!
   — Ничего страшного. Известно, что понимание на слух — самое трудное в изучении иностранного языка.
4. — О чём вы узнали на собрании?
   — О многих важных вещах: например, мы узнали о том, как будем сдавать экзамены, где они будут проходить.
5. — Ты уже прочитала роман «Война и мир»? Ты очень быстро читаешь!
   — На самом деле я прочитала внимательно о том, как люди жили в мирное время, и почти не читала о том, как они воевали.
6. — Почему ты решил стать переводчиком?
   — Потому что я хочу заниматься тем, что мне нравится: общаться с интересными людьми, ездить за границу, посещать различные достопримечательности. Да ещё получать за это деньги!
7. — Ты слушал радио? Какие новости?
   — Есть прекрасная новость. По радио сказали, что в наш город приезжает на гастроли Витас. Надо обязательно попасть на его концерт.
8. — Что вы делали на вечере русского языка?
   — Мы обсуждали, какое будущее ждёт молодёжь в Китае и в России, и спорили, что необходимо современному молодому человеку.
9. — Мне кажется странным, почему Нина поступила в медицинский институт. У неё ведь абсолютный музыкальный слух и прекрасный голос! А как она играет на пианино!
   — Ничего удивительного. В их семье все врачи: дедушка, бабушка, её родители.

И потом, я знаю, что девочкой она всегда играла только «в больницу», лечила кукол.

10. — Как ты думаешь, какие темы нам предложат для экзаменационного сочинения?

— Это секрет. Какие будут темы, не знает даже преподаватель.

Мужчина и женщина

Ради чего природа разделила человеческий род на мужчин и женщин? Ради продолжения этого рода? Трудно ответить на этот вопрос. Мы знаем, что существуют мужчины и женщины.

Учёные определили, что мужчины и женщины отличаются по своему химическому составу. Например, тем, что в женских волосах золота в 5-6 раз больше, чем в мужских.

Мужчины и женщины по-разному думают. В среднем мужчины говорят медленнее женщин. Если вспомнить тот факт, что чтение, интеллект, беседа — проявление функций мозга, то становится ясно: мозг у мужчин и женщин работает по-разному. У женщин активнее левое полушарие мозга, поэтому у них выше вербальные способности; у мужчин лучше развито правое полушарие, поэтому у них ярче математические, пространственные способности.

Медицинские исследования показывают, что у женщин прочнее сердце и больше продолжительность жизни (в среднем в России — 72 г., тогда как у российских мужчин — 57 лет); они реже болеют воспалением лёгких. Мужчины же меньше страдают от психических расстройств, их кожа стареет медленнее, но волосы растут хуже.

Мужчины и женщины по-разному ведут себя в обществе. Мужчина в любом разговоре отвечает даже тогда, когда его не спрашивают, он стремится дать ответ, даже если не понимает, о чём идёт речь, старается вести разговор. Так мужчины всегда готовы к борьбе. Женщина же в разговоре чаще играет подчинённую роль, она сначала перерабатывает информацию, чтобы потом задать вопрос или доказать своё мнение.

Некоторые мужчины гордятся тем, что почти все гении — мужского пола. И напрасно! Это как в школе, где мальчики, как правило, — и худшие, и лучшие ученики. Девочки же учатся стабильно хорошо, часто — отличницы, хотя, возможно, не такие яркие рядом с отличником-мальчиком. Природа проверяет что-то новое на мужчинах, чтобы лучше передать потом женщинам, поэтому крайности свойственны мужчинам, а женщины придерживаются середины.

Итак, бесспорно, что мужчины и женщины различаются практически во всём. А если хорошо подумать, то это прекрасно, что две половинки человеческого рода так не похожи и могут замечательно дополнять друг друга!

ДИАЛОГ

У доктора

1. — О, кого я вижу! Здравствуй, Ваня!
   — Дима, привет! Ты где пропадал? Почему тебя в школе не было? Болел, что ли?
   — Да, живот стал болеть по утрам. Я и в школу пойти не мог. Родители перепугались, потащили меня к врачам на обследование.
   — И что сказали врачи?
   — Подозревали сначала гастрит, а потом сказали, что ещё его нет. Но желудок нужно поберечь. Прописали таблетки.
   — И как, легче тебе сейчас?
   — Да, намного лучше.
   — Вот и хорошо, Дима. Пойдём с нами в наш двор, колы попьём.
   — Я-то не против к вам, а вот колу мне теперь нельзя. Для желудка вредная. Теперь ни чипсов, ни копчёной рыбы, ни майонеза, ни кока-колы, ни пепси — ничего нельзя.
   — Ясно, Дима. Пришла пора заботиться о здоровье. Всё равно пойдём с нами, ребята тебя давно не видели.
   — Пойдём, конечно!

2. — Доктор, я постоянно чувствую себя усталой, плохо сплю! Ещё у меня каждый день болит голова. Что вы можете мне посоветовать?
   — Кем вы работаете?
   — Кассиром.
   — Я думаю, что такое состояние из-за нарушения режима дня. Опишите мне свой обычный рабочий день.
   — Ну... я встаю, обычно, в семь часов, завтракаю.
   — А во сколько вы ложитесь спать?
   — Около двух, раньше не получается! Готовлю, стираю, глажу — у меня двое детей!
   — Это первая причина головных болей. Шесть утра — лучшее время проснуться и встать с постели, принять душ. В десять вечера нужно готовить себя ко сну: почитать, посмотреть телевизор и расслабиться. Что вы едите на завтрак?
   — Ничего, только пью кофе.
   — Плохо! А когда обедаете?
   — На работе нет обеденного перерыва, обедаю когда нет посетителей, около 13:45 или 14:00.
   — Вот вторая причина — усталость! Организму не хватает пищи. Ешьте несколько раз в

УРОК 6

день. Старáйтесь найтú для э́того врéмя и принимáйте витамúны. Попрóбуйте хотя́ бы дéсять дней, вы увúдите, как всё изменится!

— Спасúбо! Я постарáюсь попрóбавать. До свидáния.

КОММЕНТАРИЙ

1. «Войнá и мир»(《战争与和平》,1865—1869)——俄国作家列夫·尼古拉耶维奇·托尔斯泰的代表作之一。
2. Вúтас——维塔斯, 当代俄罗斯著名男歌手。

НОВЫЕ СЛОВА И СЛОВОСОЧЕТАНИЯ

трéбование, -я; -я 要求
 нóвые ~я к проéкту, технúческие ~я к рабóчим
желáние, -я; -я 愿望, 心愿; 希望
извéстие, -я; -я 消息
чýвство, -а; -а 感觉; 知觉; 感受, 感觉, 情感, 心情
задéржка, -и; -и 拖延, 延迟, 耽搁
обращáть(未), -áю, -áешь; что 把……转向
обратúть(完), -ащý, -атúшь
заключáться(未), -áется; в чём 在……内有, 在……里包含着; 在于……, 是……
состоя́ть(未), -ою́, -оúшь; из когó-чегó 由……组成, 由……构成, 有; в чём 在于, 是
причúна, -ы; -ы 原因, 缘故; 理由, 根据
трýдность, -и; -и 困难, 艰难
создавáть(未), -даю́, -даёшь;

когó-что 建立, 创造, 造成
создáть(完), -áм, -áшь, -áст, -адúм, -адúте, -адýт;
сóздал, -алá, сóздало
совмéстный, -ая, -ое, -ые 共同的, 协同的
воспúтывать(未), -аю, -аешь; когó 教育; 培养(某种人); что в ком 培养(某种品质)
воспитáть(完), -áю, -áешь
кáчество, -а; -а 性质, 品质; 质量
úменно 恰恰是, 正是, 就是; 究竟, 到底; 即, 就是说
Úменно э́ту кнúгу нам и нýжно. 我们需要的正是这本书。
лишь 只(是), 只有, 只要; 刚刚
Он вéрит лишь вам. 他只信您。
пускáть(未), -áю, -áешь; когó-что 放, 放开, 放掉; 放……走, 让……进入
пустúть(完), пущý, пý-

стишь
вестú, ведý, ведёшь; вёл, велá; когó 领着, 引着; 带领, 率领; 驾驶
вестú себя́ как 行为, 举止(如何)
кричáть(未), -чý, -чúшь 叫喊, 大声叫; 大声说话; на когó-что 叱喝, 叱骂, 叱责
просыпáться(未), -áюсь, -áешься 睡醒, 醒来
проснýться(完), -нýсь, -нёшься
борьбá, -ы́ 斗争
ýмница, -ы; -ы (阳,阴)聪明人, 机灵人
Он большóй ýмница. 他特聪明。
сты́дно 害羞, 害臊, 惭愧
Емý бы́ло сты́дно пéред товáрищами. 他无颜见同志们。
двóйка, -и; -и, -óек 二分

получи́ть ~у по матема́тике
киноле́нта, -ы; -ы 影片
прика́з, -а; -ы（正式）命令
курсова́я, -о́й（阴）(大学的)学年论文
голосова́ть(未), -су́ю, -су́ешь; что 及 за кого́-что 投票；表决
проголосова́ть (完)-су́ю, -су́ешь
бе́дный, -ая, -ое, -ые 穷的, 贫穷的, 穷苦的; 贫乏的; 简陋的, 单调的; 不幸的, 可怜的
посы́лка, -и; -и, -лок 邮包, 包裹
приобрета́ть (未), -а́ю, -а́ешь; кого́-что 获得, 得到, 弄到; 买到
приобрести́ (完), -рету́, -рете́шь
~ зе́млю, ~ зна́ния, ~ авторите́т
у́стный, -ая, -ое, -ые 口头的, 口述的
понима́ние, -я 理解力; 理解, 了解; 观点, 解释
слух, -а; -и 听觉; 消息;（复）传言
воева́ть (未), вою́ю, вою́ешь 作战, 打仗; 战斗; 斗争
~ за Ро́дину
разли́чный, -ая, -ое, -ые 不同的, 不一样的; 各种的, 各样的
На́ши мне́ния разли́чны. 我们意见不同。
абсолю́тный, -ая, -ое, -ые 绝对的, 完全的
пиани́но (中, 不变) 立式钢琴, 竖式钢琴
те́ма, -ы; -ы 题目, 题材; 话题
секре́т, -а; -ы 秘密; 秘诀, 窍门
ра́ди (前) кого́-чего́ 为, 为了; 目的是
разделя́ть (未), -я́ю, -я́ешь;

кого́-что на что 划分, 分成（几部分）; что с кем 分享, 同受, 分担; что 赞同, 同意
раздели́ть (完), -елю́, -е́лишь
определя́ть (未), -я́ю, -я́ешь; что（根据某些特征、材料）确定, 断定, 测出; 给……下定义, 揭示; 规定, 确定; 是……的原因, 决定, 制约
определи́ть (完), -лю́, -ли́шь;
продолже́ние, -я 继续
отлича́ться (未), -а́юсь, -а́ешься（以勇敢、成绩等）出众, 出色; от кого́-чего́ 与……不同, 和……有区别; чем 有……特点, 有……特色
отличи́ться (完), -чу́сь, -чи́шься
~ умо́м, ~ удиви́тельной аккура́тностью
соста́в, -а; -ы 成分, 组成; 成员, 人员
войти́ в ~ делега́ции
во́лос, -а; -ы, воло́с, -а́м 毛发; 头发
интелле́кт, -а; -ы 智力, 才智; 理智
бесе́да, -ы 谈话, 交谈, 交换意见; 座谈, 座谈会
дру́жеская ~; ~ на интере́сную те́му
проявле́ние, -я 显示出, 表现出; 表现
фу́нкция, -и; -и 机能, 功能; 职能, 职权; 功用, 作用
~ органи́зма; ~ госуда́рства; ~ де́нег
мозг, -а; -и́, -о́в 脑, 脑髓; 头脑, 脑力
акти́вный, -ая, -ое, -ые 积极的

~ая оборо́на
ле́вый, -ая, -ое, -ые 左的, 左面的, 左边的; 左派的
~ая рука́, ~ бе́рег; выступле́ния ~ых
полуша́рие, -я 半球; 半球形的东西
верба́льный, -ая, -ое, -ые 口头的
развито́й, -а́я, -о́е, -ы́е; ра́звит, -а́, -о 充分发育的, 发育成熟的; 高度发展的, 发达的
физи́чески ~ челове́к; ~ые стра́ны, ~ая промы́шленность
пра́вый, -ая, -ое, -ые 右的, 右面的, 右边的; 右翼的, 右派的
~ая рука́; челове́к ~ых взгля́дов
простра́нственный, -ая, -ое, -ые 空间的
иссле́дование, -я 研究, 调查, 考察; 学术著作
~ больно́го, ~ вопро́са; ~ по ру́сской исто́рии
про́чный, -ая, -ое, -ые; -чен, -чна́, -чно 结实的, 坚固的; 巩固的, 稳固的
~ материа́л; ~ мир
продолжи́тельность, -и (阴) 持续性; 持续时间, 寿命
воспале́ние, -я 发炎
лёгкие, -их (复) 肺
страда́ть (未), -а́ю, -а́ешь 受痛苦, 难受; чем 患(病); 有毛病; за кого́-что 替……难受(难过, 犯愁); от чего́ за что 遭受, 受……之害
пострада́ть (完)-а́ю -а́ешь
~ от зубно́й бо́ли, ~ от любви́; ~ се́рдцем; ~ за больно́го

УРОК 6

друга; ~ от засухи
Лес пострадал от пожара. 林子烧毁了。
Страдает нормальная торговля. 正常贸易受损。
психический, -ая, -ое, -ие 心理的,精神病的
расстройство, -а; -а (人体器官等)紊乱,障碍,失调;心神不安
кожа, -и 皮,皮肤
стареть(未),-ею, -еешь 变老,见老
Отец заметно стареет. 父亲明显见老。
Население стареет. 人口老化。
перерабатывать(未),-аю, -аешь; что 加工;改造,修改
переработать(完),-аю, -аешь
информация, -и 信息;情报;通报,报道
средства массовой информации
доказывать(未),-аю, -аешь; что 证明
доказать(完),-ажу, -ажешь
~ свою точку зрения, ~ свою преданность другу
гордиться(未),-жусь, -дишься; кем-чем 以……自豪,为……而感到骄傲
~ великой Родиной, ~ победой
гений, -я 天才
напрасно(副)枉然地;白白地
стабильно(副)稳定地;稳固地
отличница, -ы; -ы 优等生(女)
отличник, -а; -и 优等生(男)
крайность, -и; -и (阴)极端;完全相反的东西;非常严重、危险的情况

свойственный, -ая, -ое, -ые; -вен, -венна; кому-чему 固有的,特有的
черты, ~ые нашему обществу
придерживаться(未),-аюсь, -аешься; чего 遵循,坚持
~ другого мнения
бесспорно(副)无可争辩地,毫无疑义地
различаться(未),-аюсь, -аешься 有别,不同
различиться(完),-чусь, -чишься
половинка, -и 一半,半个(половина 的指小)
дополнять(未),-яю, -яешь; кого-что 补充,增补,对……作补充
дополнить(完),-ню, -нишь
~ докладчика, ~ статью новыми данными
пропадать(未),-аю, -аешь 失踪,下落不明,不见,丢失;消失,隐没
пропасть(完),-аду, -адёшь
Он уехал из дому, так и пропал без вести. 他离家后就没了音信。
У него пропал голос. 他嗓子哑了。
живот, -а 肚子,腹部
перепугаться(完),-аюсь, -аешься 非常害怕,吓得不得了,大受惊吓
потащить(完),-ащу, -ащишь; кого-что 开始拖,开始拉;开始搬走,开始扛走;硬拉着,逼着拿去
обследование, -я 检查,视察,调查

медицинское ~
подозревать(未),-аю, -аешь кого в чём 怀疑;что 猜想,料想
подозреть(完),-рю, -ришь
гастрит, -а 胃炎
желудок, -дка 胃;肚子
поберечь(完),-регу, -режёшь, -регут; кого-что 保存(好),保管(好);保存一下;爱护,珍惜,小心照料
прописывать(未),-аю, -аешь 登记户口;开(药方)
прописать(完),-пишу, -пишешь
намного(副)大大(地),在很大程度上,相当大地;……很多
Он выглядел ~ старше. 他看来显大些。
Мы стали ~ сильнее. 我们更强了。
попить(完),-пью, -пьёшь; что (或 чего)喝点,喝一会儿;喝足,喝够
против(前) кого-чего 在……对面;迎着,顶着,逆着;反对;违反,违背
вредный, -ая, -ое, -ые; вреден, -дна, -дно, вредны 或 вредны 有害的
чипсы, -ов (复)油炸土豆片
пепси (不变,阴)百事可乐
равно(副)同样,无异,一样地;无所谓;(用作谓语)чему 等于……
всё равно 反正一样,无动于衷;无论如何
кассир, -а 收款员;出纳;售票员
состояние, -я 状况,状态,形势;财产,资本,家业
из-за(前) кого-чего 从……后面(那边,旁边);由于,因为

смотре́ть ~ две́ри; отсу́тствовать ~ боле́зни, наруше́ние, -я 破坏；违反 ~ пла́на, ~ соглаше́ния

режи́м, -а（政治）制度；（生活、作息、医疗等的）制度；规章, 制度, 措施, 方法

соблюда́ть ~ дня

обы́чный, -ая, -ое, -ые; -чен, -чна 一般的, 通常的；普通的, 平反的

гла́дить(未), -жу, -дишь; что（用熨斗）熨平, 熨好

погла́дить, -жу, -дишь

дво́е（集合数词）两, 两个；两个人

боль, -и（阴）（肉体上的）疼, 痛；（精神上的）痛苦, 悲痛

посте́ль, -и（阴）被褥；床铺

душ, -а 淋浴喷头；淋浴室；淋浴

расслабля́ться(未), -я́юсь, -я́ешься（使自己）轻松下来, 松弛下来；放松, 松弛

рассла́биться(完), -блюсь, -бишься

уста́лость, -и（阴）累, 疲劳, 疲乏, 劳累, 疲倦

пи́ща, -и 食物, 食品；饲料

витами́ны, -ов（复）维生素, 维他命

УПРАЖНЕНИЯ И ЗАДАНИЯ

 1. 朗读下列句子并译成汉语，注意说明从属句的用法。(Прочита́йте предложе́ния и переведи́те их на кита́йский язы́к, обраща́я внима́ние на прида́точное изъясни́тельное.)

1) На́до, что́бы все това́рищи зна́ли пра́вду.
2) Ви́дно, что вам одному́ бу́дет о́чень тру́дно сде́лать э́то.
3) О́чень жаль, что ухожу́ от вас, но ничего́ не поде́лаешь.
4) Ва́жно, что все де́ти слу́шаются роди́телей.
5) Ва́жно, что́бы все де́ти слу́шались свои́х роди́телей.
6) О́чень прия́тно, что вы согла́сны нам помо́чь.
7) Пе́тя дал сло́во, что бу́дет учи́ться лу́чше.
8) Мы получи́ли сообще́ние, что ско́ро посту́пят в прода́жу таки́е телеви́зоры.
9) Мать о́чень дово́льна, что сын ча́сто ей пи́шет.
10) О́чень стра́нно, что Ни́на всю ночь пла́кала.

 2. 续完下列句子。(Допиши́те предложе́ния.)

1) Я о́чень ра́да, что...
2) Все бы́ли ра́ды, что...
3) Мы бу́дем ра́ды, е́сли...
4) Я уве́рен, что...
5) Бу́дьте уве́рены, что...
6) Вы винова́ты, что...
7) Ка́тя была́ винова́та, что...
8) О́чень хорошо́, что...
9) Мне о́чень жаль, что

10) Было очень плохо, что...

11) Всем хорошо известно, что...

12) Ясно, что...

13) Нужно, чтобы...

14) Важно, чтобы...

15) Важно, что...

 3. 填入适当的连接词。(Вставьте вместо точек союз или союзные слова.)

1) Хорошо, ... все деревья во дворе быстро выросли.

2) Все дали слово, ... будут хорошо работать.

3) Беседа шла о том, ... надо оценить нашу работу.

4) Родители виноваты, ... оказали на детей плохое влияние.

5) Необходимо, ... товарищи оказали вам помощь.

6) Важно, ... вы поняли мировое значение нашей реформы.

7) Все были искренне рады, ... добились таких больших успехов в работе.

8) Очень жаль, ... вас не интересует иностранный язык.

9) Профессор доволен, ... все его студенты стремятся к знаниям.

10) Нужно, ... он посоветовался с врачом о своей болезни.

 4. 填写指示词。(Вставьте вместо точек указательные слова.)

1) Мысль..., что он на днях вернётся на родину, сильно радует доцента.

2) Мы вполне уверены..., что вы добьётесь успехов в работе.

3) Дальше речь уже шла..., каково теперь международное положение.

4) Особенно плохо..., что там он остался один без знакомых.

5) Ты сама виновата..., что допустила такую большую ошибку.

6) Предложение..., чтобы оставить ещё несколько человек на эту работу, будто не встретило поддержки.

7) Важно и..., что надо закончить работу в срок.

8) Причина ошибки была..., что вы очень редко советовались с товарищами.

9) Все были очень довольны..., что их работе дали высокую оценку.

10) Мы искренне рады..., что нам будет делать доклад доктор наук.

 5. 将下列直接引语变成间接引语。(Передайте прямую речь в форме косвенной.)

1) Наташа сказала: «Я приду к вам вечером.»

2) Я спросила: «Кто будет убирать комнату?»

3) «Почему ты опоздал?» — спросил сосед.

4) Девочка ответила: «Я совсем поправилась, могу идти в школу».

5) Заведующий кафедрой сообщил: «Сессия начнётся через неделю».

6) «Где вы достали билет на концерт?» спросил Вася.

7) Друзья спросили: «Куда ты едешь на праздник?»

8) По радио сообщили: «В июне будет сильное похолодание».

9) Я сказал родным: «На каникулах обязательно приеду к вам».

10) Меня спросили: «Ты регулярно занимаешься спортом?»

11) Нас спросили: «Вам интересно учиться?»

12) Студенты спросили: «У нас скоро каникулы?»

13) Я поинтересовался: «Маша, ты всегда такая серьёзная?»

14) Однокурсник спросил меня: «Ты будешь летом работать?»

15) Врач спрашивает: «Больному стало лучше?»

6. 按示例将直接引语变成间接引语，注意чтобы的用法。(Передайте прямую речь в форме косвенной речи. Помните, что при волеизъявлении употребляется ЧТОБЫ)

Образец: Отец сказал нам: «Не волнуйтесь, ждите моего письма».
Отец сказал, чтобы мы не волновались и ждали его письма.

1) Хозяин сказал нам: «Чувствуйте себя, как дома».

2) Мать сказала детям: «Не мешайте взрослым разговаривать».

3) Преподаватель сказал студентам: «Не шумите, выполняйте упражнение».

4) Катя настаивала: «Обязательно купи электронный словарь».

5) Бабушка несколько раз напомнила мне: «Не забудь взять тёплые вещи».

6) Девушка-секретарь предупредила меня: «Не опаздывайте на встречу с деканом».

7) Директор приказал: «Пройдите медосмотр».

8) Родители сказали мне: «Занимайся как следует».

9) Друг посоветовал: «Везде и всегда говори по-русски».

10) Дети просили бабушку: «Расскажи нам сказку!»

7. 按示例利用下列感知动词将简单句变成что, как连接的说明从属句。注意: что表示事实, как表示行为过程和性质。(Включите данные предложения в состав сложных. Используйте слова со значением восприятия: видеть, смотреть, слышать, видно, слышно, замечать, чувствовать и союзы КАК и ЧТО. ВНИМАНИЕ! Союз ЧТО употребляется в сообщении о факте действия, союз КАК — в сообщении о процессе, характере действия.)

Образец: Дождь идёт. — Я вижу, что дождь идёт.
Дождь стучит. — Слышно, как дождь стучит по крыше.

1) Студенты вошли в аудиторию.

2) Красиво падает снег.

3) Ветер шумит.

4) Мне уже лучше.

5) Кто-то меня зовёт.

6) Студе́нты де́лают успе́хи в изуче́нии ру́сского языка́.

7) Из-за мо́ря велича́во поднима́ется со́лнце.

8) Кто-то звони́т в дверь.

9) Постепе́нно на у́лице стано́вится тепле́е.

10) Я си́льно скуча́ю по до́му.

 8. 翻译下列词组。(Переведи́те сле́дующие словосочета́ния.)

口语考试，听得明白，维塔斯的巡回演出，医学院，作文考试，大脑左半球，言语能力，医学研究，人的平均寿命，信息加工，起从属作用，互为补充，医疗卡，服药，叫医生上门

 9. 用下列词或词组造句。(Соста́вьте предложе́ния со сле́дующими слова́ми и́ли словосочета́ниями.)

заключа́ться, удивля́ться, серди́ться на кого́, отлича́ться от кого́ чем, горди́ться, по-ра́зному, страда́ть, допо́лнить, прийти́сь, жа́ловаться

 10. 续句子。(Допиши́те предложе́ния.)

1) ..., когда́ се́рдятся по пустяка́м.

2) ..., когда́ жа́луются...

3) Когда́ он пока́зывает альбо́м с ма́рками, ...

4) Ру́сские счита́ют, что иеро́глифы кита́йского языка́...

5) Па́вел подари́л Ма́ше буке́т роз в знак...

6) Когда́ мужчи́ны боле́ют, же́нщины...

7) Вы уже́ доста́точно хорошо́ зна́ете ру́сский язы́к, что́бы...

8) Бесспо́рно, что отли́чники и сла́бые ученики́ ...

9) Заде́ржка случи́лась из-за того́, что ...

10) Биохи́мики определя́ют, ..., и подчёркивают, что ...

 11. 翻译下列句子。(Переведи́те сле́дующие предложе́ния на ру́сский язы́к.)

1) 困难在于我们经验不足。

2) 我们的任务是提前完成这项计划。

3) 父母努力培养儿子从小就热爱劳动。

4) 这个工厂因为产品质量高在国内外获得了很好的声誉。

5) 多数与会者投票通过了决议。

6) 实际上他只能走着去而不是开车去，因为他并没有车。

7) 我赞同您的看法，我们观点一致。

8) 他的特点是善于独立工作。

9) 城市的居民遭受了水灾。

10) 既然你没有空，我只好一个人去了。

12. 按课文回答问题。(Ответьте на вопросы по тексту.)

1) В чём разница в работе мозга у мужчин и женщин?
2) Какие способности выше у женщин, чем у мужчин?
3) Какие способности ярче у мужчин, чем у женщин?
4) Кто в России живёт дольше, мужчины или женщины?
5) Чем мужчины болеют чаще, чем женщины?
6) Какими болезнями женщины болеют чаще, чем мужчины?
7) Как ведёт себя в разговоре мужчина? Почему?
8) Как ведёт себя в разговоре женщина? Почему?
9) Как вы думаете, почему среди гениев много мужчин и очень мало женщин?
10) «Мужчины — экспериментальный пол». Как вы понимаете это выражение? Для ответа используйте материал текста.

 13. 记住下列词组并在讲述中应用。(Запомните следующие словосочетания и употребите их в своём рассказе.)

Общество Красного креста 红十字协会
стационар 住院部
поликлиника 门诊部
выписать рецепт 开处方
кабинет скорой помощи 急诊室
госпиталь 军医院
палата 病房
регистратура 挂号处
операционная 手术室
аптека 药店, 药房

 14. 讲述。(Составьте рассказ по данной теме)

«Чем отличаются мужчины и женщины? Почему?»

ЗНАЕТЕ ЛИ ВЫ?

Британские медики советуют для укрепления здоровья смеяться не менее 30 раз в сутки. По словам врачей, это позволит поддерживать здоровье, лучше работать и сохранять хорошие личные отношения с близкими и знакомыми. Кроме того, смех помогает человеку чувствовать себя счастливым.

УРОК 7

ГРАММАТИКА

I. 带-то 的不定代词和不定副词 (неопределённые местоимения и наречия с -то)

II. 带 -нибудь 的不定代词和不定副词 (неопределённые местоимения и наречия с -нибудь)

III. 带 кое- 的不定代词和不定副词 (неопределённые местоимения и наречия с кое-)

ТЕКСТ Наши увлечения
ДИАЛОГ Активный отдых

ГРАММАТИКА

不定代词和不定副词表示所指代的人、事物以及特征、数量、状况等是不明确的、不确切的。不定代词和不定副词由疑问代词和疑问副词加上 -то, -нибудь (-либо), кое- 等构成。不定代词的变格与疑问代词相同，不定副词不变。

I. 带-то 的不定代词和不定副词
неопределённые местоимения и наречия с -то

由疑问代词 кто, что, какой, чей 和疑问副词 где, куда, когда, как, откуда 等加上后缀 -то 构成。这类不定代词有：кто-то（某人），что-то（某事、某物），какой-то（某种的），чей-то（某人的）；同类型不定副词有 где-то（在某处），куда-то（往某处），когда-то（某时），как-то（以某种方式），откуда-то（从某处）等。

这类不定代词表示说话人只知道有某人、某物、有某种特征或属于某人的，但是他不知道究竟是谁、是何物、是何种特征、属于何人，例如：

(1) Володя, к тебе кто-то приходил.
    瓦洛佳，有人来找过你。（不知道是谁）

(2) Студе́нты о чём-то спроси́ли у профе́ссора Петро́ва.
学生们向彼得罗夫教授问了点什么。(不知道究竟是什么)

(3) Ни́на взяла́ в библиоте́ке каки́е-то кни́ги.
妮娜在图书馆借了一些书。(不知道究竟是什么书)

(4) На столе́ лежи́т чья́-то ка́рта.
桌子上放着一张不知是谁的地图。(不知道究竟是谁的书)

同类型的不定副词则表示说话人只知道在某处、去某处、某时、以某种方式、从某处等,但是不知道究竟在何处、去何处、在何时、以何种方式、从何处。例如:

(5) Ка́жется, мы где́-то встреча́лись.
好像我们在什么地方遇见过。(不记得究竟是何处)

(6) Дире́ктора нет: он куда́-то ушёл.
校长不在,他到什么地方去了。(不知道究竟去了何处)

(7) Когда́-то давно́ к нам приходи́л тако́й челове́к.
很久以前的某个时候曾来过这样一个人。(不记得究竟是什么时候)

(8) Он ка́к-то суме́л ула́дить де́ло.
他不知怎么地就把事情办妥了。(不知道究竟以何种方式)

(9) Бы́ло темно́. Отку́да-то доноси́лись голоса́.
天很黑,不知从哪里传来人声。(不知道究竟从何处)

II. 带-нибудь 的不定代词和不定副词
неопределённые местоиме́ния и наре́чия с –нибудь

由疑问代词 кто, что, како́й, чей 和疑问副词 где, куда́, когда́, как, отку́да 加上后缀-нибудь 构成,这类不定代词有:кто́-нибудь(随便谁),что́-нибудь(随便什么),како́й-нибудь(随便什么样的),че́й-нибудь(随便谁的);同类型不定副词有:где́-нибудь(随便在什么地方),куда́-нибудь(随便去什么地方),когда́-нибудь(随便什么时候)ка́к-нибудь(随便以什么方式),отку́да-нибудь(随便从什么地方)等。

后缀-либо 和-нибудь 意思基本相同,都表示"随便……""不分……",差别在于带-либо 的不定代词和不定副词具有书面语色彩,而带-нибудь 的不定代词和不定副词应用比较广泛,书面语和口语都用。

这类不定代词用来表示说话人也不知道是否存在某人、某物、某种特征、属于某人,或者认为某人、某物、某种特征、属于某人无关紧要,例如:

(1) Са́ша, мне звони́л кто́-нибудь?
萨沙,有人给我打过电话吗?(不知道是否有人打来电话)

(2) Позови́ кого́-нибудь ко мне.
叫个人到我这儿来。(随便叫谁都可以,无所谓)

(3) Почему́ вас так до́лго не́ было, случи́лось что́-нибудь?
您怎么这么长时间没有来,出什么事了吗?(不知道是否发生了什么事情)

(4) Мо́жет быть, у вас есть каки́е-нибудь вопро́сы?

也许，你们有什么问题要问？(不知道有什么样的问题要问)

(5) Она старáлась уловить чéй-нибудь взгляд.
她努力想捕捉到随便什么人的目光。(随便谁的都可以，无所谓)

同类型的不定副词则表示说话人也不知道在某处、去某处、某时、以某种方式、从某处，或者认为在何处、去何处、在何时、以何种方式、从何处无关紧要，例如：

(6) Давáйте сядем гдé-нибудь и поговорим.
我们找个地方坐下来谈谈吧。(随便什么地方都可以)

(7) Если кудá-нибудь пойдёте, скажите мне.
如果您要到什么地方去，请告诉我一声。(随便去什么地方，无关紧要)

(8) Нáдо кáк-нибудь помóчь емý.
应该设法帮助他。(什么方式都可以，无所谓)

(9) Вы были когдá-нибудь в Москвé？(不知道什么时候)
您什么时候曾去过莫斯科吗？

(10) Принесите откýда-нибудь словáрь.
请随便从哪儿拿本词典来。(从哪儿拿都可以，无所谓)

 注意：

带-нибудь 的不定代词常用于表示疑问、祈使或条件意义的句子中。

(1) Ктó-нибудь из вас говорит по-францýзски?
你们当中有人会说法语吗？

(2) Расскажите нам чтó-нибудь о себé!
请您给我们讲讲您自己吧！

(3) Если ктó-нибудь мне позвонит, скажи, что я бýду пóсле 6 часóв.
如果有人给我打电话，就说我六点以后回来。

试比较带-то 的不定代词与带-нибудь 的不定代词：

(1) К тебé ктó-то пришёл. 来了一个人找你。 (只知道有人来，但不确切知道是谁。)	(1) К тебé ктó-нибудь приходил? 有人来找过你吗？ (不知道有无人来过。)
(2) Сáша хотéл сказáть чтó-то, но не сказáл. 萨沙想要说点什么，但没有说。 (只知道萨沙要说，但不知究竟想说什么。)	(2) Сáша, ты сказáл чтó-нибудь по этому вопрóсу? 萨沙，关于这个问题你说过什么没有？(不知道萨沙是否说过什么。)
(3) Я гдé-то читáл подóбную статью. 我在什么地方读到过类似的文章。 (只记得读过，在什么地方读的不记得了。)	(3) Вы гдé-нибудь читáли подóбную статью? 您在什么地方读到过类似的文章没有？ (不知道对方读过没有。)

III. 带 кóе- 的不定代词和不定副词
неопределённые местоимéния и нарéчия с кóе–

由疑问代词 кто, что, какóй 和疑问副词 где, кудá, когдá 等加上 кóе-构成，这类不定代词有：кóе- кто（某些人），кóе-что（某些东西，某些事），кóе-какóй（某种）；同类型的不定副词有：кóе-где（在某些地方），кóе-кудá（去某些地方），кóе-когдá（有时）等。带 кóе-的不定代词与前置词连用时，前置词要放在 кóе-及疑问代词中间，不用连字符，如：кóе у когó, кóе к чему́, кóе с кем, кóе о чём 等，但 кóе- какóй 与前置词连用时，前置词也可以放在不定代词之前，例如：кóе в каки́х 或 в кóе-каки́х。

这类不定代词所指的人，事物和特征往往不是"一个"，而是"一些"，而且是说话人确知的，但不明确指出具体是谁、什么事物、什么特征等。例如：

(1) Кóе-кто из вас сдал экзáмен на хорошó.
你们当中有人考了良好。

(2) Приходи́ ко мне пóсле у́жина. Я хочу́ поговори́ть с тобóй кóе о чём.
晚饭后到我这儿来，我想和你谈些事。

(3) Кóе в каки́х кóмнатах гори́т свет.
有几个屋子里亮着灯。

同类型的不定副词所指的时间、地点、方向等往往不是"一个"，而是"一些"，而且是说话人确知的，但不明确指出具体时间、地点、方向等。例如：

(4) В э́том году́ лéтом я побывáл кóе-где на сéвере.
今年夏天我到过北方的一些地方。

(5) Нам кóе-кудá ну́жно сходи́ть вéчером.
晚上我们需要去个地方。

(6) Кóе-когдá отéц остаётся обéдать.
父亲偶尔在家吃饭。

注:

кóе-какóй 和前置词连用时，前置词也可以在 кóе 的前面，如：В кóе-каки́х кóмнатах гори́т свет.

РЕЧЕВЫЕ ОБРАЗЦЫ

1. В институ́т приходи́л кто-то с завóда,   но я не спрáшивал, кто.
   Брат пошёл к комý-то по дéлу,   но я не знáю, к комý.
   Ýтром онá поспóрила с кéм-то,   но я не ви́дел, с кем.
   Преподавáтель спроси́л о ком-то,   но я не слы́шал, о ком.

(позвони́ть комý-то, посовéтоваться с кéм-то, узнáть у когó-то)

2. Вы с Витасом встречались когда-нибудь?
   где-нибудь?

   (поговорить, видеться, беседовать)

3. Принесите что-нибудь поесть.
   Пожелайте им чего-нибудь на прощанье.
   Вы удивились чему-нибудь за границей?
   Угостите гостей чем-нибудь.
   Напишите в газету о чём-нибудь из вашей жизни.

   (рассказать, стремиться, обсуждать)

4. Если вам нужен кто-нибудь, позвоните мне.
   Если поедете куда-нибудь отдыхать, купите мне открытки.

   (позвать кого-нибудь, отправиться куда-нибудь, купаться где-нибудь)

5. Я взял в дорогу кое-какие книги и журналы.
   кое-что из твоих вещей.

   (кое-что попить, кое-какие диски)

6. Хочу рассказать кое о ком из ваших друзей.
   кое о чём из школьной жизни.

   (кое о ком из русских художников, кое о чём из студенческой жизни)

ВОПРОСЫ И ОТВЕТЫ

1. — Маша дома?
   — Нет, она куда-то ушла.
2. — Где ты была вчера вечером?
   — Мы с другом были в каком-то ресторане, я забыла, как он называется.
3. — Все собрались, а где Андрей?
   — Он почему-то не пришёл. Может быть, заболел.
4. — Бабушка, я смотрю, ты читаешь Шекспира в оригинале. Ты знаешь английский?
   — Когда-то изучала его в университете, но уже мало что помню.
5. — Вы уже решили, куда поедете в отпуск?

— Мой муж хочет поехать куда-нибудь в горы, родители — на какой-нибудь морской курорт, а я хочу отдохнуть где-нибудь в тихом месте, в деревне.
6. — Кто-нибудь звонил мне, пока я был на работе?
— Нет, никто.
7. — Дай мне какую-нибудь книгу почитать в поезде.
— Ты любишь детективы? Вот, Агата Кристи, Александра Маринина, Дарья Донцова — выбирай.
8. — Мама, тебе помочь?
— Если хочешь, сходи в магазин, купи что-нибудь к чаю.
9. — Почему ты не хочешь пойти с нами в ресторан? Посидим, простимся, ведь ты завтра надолго уедешь!
— Извини, никак не могу. До отъезда мне нужно кое-что сделать.
10. — Я тебе кое-что принёс, угадай что!
— Терпеть не могу угадывать! Дай сразу или унеси, не дразни меня.

Наши увлечения

Что такое увлечение, или хобби? На этот вопрос каждый легко ответит, что это наши занятия в свободное время и исключительно ради удовольствия.

«У тебя есть хобби?», «Какое у тебя хобби?», «Чем ты увлекаешься?» — эти вопросы мы часто задаём при знакомстве и бываем очень довольны, если наши увлечения совпадают. А если нет? Что ж, как говорит русская пословица, «на вкус и цвет товарища нет». Но вы, конечно, согласитесь с тем, что любое хобби делает нашу жизнь более интересной, увлекательной и разнообразной.

Какие же бывают увлечения? Самые разные. Одни любят заниматься чем-нибудь: где-нибудь путешествовать, куда-нибудь ездить, играть в теннис, ухаживать за животными, ходить в театры и на выставки... Они могут с удивлением спросить домоседов, не скучно ли им постоянно сидеть дома. Другие предпочитают делать что-нибудь своими руками: вязать, рисовать, моделировать одежду, играть на музыкальных инструментах. Третьи любят что-нибудь собирать: марки, диски, открытки, книги. Это коллекционеры, которые повсюду ищут предметы для своих коллекций и часто просят знакомых достать им что-нибудь новенькое. Настоящий коллекционер не только собирает какие-нибудь предметы, но и определяет их художественную, историческую, научную ценность. И чего только люди не коллекционируют: марки, книги, календари, открытки, игрушки, кактусы, монеты, картины, свечи, вазы, камни, посуду; зажигалки, пуговицы — всего не перечесть! Иногда коллекционеры и их коллекции становятся знаменитыми. Например, самая известная художественная галерея в Москве — Третьяковская — названа так в честь её создателя, Павла Михайловича Третьякова. Почти 40 лет Третьяков собирал свою коллекцию русской живописи, в 1872 году построил для неё специальную галерею, а в 1892 году подарил её Москве.

Наконец, есть люди, которые любят что-нибудь изучать. Они говорят, что узнавать новое о вещах, которые их интересуют, — это самое увлекательное занятие. Среди таких людей есть те, кто любит историю. Есть люди, чьё увлечение — астрономия.

А вообще, если человек активен, любознателен, то любое хобби учит его чему-нибудь новому и развивает его таланты. Кое-кто может сказать на то: «А у меня нет талантов! Я просто хочу как-нибудь развлечься в свободное время». Тут уместно вспомнить великого Конфуция, который говорил, что его единственный талант — это любовь к учению. И если у вас есть этот талант, то любое хобби станет полезным и содержательным.

ДИАЛОГ

Активный отдых

— Наконец-то выходные, ура! Сегодня ночью поиграю в новую компьютерную «стрелялку», а завтра буду спать до обеда!

— И не жалко тебе тратить полдня на сон? Ведь утро — самое активное время!

— А когда же отдыхать? Я всю неделю занимался, буквально не выходил из аудитории!

— Знаешь, говорят, что отдых — это смена деятельности. Сидел всю неделю за книжками? Значит, завтра надо как следует подвигаться: погулять, позаниматься спортом на свежем воздухе.

— Но я хочу освоить новую игру! Компьютерные игры — это моё хобби.

— Хобби должно развивать человека, а не вредить здоровью. У тебя уже глаза красные, спина кривая от того, что целыми днями сидишь за компом!

— Тогда ещё полчасика поиграю — и спать.

(В это время заходит Таня)

— Привет, Таня! Тебя целыми днями не видно, где ты пропадаешь? Почему не выходишь гулять?

— А-а, привет! Мне подарили новый аквариум, и теперь я думаю, как красиво и грамотно в нём всё устроить.

— Красиво — понимаю. Рыбки плавают, пузырьки сверкают, травка в воде качается. А что значит «грамотно»?

— Это значит правильно подобрать рыб разных пород, чтобы они не мешали друг другу, чтобы хищники не съели других рыбок. И растения не все могут расти вместе! И подсветку надо грамотно сделать!

— Да, целая наука. А что ещё надо для хорошего аквариума?

— Красивый грунт, чистая вода, камешки, корм — много чего.

— Я бы тоже хотел иметь у себя красивый аквариум... Смотришь на разноцветных экзотических рыб или медлительных улиток — и сразу спокойнее на душе.

— Это верно. Но красивый аквариум требует много знаний и сил.

 НОВЫЕ СЛОВА И СЛОВОСОЧЕТАНИЯ

почему-то 不知什么原因
Шекспир 莎士比亚
морской, -ая, -ое, -ие 海的；海上的
уносить(未)-ошу, -осишь; кого-что 拿走，带走
унести(完)-су, -сёшь; -ёс, -есла
дразнить(未)дразню, дразнишь; кого-что 招惹，戏弄
~ собаку, ~ попугая
Какое ты имеешь право дразнить меня? 你有啥权力惹我？
скучно 枯燥地；无聊地
домосед, -а; -ы 不爱出门的人
моделировать(未)-рую, -руешь; что 设计式样，设计模型
смоделировать(完)
~ платья
инструмент, -а; -ы 工具，用具，器具；仪器；弦乐器
коллекционер, -а; -ы 收集者，收藏家
новенький, -ая, -ое, -ие 崭新的

определять(未)-яю, -яешь; что（根据某些特征、材料)确定，断定，测出
определить(完)-лю, -лишь
~ возраст, ~ болезнь, ~ химический состав,
~ по голосу, ~ по взгляду
коллекционировать(未)-рую, -руешь; что 收集，搜集，收藏
~ старинные монеты, ~ почтовые марки
календарь, -я; -и 历，历法；日历，历书；日程，日程表
настольный ~, ~ на будущий год
кактус, -а; -ы 仙人掌
зажигать(未)-аю, -аешь; кого-что 点燃，点上，燃起；(转)使激动，激起，激励，鼓舞
зажечь(完)-жгу, -жжёшь, -жгут;-жёг, -жгла;
~ свечу, ~ огонь, ~ лампу, ~ костёр, ~ ёлку, ~ газ, ~ слушателей

зажигалка, -и; -и 打火机
пуговица, -ы; -ы 纽扣
пересчитать(未)-аю, -аешь; кого-что 重新计算；一一点数
перечесть(完)-чту, -чтёшь; -чёл, -чла
~ деньги, ~ всех знакомых
Всех не перечтёшь. 查不过来。
создатель, -я; -и 创始人，创造者
астрономия, -и 天文学，天体学
рассматривать(未)-аю, -аешь; кого-что 细看，观察，查看；看清楚，看明白
рассмотреть(完)-мотрю, -мотришь
~ номер автобуса, ~ кого-л. с ног до головы, ~ сцену в бинокль
Рассмотреть в темноте его лицо было трудно. 夜里看不清他的脸。
поверхность, -и 表面，上面，外面
нравственный, -ая, -ое, -ые; -вен, -венна 有道德的；合乎道德要求的

~ые пра́вила, ~ое нача́ло, ~ челове́к

развлека́ться(未)-а́юсь, -а́-ешься 消遣,娱乐,开心;解闷,散散心

развле́чься(完)-еку́сь, -ечёшься -еку́тся;-ёкся,-екла́сь

Он про́бовал об э́том не ду́мать, стара́лся развле́чься. 他尽力不想这事,尽量解闷。

содержа́тельный, -ая, -ое, -ые 有内容的,内容丰富的

стреля́лка (游戏名称)射击

тра́тить(未)-а́чу, -а́тишь; что 花费,耗费,使用

потра́тить(完)-а́чу, -а́тишь

~ де́ньги, ~ зарпла́ту, ~ 10 рубле́й на пита́ние, ~ мно́го на кни́ги

полдня́ 半天

буква́льно (口语)真的是,实在是

сме́на, -ы; -ы;(工作、学习、休息等更替的)班

де́ятельность, -и; -и 活动;工作

кни́жка, -и; -и, -жек 小书,小本;证;(口语)存折

подвига́ться(未)-а́юсь, -а́ешься 挪动一下;靠近一些;(转)有进展,有进步,长进

подви́нуться(完)-нусь, -нешься

~ к дверя́м, ~ к окну́, ~ к вы́ходу, ~ в ру́сском языке́, ~ в игре́ на роя́ле

Подви́ньтесь, пожа́луйста, а то мне не́где сесть. 请动一下,要不我坐不下。

Рабо́та подви́нулась. 工作有进展。

осва́ивать(未)-аю, -аешь; что 掌握(某种实际技能),学会(实际操作);开垦,开发

осво́ить(完)-о́ю, -о́ишь

~ совреме́нную те́хнику, ~ но́вый спо́соб произво́дства, ~ но́вые зе́мли

За э́то вре́мя он осво́ил ещё одну́ профе́ссию. 这段时间他又掌握了一项技能。

вреди́ть(未)-ежу́, -еди́шь; кому́-чему́ 对……有害,损害,伤害,危害;破坏;

повреди́ть(完)-ежу́, -еди́шь

~ зре́нию, ~ де́лу, ~ интере́сам кого́-л.

~ ми́ру, ~ ребёнку, ~ чита́телям

Куре́ние вреди́т здоро́вью. 吸烟有害健康。

спина́, -ы́;(四格)спи́ну; спи́ны (复)背,脊背

криво́й,-а́я,-о́е,-ы́е; крив, крива́, кри́во, кривы́ 及 кривы́ 弯曲的,不直的;歪的,偏斜的

комп (口语)计算机

полча́сика, получа́сика, (口语)(получа́са 的指小表爱)半小时

аква́риум, -а; -ы (养殖水生动植物的)缸,玻璃缸

гра́мотно (副)合乎某种要求地

устра́ивать(未)-аю, -аешь; что 制作,建造;建立,设置;安排,安顿

устро́ить(完)-о́ю, -о́ишь

~ до́мик, ~ я́сли, ~ лаборато́рию, ~ дома́шнее хозя́йство, ~ дела́,

пузырёк, -рька́; -рьки́ 小瓶子,小玻璃瓶

сверка́ть(未)-а́ю, -а́ешь; 闪耀, 闪烁,闪光(指发光体和反光体等);(眼睛)炯炯发光

сверкну́ть(完)-ну́, -нёшь

тра́вка, -и;-и (трава́ 的指小表爱)小草

кача́ться(未)-а́юсь, -а́шься; 摆动,摇晃,摇摆

~ в кре́сле, ~ в каче́лях, ~ в колыбе́ли

Ло́дка кача́ется на волна́х. 小船在浪间摇晃。

подбира́ть(未)-а́ю, -а́ешь; кого́-что (把散落的、遗弃的东西)捡起,拾起;采集,采摘

подобра́ть(完) подберу́, подберёшь; -а́л, -ала́, -а́ло

~ грибы́, ~ я́годы, ~ цветы́, ~ де́ньги

поро́да, -ы; -ы (动物的)种,品种,种类;(植物的)树种,种类(多指乔木、灌木)

зде́шняя ~ медве́дей, це́нные ~ы дере́ва,ли́ственные ~ы, хво́йные ~ы

хи́щник, -а; -и 猛兽;猛禽;禽兽般的人,贪婪残暴的人

подсве́тка, -и; -и 补充照明设备,辅助照明灯

грунт, -а 土地,土壤;(绘画前涂在画布上的)底色;(画油画或油漆时)上底色的颜料;(版画、木刻、素描等的)背景

ка́мешек, -шка; -шки 小石头

корм, -а, о ко́рме, на ко́рме на корму́; á, -о́в 饲料

экзоти́ческий, -ая, -ое, -ие 异地的,异国的,异域的

медли́тельный, -ая, -ое, -ые; -лен, -льна 缓慢的,迟缓的;慢性子的

ули́тка, -и; -и, -ток 蜗牛,蛞蝓

УПРАЖНЕНИЯ И ЗАДАНИЯ

 1. 用 -нибудь 或 -то 填空。(Вместо точек вставьте частицы -нибудь или -то.)

1) Об этом преподаватель в своей лекции сказал ... очень важное, но я никак не могу вспомнить, что именно он сказал.

2) Дайте мне почитать ... книгу.

3) ... открыл все окна, и в комнате стало прохладно.

4) Если вы ... захотите спросить меня, позвоните мне на работу или домой.

5) Мы все слышали, как ... вошёл в соседнюю комнату.

6) Тебя спрашивал директор завода. Он хочет спросить тебя ...

7) Когда наш Саша ... рассказывает, все слушают с интересом.

8) Вошёл Олег с билетами в руке и спросил, не хочет ли ... пойти с ним на концерт.

9) Я думаю, что мы в срок закончим работу, если ... не помешает.

10) Он не пришёл вовремя, может быть, ... из соседей ему помешал.

 2. 用不定代词填空。(Употребите неопределённые местоимения в нужной форме.)

кто-то

1) Вчера Лена долго была у... в гостях и вернулась домой очень поздно.

2) Весь вечер Татьяна писала... письмо.

3) Нина не сможет так рано приехать, так как она должна ещё заехать за....

что-то

1) Девушка о... рассказывала, а все окружили её и весело смеялись.

2) Старый лесник послал свою дочь за... на реку.

3) Мы видели: далеко за рекой... показалось в полумраке.

какой-то

1) Когда мы вышли из леса, то встретили... местных жителей.

2) Охотник подошёл к... леснику и спросил у него, не прячутся ли в чаще медведи.

3) На лекции он говорил о... романах.

чей-то

1) ... книга осталась у меня в комнате.

2) На первом уроке учительница рассказывала о... работах, но я не помню, о чьих.

3) Лида познакомилась с ... подругой, но я не помню, с чьей.

кто-нибудь

1) У ... из вас есть сегодняшняя газета?

2) Дети могут пройти в зал без билетов, но только с ... из взрослых.

3) Скажите……из ребят, чтобы они сходили за билетами.

что-нибудь

1) Почему Соня не пришла? ... случилось?

2) Вы... болели в детстве?

3) Вы хотите о... спросить у нашего гостя?

 3. 填空。(Вместо точек вставьте наречия с частицами -то или -нибудь.)

1) Я... слышал эту песню. Она мне очень понравилась.

2) Вера ... положила свой билет и теперь не может его найти.

3) Не пойти ли нам ...?

4) ... мы встретимся и побеседуем об этом.

5) Надя ... не пришли сегодня на занятия.

6) Если вы... ещё будете в нашем городе, обязательно заходите к нам в университет.

7) Их село находится ... около озера «Хунху».

8) Летом мы все ездим отдыхать ....

9) Очень жаль, что уезжаете. Встретимся ли мы с вами ещё ...?

10) Их машина ... умчалась.

11) Вы ... достаньте мне такой словарь.

12) Мы услышали, как... за холмом заработали машины.

 4. 用不定代词填空。(Вставьте вместо точек пропущенные неопределённые местоимения.)

1) —Вера, ты не знаешь, где Катя?

—Точно не скажу, где она, как будто уехала... по делу.

2) —Наташа, ты поедешь... на каникулы?

—Не решила ещё, но обязательно... поеду.

3) —Ты не знаешь, чем занимается Андрей теперь?

—Трудно сказать. Может быть, он... учится на шофёра.

4) — Вы были... в южных районах раньше?

— Да я... был, но это было давно.

5) — Давайте пообедаем..., я уже голоден.

— С удовольствием. Пойдём...

6) — Вы ещё помните этот рассказ?

— Помню, и могу вам рассказать... при случае.

7) — Скажите, пожалуйста, в этой местности есть зайцы?

— Раньше... были, а теперь их очень редко можно встретить.

8) — У студентов были... вопросы к профессору?

— Да, были. Но какие я не помню.

9) — Ваши товарищи купили... на праздник?

— Да, ... давно уже купили.

10) — ... из вас не найдётся последний номер журнала «Новое время»?
— Не могу обещать. Может быть, ... найдётся.

5. 读下列句子并将其译成汉语。(Прочитайте и переведите следующие предложения с русского на китайский язык.)

1) Играл ли ты с кем-нибудь из наших друзей в шахматы?
2) Не надо идти в магазин, мама уже кое-что купила на ужин.
3) Если кому-нибудь из вас нужен этот журнал, возьмите его.
4) Вы часто ездите куда-нибудь на экскурсию?
5) Если кто-нибудь придёт, пусть он подождёт.
6) Почему вас так долго не было, случилось что-нибудь?
7) Я читала какую-то книгу о живописи, забыла, как она называется.
8) Уеду куда-нибудь, где найдётся работа.
9) Что вы скажете в ответ, когда вас знакомят с кем-нибудь?
10) Отец был рад, когда кто-нибудь из старых друзей навещал его.

6. 翻译下列词组。(Переведите следующие словосочетания.)

读莎士比亚的原文，海滨疗养地，为获得满足而做的事，饲养动物，自己织毛衣，设计服装，演奏乐器，评定艺术价值，道德准则，发展才能，玩电脑游戏，看了一周书，需要很多知识和力量

7. 用下列词造句。(Составьте предложения со следующими словами.)

скучно, коллекционировать, рассмотреть, развлекаться, тратить, буквально, освоить, вредить, устраивать, требовать

8. 下面是一张社会调查表，调查题目是"俄罗斯大学生喜欢哪种休闲方式？"，回答问题。(Перед вами результаты социологического опроса «Какой вид отдыха предпочитают российские студенты?» Прочитайте и ответьте на вопросы.)

ВИДЫ ОТДЫХА	ИЗ 100 ЧЕЛОВЕК
встречи с друзьями	87
интернет	74
клубы, бары	70
дискотека	62
прогулки по городу	61
посещение магазинов	40
концерты	
—классической музыки	20
—зарубежной эстрады	20
—российской эстрады	20

поездки за́ город	52
спорт	51
путеше́ствия	49
теа́тр	48
музе́й	34
вы́ставки	30
о́тдых с семьёй	17
рабо́та по до́му	10

1) Чем бо́льше всего́ занима́ются в свобо́дное вре́мя росси́йские студе́нты?

2) Чем они́ занима́ются ме́ньше всего́? Объясни́те, почему́?

3) Каки́е ви́ды о́тдыха предпочита́ют кита́йские студе́нты? А ли́чно вы?

 9. 读答话，说明对话的场合，他们爱好什么？(Прочита́йте ре́плики. Как вы ду́маете, кто говори́т в ка́ждом слу́чае? Чем увлека́ются э́ти лю́ди?)

1) — Да, зимо́й ка́ждое воскресе́нье я в бассе́йне, ле́том на мо́ре.

2) — Ка́жется, у тебя́ клюёт! Тяни́! Ого́, кака́я ры́ба!

3) — А ты про́бовал пригото́вить «у́тку по-пеки́нски»?

4) — Это мой двадца́тый альбо́м с ма́рками.

5) — В Ита́лии бы́ло чуде́сно! Осо́бенно в Ри́ме и в Вене́ции.

6) — Та́нго — э́то как стра́стный диало́г, то́лько вме́сто слов — му́зыка и движе́ния.

7) — Посмотри́те, э́то мой Рекс! Не бо́йтесь, он не куса́ется, «гав-гав» — э́то он говори́т вам «Приве́т»!

8) — Пожа́луйста, вста́ньте праве́е, тогда́ бу́дет ви́дно и фонта́н, и цветы́.
Улы́бочку! Снима́ю.

9) — Прекра́сный сви́тер! А како́й краси́вый узо́р! Ты молоде́ц!

10) — Сего́дня всю ночь не спала́, не могла́ оторва́ться от кни́ги, ду́мала, кто же уби́л? Но так до са́мого конца́ и не догада́лась!

11) — Ну ско́лько мо́жно сиде́ть за компью́тером?! У тебя́ глаза́ уже́ кра́сные! Всё, хва́тит, пошли́ гуля́ть.

12) — Кака́я красота́! У вас тут про́сто оранжере́я! Вы всё са́ми выра́щивали?

 10. 按照下列题目讨论。(Поговори́те в гру́ппе на сле́дующие те́мы)

1) Ва́ши увлече́ния: когда́ и почему́ они́ у вас появи́лись?

2) Мно́го и́ли ма́ло вре́мени вы уделя́ете свои́м увлече́ниям?

3) Разделя́ют ли увлече́ния ва́ши родны́е, ва́ши друзья́?

4) Каки́е и почему́ меня́лись ва́ши увлече́ния?

5) Каки́е увлече́ния прино́сят бо́льше ра́дости и вы́годы?

11. 按课文回答问题。(Ответьте на вопросы по тексту.)

1) Что такое хобби?

2) Какова роль увлечений в нашей жизни?

3) Какие бывают увлечения?

4) Чем занимаются коллекционеры?

5) Что можно коллекционировать?

6) Каких знаменитых коллекционеров вы знаете?

7) Что изучают астрономы-любители?

8) Найдите в тексте слова Конфуция. Согласны ли вы с ним? Почему?

 12. 记住下列词组并在讲述中应用。(Запомните следующие словосочетания и употребите их в своём рассказе.)

заниматься на досуге 休闲活动	активный образ жизни 积极的生活方式
разновидность развлечения 消遣多样性	развить кругозор 开阔视野
воспитать ловкость 培养灵活性	экстремальный спорт 极限运动
домашние животные 宠物	творческие хобби 创造性爱好
вышивка крестиком 十字绣	интеллектуальная игра 智力游戏

 13. 讲述。(Составьте рассказ по данной теме.)

«Какие у вас увлечения? Почему иногда увлечения делают человека известным?»

Леса занимают свыше 40% территории РФ. На территории России находится пятая часть всех лесов мира и половина мировых хвойных лесов. Животный мир разнообразен—здесь обитают и белые медведи, и моржи, и тигры, и леопарды, и др. В России расположены 35 национальных парков и 84 заповедника.

УРОК 8

ГРАММАТИКА
- I. 带 ни- 的否定代词 (отрицáтельное местоимéние с ни-)
- II. 带 ни- 的否定副词 (отрицáтельное нарéчие с ни-)
- III. 构词知识——副词的构成 (2) (словообразовáние нарéчий)

ТЕКСТ Что такóе здорóвое питáние?
ДИАЛОГ Прáздничная поéздка

ГРАММАТИКА

I. 带 ни- 的否定代词
отрицáтельное местоимéние с ни-

听录音请扫二维码

1. 带 ни-否定代词的构成和变化

否定代词表示否定的意义，一般用在否定句中。否定代词由疑问代词 кто, что, чей, какóй 加上否定语气词 ни- 构成。例如：никтó 谁也 (不)，ничтó 什么也 (不)，никакóй 什么样的也 (不)，ничéй 无论谁的也 (不) 等。

否定代词的变化和其相应的疑问代词一样，语气词部分不变化。否定代词在与前置词连用时，前置词要放在语气词及疑问代词之间，疑问代词的变格按前置词的要求。

第一格	никтó	ничтó
第二格	никогó, ни у когó	ничегó, ни для чегó
第三格	никомý, ни к комý	ничемý, ни к чемý
第四格	никогó, ни на когó	ни на что
第五格	никéм, ни с кем	ничéм, ни с чем
第六格	ни о кóм	ни о чём

第一格	ниче́й	никако́й
第二格	ничьего́, ни у чьего́	никако́го, ни у како́го
第三格	ничьему́, ни к чьему́	никако́му, ни к како́му
第四格	同一格或二格	
第五格	ничьи́м, ни с чьим	никаки́м, ни с каки́м
第六格	ни о чьём	ни о како́м

2. 带 ни-否定代词的用法

1) никто́, ничто́ 的用法

никто́ 和 ничто́ 必须用在否定句中，在句中通常用作主语和补语，与句中的 не, нет, нельзя́ 一起表示"谁也不（没有）……""什么也不（没有）"等意思。例如：

(1) Никто́ об э́том мне не сообщи́л.
这件事谁也没告诉过我。

(2) Ничто́ ему́ не помо́жет в учёбе — не хо́чет занима́ться.
在学习上什么也帮不了他——他不想学。

(3) В за́ле никого́ нет.
大厅里一个人也没有。

(4) Мы до́лго иска́ли под крова́тью, но ничего́ не нашли́.
我们在床底下找了很久，但什么也没有找到。

(5) Она́ рассерди́лась, ни с кем не разгова́ривала.
她生气了，和谁也没有说话。

(6) Он меня́ ни о чём не спра́шивал.
他什么也没有问我。

(7) Це́лый год э́тот дом был пуст, в нём никто́ не жил.
这座房子空了一年了，里面没人住过。

(8) Никому́ нельзя́ выходи́ть без разреше́ния.
不经允许谁也不准出门。

2) никако́й, ниче́й 的用法

никако́й 和 ниче́й 也用于否定句中，必须与被说明的名词保持性、数、格的一致；在句中一般用作定语。与句中的 не, нет, нельзя́ 一起表示"什么样也不（没有）……""无论谁的也不（没有）……"等意义。例如：

(1) Мы не бои́мся никаки́х тру́дностей.
我们不怕任何困难。

(2) Там не́ было никако́й доро́ги.
那里什么路也没有。

(3) Оте́ц ни на чьи вопро́сы не отвеча́л.
无论谁的问题父亲都没有回答。

II. 带ни-的否定副词
отрицáтельное нарéчие с ни-

俄语中除了带ни-的否定代词外，还有带ни-的否定副词。它们的构成方法和功能相似。

1. 带ни- 否定副词的构成

由疑问副词 где, кудá, откýда, как 加前缀ни-构成，如 никудá（往哪儿也不……），нигдé（在哪儿也不……），никогдá（什么时候也不……，从来也不……），никáк（无论如何也不……）

2. 带ни-否定副词的用法

带ни-的否定副词也用在否定句中，句中通常有 не, нет, нельзя́ 等形式。否定副词不变格，例如：

Я никудá не поéду зáвтра.
明天我哪儿也不去。

Мне ниоткýда нет пи́сем.
哪儿也没有我的来信。

Никáк нельзя́ идти́ на рабóту в такóм слýчае.
这种情况下无论如何不能去上班。

Никогдá не забýду вáшего совéта.
我永远也不会忘记您的建议。

III. 构词知识——副词的构成（2）
словообразовáние нарéчий

副词的构成除了本套教材第二册第6课中介绍的类型外，还有以下几种：

1.

по-мóему（按我的想法）
по-нóвому（按新的方式）
вскóре（很快，不久）
поэ́тому（因此）
затéм（此后）
совсéм（完全地）

2. 由名词构成。例如：

ýтром, днём, вéчером, нóчью
веснóй, лéтом, óсенью, зимóй

3. 由词组构成。例如：

сейчáс = сей+час（现在，此时）
тóтчас = тот+час（立即）
сегóдня = сегó+дня（今天）
давны́м-давнó（很久很久以前）
темны́м-темнó（漆黑漆黑地）

РЕЧЕВЫЕ ОБРАЗЦЫ

1. Мы никого не встречáли, спрáшивали, крóме учи́теля.

   (знать, ви́деть, приглашáть, проси́ть)

2. Телефóн звони́т, но никтó не берёт трýбку. отвечáет.

   (подходи́ть, слы́шать, знать)

3. Ничегó не дéлали писáли дéти, они́ спáли.

   (слýшать, выполня́ть, читáть, переводи́ть)

4. Сáша ни к комý не ходи́ла в гóсти. обращáлась за пóмощью.

   (éздить, поéхать, подойти́)

5. К сожалéнию, я ничéм не могý тебé помóчь. не мог писáть.

   (не довóльный, обладáть, управля́ть, занимáться)

6. Я никогдá нé был в Росси́и. забýду э́тот день.

   (éздить за грани́цу, летáть на самолёте, катáться на велосипéде, звони́ть в спрáвочное бюрó)

7. Вчерá нóчью бы́ло шýмно, и я никáк не мог заснýть. сидéть над рабóтой.

   (спокóйно учи́ть текст, запóмнить словá, слýшать мýзыку, повторя́ть урóки)

8. Отéц нигдé не нашёл свои́ очки́. достáл билéты.

   (ви́деть пáнду, найти́ докумéнты, быть в гостя́х, купи́ть фарфóр)

ВОПРОСЫ И ОТВЕТЫ

1. — Кто самый родной, самый чуткий, самый близкий человек?
   — По-моему, для человека нет никого роднее и лучше матери.

2. — Моя сестра собирается замуж. Только никому не говори, это секрет!
   — Хорошо, я никому не скажу.

3. — О ком это ты говорила сейчас?
   — Ни о ком. А ты не подслушивай чужие разговоры!

4. — Я уже на втором курсе, но, по-моему, знаю очень мало!
   — Не печалься и не опускай руки. Сократ, великий древнегреческий мудрец, говорил: «Я знаю, что я ничего не знаю». Знаний всегда не хватает, мы всю жизнь учимся!

5. — Почему ты такой мрачный? Ты на меня сердишься? Что случилось?
   — Ничего.
   — В чём я виновата?
   — Ни в чём. Извини, просто я очень устал, ничего не в силах делать. Мне надо отдохнуть.

6. — Куда вы собираетесь пойти на Новый год?
   — Никуда. Мы решили остаться дома и встретить праздник тихо, по-домашнему.

7. — Где вы были? Загорели, посвежели!
   — В лесу у друга был. Знаете, никогда, нигде, ни с кем не было так интересно отдыхать, как с ним в тайге. Здорово!

8. — Весь мир с восторгом следил за Пекинской Олимпиадой. А где можно купить её талисманы, 5 кукол счастья?
   — Думаю, их уже нигде нельзя купить, время прошло. Их можно только увидеть в музеях или на открытках.

9. — Он думает, что деньги — самое главное в жизни.
   — Думаю, он не прав. Ведь ни за какие деньги нельзя купить любовь, дружбу, уважение.

10. — Представляешь, я вчера опоздал на свой поезд, очень расстроился, потому что другой поезд очень медленный. Но зато в нём я познакомился с очаровательной девушкой. Надеюсь, мы с ней ещё встретимся.
    — Да, как говорится, «никогда не знаешь, где найдёшь, где потеряешь».

Что такое здоровое питание?

«Чем бы перекусить? Зайду в McDonalds (Макдоналдс) — вкусно и быстро!». Подобные фразы говорят многие не только в США, но уже и в России. Действительно, пища в фастфудах вкусна, недорога, её быстро готовят. Однако она очень вредна для организма.

Всем известно несколько правил здорового питания: соблюдать умеренность, есть больше овощей, зелени и фруктов, не наедаться перед сном. Желательно исключить жирные и жареные пищевые продукты (свинину, баранину, мясо гуся, копчёности и пр.).

Здоровому человеку нужно 100-150 г белка в сутки. Белки нужны организму для обновления и построения новых клеток. Какие продукты богаты белками? Это нежирное мясо, молоко, сыр, бобовые, нежирная рыба, хлеб грубого помола, соя. Белки есть в абрикосах, персиках и орехах.

Также человеку необходимо 100-150 г жиров в сутки. Они есть в мясе, сыре, масле, яйцах, икре, рыбе. Из растительных продуктов жиры есть в бобовых (фасоль, горох) и орехах.

Усвойте простое правило здорового питания — никаких фастфудов и большого количества мучного и сладкого, никаких колбас, сарделек, сосисок, полуфабрикатов, сладких газированных напитков. Это табу, этого есть нельзя. Жареную картошку, жирное мясо, алкоголь лучше употреблять не чаще одного раза в неделю, по возможности вообще отказаться от этих продуктов. Хотя алкоголь продуктом и не является — это яд и наркотик, который отравляет организм и сознание. Каши, макароны, хлеб и другие углеводные продукты лучше всего есть с утра, когда организму нужен заряд энергии на целый день, или в обед. Вечером и в послеобеденное время ешьте только белковую пищу: курицу, творог, нежирную рыбу, морепродукты и т.п. Полезно вечером пить кефир и прочие кисломолочные продукты. Сахар старайтесь есть с утра. А лучше совсем от него отказаться. Пейте больше воды, чем чище она будет, тем лучше. Представителям умственного труда необходимо около 3000 ккал в день. Тем, кто занят тяжёлым физическим трудом — несколько больше.

Это не диета. Так нужно питаться постоянно. Поначалу, конечно, это трудно, но через неделю уже привыкнешь, а через месяц вообще пропадёт желание есть вредные продукты. Посмотрите на своё физическое состояние через месяц жизни без фастфуда, кока-колы, сладостей и копчёностей — наверняка вы почувствуете себя гораздо здоровее, бодрее, активнее.

ДИАЛОГ

Праздничная поездка

— Скоро майские праздники, у нас будет несколько свободных дней. Давай съездим на юг!

— Только не в большой город! Я так устал от городского шума, суеты, хочется на природу, в горы или на море, погулять в тишине, подышать свежим воздухом. Ты слышала о Хуаншане?

— Это, кажется, горы?

— Да, одна из красивейших горных систем в Китае. Китайцы говорят: «Если ты был в Хуаншане, не надо ехать в другие горы, так как самые прекрасные горы ты уже видел».

— Интересно! А как туда доехать?

— Самолётом или поездом доберёмся до города Хэфей, столицы провинции, а потом 4 часа на автобусе. Ты не боишься летать на самолёте?

— Честно говоря, немного боюсь. Но поездом туда ехать 2 дня. Давай полетим!

— Хорошо. Иду в агентство за билетами. А ты собирай вещи.

(В кассе агентства)

— Будьте добры, два билета в Хэфей на послезавтра, экономкласс, туда и обратно.

— Пожалуйста. С вас 3000 юаней.

(на горе)

— Наконец-то доехали! Я устал сидеть!

— Ничего. Ещё надо заплатить 200 юаней за вход.

— Ты что, хочешь идти наверх пешком?!

— А что? Наверх есть западная дорога, как пишут в справочнике, длинная и трудная, есть восточная дорога — короткая и тяжёлая. Что ты предпочитаешь?

— Я предпочитаю короткую и лёгкую — фуникулёр. Тем более, что надо торопиться, если мы хотим встретить рассвет. Вот касса, наверх доедем за 65 юаней.

— Ну ладно, поехали. Но вниз спустимся пешком!

— Хорошо.

— Какая красота! Глаз не оторвать!

— Да-а-а.. это называется «море облаков». Где фотоаппарат? Снимай, пока солнце низко.

— Горы в цветах, цветы в горах — великолепно. Давай сфотографируемся.

— Знаешь, здесь такая традиция: влюблённые могут принести или купить здесь замочки и повесить их на ограду.

— Зачем?

— Чтобы их любо́вь была́ кре́пкой, их связь — неразры́вной, как закры́тая ду́жка замо́чка.
— Дава́й и мы пове́сим свой замо́чек!
— Дава́й.

НОВЫЕ СЛОВА И СЛОВОСОЧЕТАНИЯ

чу́ткий, -ая, -ое, -ие 敏锐的, 灵敏的; 富有同情心的

подслу́шивать(未)-аю, -аешь; кого́-что 偷听, 窃听

подслу́шать(完)-аю, -аешь;

печа́литься(未)-люсь, -лишься; о ком-чём 忧伤, 悲伤;

опуска́ть(未)-а́ю, -а́ешь; кого́-что 放低, 放下; 低下, 垂下

опусти́ть(完)-ущу́, -у́стишь; ~ ру́ки 垂下双手

мра́чный, -ая, -ое, -ые 黑暗的, 昏暗的; 忧郁的, 愁闷的

древнегре́ческий, -ая, -ое, -ие 古希腊的

мудре́ц, -еца́, -ецы́ 哲人, 贤人, 智者

свеже́ть(未)-е́ю, -е́ешь; кого́-что 使清新; 使精力恢复, 使精神振奋

посвеже́ть(完)-е́ю, -е́ешь;

восто́рг, -а 异常高兴, 欣喜, 狂热

следи́ть(未)-жу́, -ди́шь; за кем-чем 盯着, 注视; 观察, 注意

талисма́н, -а; -ы 护身符, 辟邪物

ку́кла сча́стья 福娃

очарова́тельный, -ая, -ое, -ые 迷人的, 令人神往的

говори́ться (未, 一、二人称不用)-и́тся; 说出; 讲出, 叙述

пита́ние, -я; -я 喂养, 供养; 饮食, 营养

переку́сывать(未)-ваю - ваешь; что; чего́ (或无补语) 咬断, 咬开; 稍微吃一点

перекуси́ть(完)-ушу́, -у́сишь;

фастфу́д, -а 快餐

уме́ренность, -и 节制, 适中

жела́тельно (无人称, 用作谓语) с инф. 最好, 但愿, 应该

жи́рный, -ая, -ое, -ые; -рен, -рна, -рно; 脂肪多的, 肥的, 多油的

жа́реный, -ая, -ое, -ые 煎, 炸, 炒的

пищево́й, -а́я, -о́е, -ы́е 食物的; 食用的

бара́нина,-ы; -ы 羊肉

гусь, -я;-и, -е́й (阳)鹅, 雁

копчёность, -и (阴)熏制食品

бело́к, -лка́; -лки́ 蛋白质

обновле́ние, -я 更新, 修复, 充实

построе́ние, -я 建造, 建设; 结构, 构造

кле́тка, -и; -и 细胞

бобо́вый 豆的, 豆粒的

гру́бый, -ая, -ое, -ые 粗糙的, 不精致的

помо́л, -а 磨粉, 磨碎; 磨好的米粉（粮食）

со́я, -и; -и 大豆, 黄豆

абрико́с, -а; -ы 杏子, 杏树

пе́рсик, -а; -и 桃子, 桃树

оре́х, -а 坚果; 核桃树; 核桃木

жир, -а; -ы 脂肪, 油脂

фасо́ль, -и; -и 四季豆, 菜豆

горо́х, -а 豌豆（植物）;（集）豌豆（果实）

усва́ивать(未)-аю, -аешь; что 吸收; 使自己习惯于; 学会, 掌握

усво́ить(完)-о́ю, -о́ишь;

мучно́й, -а́я, -о́е, -ы́е 面粉的, 面粉做的

сарде́лька, -и; -и, -лек 灌肠

полуфабрика́т, -а 半成品

газиро́ванный, -ая, -ое, -ые 充过气的, 充过碳酸气的(指液体)

табу́ (中,不变)禁忌, 忌讳; 禁忌语

алкого́ль, -я (阳)酒精, 酒; 含酒精的饮料

употребля́ть(未)-я́ю, -я́ешь; кого́-что 使用, 利用, 运用

употреби́ть(完)-блю́, -би́шь;

яд, -а; -ы 毒物, 毒药; 恶毒, 毒辣

нарко́тик, -а; -и 麻醉剂, 麻醉药

отравля́ть(未)-я́ю, -я́ешь; ко-

125

УРОК 8

го́-что 毒死，毒杀；往……下毒
отрави́ть(完)-влю́, -вишь;
макаро́ны, -о́н 通心粉
углево́дный, -ая, -ое, -ые 糖的，碳水化合物的
заря́д, -а; -ы (一发子弹、炮弹内的)装药量；弹药
послеобе́денный, -ая, -ое, -ые 午饭后的
белко́вый, -ая, -ое, -ые 蛋白(黄)的
ку́рица, -ы; ку́ры 鸡，母鸡
творо́г, -а́(у́) 乳渣，奶渣
кефи́р, -а; -ы 酸牛奶
молочноки́слый, -ая, -ое, -ые 乳酸的
привы́чка, -и; -и 习惯，习气，习性
литр, -а 升，公升
у́мственный, -ая, -ое, -ые 脑力的，智力的
ккал 千卡，大卡
дие́та, -ы 一定的饮食规定，营养饭食，病号饭
вообще́ (副)总之，总的说来；一般地说

ко́ка-ко́ла, -а; -ы 可口可乐
сла́дость, -и (阴)甜；美满，甜蜜
наверняка́ (副)一定，确定
бо́дрый, -ая, -ое, -ые; бодр, бодра́, бо́дро; 精力充沛的，精神饱满的
ма́йский, -ая, -ое, -ие 五月的；五一节的
шум, -а 响声，嘈杂声，喧哗声，叫喊声，吵闹声，叫骂声
суета́, -ы́ 奔忙，忙乱；忙忙碌碌
го́рный, -ая, -ое, -ые 山上的；多山的；矿物的；采矿的
систе́ма, -ы 系统；(若干要素、单位按共同特征、用途、互相联系而构成的)体系，系统
прови́нция, -и; и 省；(首都、中心以外的)地方，外省，外地
аге́нтство, -а; а 代理处，代办处
фуникулёр, -а; -ы (山地的)缆索铁道，索道
торопи́ться(未)-плю́сь, -о́пишься; 赶快，赶紧，急忙，忙于，急于
поторопи́ться(完)-плю́сь, -о́пишься;

вниз (副)往下，向下
спуска́ться(未)-а́юсь, а́ешься; 走下，下来，降下；(顺流)下驶
спусти́ться(完)спущу́сь, спу́стишься;
отрыва́ть(未)-а́ю, -а́ешь; кого́-что от кого́-чего́ 使移开，使撤开；撕(扯、揪)断；
оторва́ть(完)-ву́, -вёшь;
о́блако, -а; -а, -ов 云(彩)
огра́да, -ы; -ы 围墙，篱笆
влюблённый, -ая, -ое, -ые; -лён, -лена́ 发生爱情的，钟情的；热恋的；迷恋的，醉心的；(用作名词))влюблённый, -ого 恋人，恋爱者
ве́шать(未)-аю, -аешь; кого́-что 挂，悬，悬挂，吊起
пове́сить(完)-е́шу, -е́сишь;
неразры́вный, -ая, -ое, -ые; -вен, -вна; 弄不断的；牢不可破的，分不开的(指关系等)
ду́жка, -и, -и, -шек 挂锁的弧形梁
замо́чек, -чка; -чки, -чков (口语)замо́к 的指小，锁

УПРАЖНЕНИЯ И ЗАДАНИЯ

 1. 把括号里带 ни- 的否定代词变成所需要的形式。(Поста́вьте отрица́тельные местоиме́ния с ни- в ско́бках в ну́жной фо́рме.)

1) Была́ глубо́кая ночь, на у́лице уже́ (никто́) не́ было.

2) Мне нужна́ «Истори́ческая грамма́тика ру́сского языка́», но у (никто́) из нас её нет.

3) Андре́й (в, никако́й, институ́т) не учи́лся, так как в то вре́мя у них в го́роде не́ было (никаки́е ву́зы).

4) Че́рез час прие́дут го́сти, но мы ещё (ничто́) не пригото́вили.

5) Ната́ша (у, никто́) (о, ничто́) не спра́шивала.

6) В после́днее вре́мя я (к, никто́) в го́сти не ходи́л.

7) (Ничей) книги я не брал, я читал свою.

8) Все написали диктант хорошо. (В, ничей) работе нет ошибок.

9) (С, никто) я не говорил об этом. И ты не говори (никто).

10) Долго я не получал из дома (никакие) писем. Очень беспокоюсь.

11) Надя не останавливалась (перед, никакие) трудностями.

12) Они (ничто) не достали и вернулись (с, ничто).

 2. 仿照示例回答问题。(Ответьте на вопросы по образцу.)

А. отрицательные местоимения

Образец: —Кого вы пригласили на концерт?

—Я никого не приглашал.

1) Кто был здесь без меня?
2) Кому вы звонили утром?
3) У кого вы гостили на днях?
4) О ком она говорила вам?
5) Что вы знаете об экзаменах?
6) Чему вы все так обрадовались?
7) С кем вы познакомились во время командировки?
8) О чём вы спорили?
9) Чем вы сейчас заняты?
10) Какие лекарства вам нужны?
11) Что тебе помогло, лекарство или укол?
12) В чьих комнатах есть свободные кровати?
13) С какой командой вы играли в волейбол?

Б. отрицательные наречия

Образец: —Вы ездили на юг?

—Я никогда туда не ездил.

1) Где вы были вчера вечером?
2) В каком городе вы останавливались в дороге?
3) Куда вы собираетесь поехать на летние каникулы?
4) Откуда вы ждёте письма?
5) Вы были в Шанхае?
6) Можно ли в морозы выходить на улицу без тёплой одежды?

 3. 用带 ни- 的否定代词填空。(Вставьте вместо точек отрицательными местоимениями с ни-.)

1) ... так не помогло больному выздороветь, как отдых на море.
2) Мы не успели поговорить...

3) Из-за шу́ма Ве́ра не могла́ слы́шать...

4) То́лько в де́тстве мо́жно не забо́титься...

5) Не удивля́йтесь...

6) Не бо́йтесь... Бу́дьте уве́рены в свои́х си́лах.

7) ... не обраща́йте внима́ния. Занима́йтесь свои́м де́лом.

8) ... в до́ме не измени́лось, всё бы́ло на пре́жнем ме́сте.

9) Но́чью э́того дня ... в го́роде не спал.

10) На берегу́... не́ было, кро́ме старика́ с фонарём.

4. 将下列句中黑体词换成带 ни- 的否定副词。(Замени́те подчёркнутые слова́ отрица́тельными наре́чиями с ни- по образцу́.)

Образе́ц: Анна не е́здила на юг.

Анна никуда́ не е́здила.

1) **В на́шей ко́мнате** нет свобо́дного сту́ла.

2) В после́дние дни я не получа́л письма́ **из до́ма**.

3) Тако́го краси́вого ме́ста не найдёшь **на се́вере**.

4) В тако́й си́льный дождь **в кино́** не ходи́.

5) **Сейча́с** не на́до спеши́ть.

6) Ли́за не могла́ пое́хать с детьми́ **к ба́бушке**.

7) В после́дние ме́сяцы я уже́ не получа́ю де́нег **от роди́телей**.

8) **В шко́льные го́ды** я не люби́л ката́ться на конька́х.

9) **К друзья́м** не могу́ пое́хать, у меня́ слома́лась маши́на.

10) **В кабине́те и до́ма** не́ было ключа́.

5. 选择带 ни- 的否定代词或否定副词。(Вы́берите подходя́щее отрица́тельное местоиме́ние и́ли наре́чие с ни-.)

1) Когда́ пошёл дождь, мы бы́ли в по́ле, и нам (не́куда, никуда́) бы́ло спря́таться.

2) Ва́ля (никогда́, не́когда) не прихо́дит с рабо́ты во́время.

3) (Никуда́, Не́куда) не зови́те ма́льчика. Пусть он занима́ется до́ма.

4) Хиру́рг наш за́нят, и сейча́с (ни к кому́, не́ к кому) не смо́жет пойти́ на́ дом.

5) Я их везде́ иска́л и (нигде́, не́где) не мог найти́.

6) Все места́ уже́ за́няты, сесть нам бы́ло (нигде́, не́где).

7) Я (ни на кого́, не́ на кого) не жа́луюсь: сама́ винова́та.

8) У меня́ си́льно заболе́ло го́рло, (ничего́, не́чего) не могу́ есть.

9) (Никогда́, Не́когда) не ду́май, что ты всё зна́ешь и тебе́ бо́льше (не́чему, ничему́) учи́ться.

10) Мне тогда́ бы́ло о́чень тру́дно: (ни с ке́м, не́ с кем) бы́ло сове́товаться.

11) Рабо́та была́ така́я напряжённая, что (не́когда, никогда́) бы́ло погуля́ть.

12) Я зна́ю, что вам (никого́, не́кого) присла́ть к нам на по́мощь.

6. 用带 ни- 的否定副词回答问题。(Ответьте на вопросы отрицательными наречиями с ни-.)

1) Где можно достать билет на футбол?
2) Где вы достанете билет на балет?
3) Откуда можно получить такой журнал?
4) Почему ты никуда не ездил на каникулы?
5) Почему многим в зале пришлось стоять?
6) Что вы ещё скажете по этому вопросу?
7) Кого послать за врачом?
8) Почему ты ничем не занимаешься?
9) Почему ты никому не пишешь?
10) Что же ты всё время молчал?

7. 用形容词续句子。(Продолжите фразу—допишите прилагательные (не менее 3-х) в нужной форме.)

1) В «Макдоналдсе» еда _____.
2) Исключите из своего питания _____ продукты.
3) Еда должна быть не только вкусной, но и _____.
4) Соблюдайте правила здорового питания, и вы будете _____.

8. 在下题每行中找出多余的词，说明原因。(В каждом ряду найдите лишнее слово. Объясните, почему оно лишнее.)

1) кафе, ресторан, столовая, кухня, пиццерия
2) умеренность, разнообразие, вред, свежесть, польза
3) свинина, баранина, лососина, говядина, курятина
4) овощи, колбаса, фрукты, зелень, орехи
5) хлеб, булочка, каша, лапша, макароны
6) кефир, сосиска, йогурт, творог, сметана
7) торт, шоколад, конфеты, варенье, икра
8) чай, кофе, водка, сок, какао
9) жиры, углеводы, белки, витамины, именины
10) арбуз, апельсин, яблоко, киви, помидор

9. 用俄语说明下列描述是什么？(Придумайте, что это?)

1) Сладкое блюдо, обычно большое, круглое, с кремом — это ....
2) «Мелко порезать свежие овощи, добавить соль и растительное масло»— получится ...
3) Его делают пчелы, он гораздо лучше сахара —...

УРОК 8

4) Фру́кты поре́зать и вы́сушить — полу́чатся ...

5) Сла́дкое блю́до, его́ ва́рят из фру́ктов, я́год, са́хара ...

6) «Ко́ка-ко́ла», «Пе́пси», «Фа́нта» — э́то ...

7) Лук, сала́т, шпина́т, ки́нза, петру́шка, укро́п — э́то ...

10. 翻译下列词组。(Переведи́те сле́дующие словосочета́ния.)

偷听谈话，与……和好，金钱买不来友情和幸福，快餐食品，形成新细胞，能量来源，天然食品，健康饮食的规则，毒害机体和意识，拒绝糖果，从事繁重的体力劳动，限制盐的摄入，愿望消失，黄山归来不看山，往返票，坐缆车上山，欣赏云海，坚贞的爱情

11. 按下列情景编对话。(Разыгра́йте диало́ги по сле́дующим ситуа́циям.)

(1) Ваш друг ка́ждый день обе́дает в «Макдо́нальдсе», а вы счита́ете, что фастфу́д вре́ден для здоро́вья.

(2) Ва́ша подру́га норма́льного телосложе́ния счита́ет себя́ толсто́й и почти́ ничего́ не ест. Убеди́те её норма́льно пита́ться.

(3) Ваш друг постоя́нно не успева́ет за́втракать. Докажи́те ему́, что э́то пло́хо для здоро́вья и учёбы.

(4) Ваш друг пьёт мно́го пи́ва.

(5) Вы неда́вно познако́мились с де́вушкой, пригласи́ли ее в рестора́н... И вдруг узна́ли, что она́ — вегетариа́нка.

12. 按课文回答问题。(Отве́тьте на вопро́сы по те́ксту.)

1) Что тако́е «фастфу́д»? Почему́ в ру́сских те́кстах э́то словосочета́ние (fast food) ча́сто пи́шут ру́сскими бу́квами и без перево́да?

2) Каки́е пра́вила здоро́вого пита́ния вы зна́ете?

3) Как вы ду́маете, почему́ не сле́дует наеда́ться пе́ред сном?

4) Каки́е проду́кты бога́ты белка́ми?

5) Каки́е проду́кты бога́ты жира́ми?

6) Каки́е проду́кты — лу́чший исто́чник углево́дов?

7) Каки́е проду́кты лу́чше совсе́м не есть? Почему́?

8) Почему́ лу́чше совсе́м отказа́ться от алкого́ля?

9) Чем отлича́ется здоро́вое пита́ние от дие́ты?

10) Каки́е вы зна́ете дие́ты и кому́ они́ нужны́?

13. 记住下列词组并在讲述中使用。(Запо́мните сле́дующие словосочета́ния и употреби́те их в своём расска́зе.)

улучша́ть состоя́ние здоро́вья 改善健康状况

снижа́ть заболева́емость 减少疾病

сохранять равновесие 保持平衡
внутренняя среда 内部环境
способности самовосстановления 自我恢复能力
мéдоты лечения 治疗方法
очищение организма 机体净化
защитные свойства организма 机体的保护性
культурно и разумно питаться 文明理性地进食
заниматься профилактикой 进行领防

  14. 讲述。(Составьте рассказ по данной теме.)

«Как правильно питаться? Что можно есть, чего нельзя?»

12 июня россияне отмечают День России. В этот же день в 1991 году прошли выборы президента России, на которых победил Б. Н. Ельцин. 12 июня 1997 года Б.Н. Ельдин предложил переименовать праздник в «День России». Но в официальных документах это название не использовалось.

Повторение II

1. 对下列问题做肯定或否定回答。(Ответьте на вопросы положительно или отрицательно.)

1) Как по-вашему, рассказы интереснее стихов?
2) Как ты думаешь, рыба вкуснее свинины?
3) На севере Китая суше, чем на юге?
4) Володя скромнее Алёши?
5) Новое пальто дешевле старого?
6) Кухня светлее кабинета?
7) Урок грамматики труднее, чем урок фонетики?
8) Город Сиань древнее, чем город Нанькин?
9) Мальчик всегда сильнее девочки?
10) Дедушка веселее бабушки?

2. 选择括号内的词变成适当形式填空。(Вставьте вместо точек данные в скобках слова в нужной форме.)

(громко, рано, быстро, чисто, поздно, важно, подробно, хорошо, много, упорно, точно)

1) Обычно я встаю... всех, но сегодня встал ..., чем все остальные.

2) Скажи́те, кто ... всех поёт?

3) Извини́те, ничего́ не слы́шу. Говори́те ...

4) Идёмте ..., а то не успе́ем на по́езд.

5) Расскажи́те ..., э́то нас о́чень заинтересова́ло.

6) Вре́мени ма́ло. Объясни́те ..., чем обы́чно.

7) Ю́ра занима́ется ...всех, у него́ одни́ пятёрки.

8) Ве́ра ... всего́ лю́бит игра́ть на роя́ле.

9) На центра́льной у́лице ..., чем на сосе́дней.

3. 按照示例变化句子。(Переде́лайте предложе́ния по образцу́.)

Янцзы́ — больша́я река́ в Кита́е.

Янцзы́ — са́мая больша́я река́ в Кита́е.

Янцзы́ — одна́ из са́мых больши́х рек в Кита́е.

Янцзы́ — одна́ из велича́йших рек в Кита́е.

1) Кита́йский язы́к — бога́тый и краси́вый.

2) Байка́л — глубо́кое о́зеро (в ми́ре.)

3) Де́душка Степа́н — до́брый стари́к (на све́те).

4) Са́ша хоро́ший спортсме́н.

5) Сего́дняшняя те́ма интере́сная.

4. 续句子。(Допиши́те предложе́ния.)

1) Знать язы́к — э́то ...

2) Жела́тельно, что́бы ...

3) Он винова́т в том, что ...

4) Пло́хо то, что ...

5) Получи́лось, что ...

6) Стра́нно, что ...

7) Цель специали́стов заключа́ется в том, что́бы ...

8) Нет сомне́ния, что ...

9) Мне не нра́вится, когда́ ....

10) Ра́дует меня́ то, что ...

5. 用где, куда́, отку́да替换句中带前置词的кото́рый。(Замени́те сою́зное сло́во кото́рый с предло́гом подходя́щими по смы́слу слова́ми где, куда́, отку́да.)

1) В на́шем го́роде рабо́тает нау́чно-техни́ческий музе́й, в кото́рый ча́сто прихо́дят ученики́ сре́дних школ.

2) Мы посети́ли дом, в кото́ром роди́лся и вы́рос знамени́тый компози́тор.

3) Ю́ноши дошли́ до проспе́кта, назва́ние кото́рого никто́ из них не знал.

4) В институте, в котором учится мой друг, часто устраивают вечера дружбы.

5) Река, в которой плавают дети, находится в десяти километрах от города.

6) В доме, из которого вышли мои племянницы, отдыхает бабушка.

7) Туристы поднялись на гору, с которой открывается вид на город.

8) Посёлок, в который отправились студенты на практику, называется «Море цветов».

 6. 按示例扩展句子。(Распространите предложения по образцу.)

Образец: Я часто вспоминаю тот день, когда …

    Я часто вспоминаю тот день, когда меня приняли в вуз.

1) Никогда не забуду тот момент, когда …

2) Бывают дни, когда …

3) Это был единственный случай, когда …

4) Буду писать о той поре, когда …

5) Мы впервые встретились в тот вечер, когда …

6) Будет время, когда …

7) Поют о тех годах, когда …

8) Мы много работали в тот сезон, когда …

 7. 用指示词填空。(Вставьте вместо точек указательными словами.)

1) …, кто был, считает, что выступление прошло удачно.

2) …, кто с большим интересом осмотрел музей Гугун, поехал в Храм неба.

3) …, кто не успел записаться в библиотеку, могут пользоваться книгами в читальном зале.

4) Я приготовлю …, что будет нужно.

5) Нам принесли …, что попросили.

6) … привет, таков ответ.

7) В этом романе рассказывается …, что случилось в этом селе в годы войны.

8) Выполним …, что приказало руководство.

 8. 按示例把下列句子改成否定句。(Переделайте данные предложения в отрицательные по образцу.)

Образец: У меня есть новости для вас.

    У меня нет никаких новостей для вас.

1) Все зрители пришли вовремя.

2) Это предложение встретило поддержку.

3) Больной принимал разные лекарства.

4) Это событие имеет большое значение.

5) Весь процесс мы подробно записали.

6) Все пассажиры один за другим вышли из вагона.

7) По этому вопросу Лиза посоветовалась со всеми.

8) Ты во всём виноват.

9) На нашем факультете всё изменилось.

10) Посетители заинтересовались всем.

 9. 将下列句子译成汉语。(Переведите следующие предложения на китайский язык.)

1) Это музей народных искусств, вход свободный. Здесь постоянно проходит несколько выставок.

2) Учёный закончил книгу, над которой он работал долгие годы.

3) Никто не верит в успех этого дела, так как оно достаточно сложно.

4) В одежде и еде вкусы у деда и внука различаются. Дед любит хорошо и вкусно пообедать и одеваться по старинке. А внук перекусывает в «Макдональдсе» и ходит в модных джинсах.

5) Они совсем разные люди. Сергей строгий, серьёзный, во всём любит порядок, а Дима ведёт себя по-другому.

6) В нашей семье любят дарить и получать подарки, и всегда говорят так: «Самому доброму в нашей семье...», «Самому аккуратному...».

7) Каждый год ездить в Сибирь, к Чёрному морю, в дикие места — это моё хобби.

8) Эта картина не произвела на нас никакого впечатления, её трудно понять.

9) Летом вы должны загорать, купаться, совершать далёкие прогулки пешком.

10) Оказалось, что закончить эту работу за две недели невозможно.

 10. 将下列句子译成俄语。(Переведите следующие предложения на русский язык.)

1) 艾尔米塔什博物馆里保存了人类文明的巨大财富。
2) 我对什么都不感到奇怪，现在一切都在变化，而且变化很快。
3) 6月15日中俄博览会隆重开幕，参加代表超过万人。
4) 我读了著名诗人普希金所写的关于彼得大帝时期的很多作品。
5) 好客的主人总是关心客人，努力为客人创造最舒适的环境。
6) 不经允许任何人不准在晚12点以后进入教学楼。
7) 众所周知，不同文化中对友谊、好客的理解各不相同。
8) 经典作品需要重读，每一次阅读都会发现以前未曾关注的内容。
9) 为达到目的，在任何困难面前我们都不会停步。
10) 要是你不留下品尝妈妈做的馅饼，她会不高兴的。

 11. 回答扩展性问题。(Ответьте на развёрнутые вопросы.)

1) Расскажите об одном из известных музеев.

2) Почему большинство женщин принимает активное участие в общественной жизни?

3) Как надо вести себя в гостях?

4) Как вы проводите дни? А как вы встречаете праздники?

5) Где вы часто питаетесь? Сколько денег у вас уходит на питание?

 12. 按照示例编写对话。(Составьте диалоги. Начините с данных реплик.)

1) Что значит гостеприимство?
2) Вы плохо себя чувствуете что ли?
3) Как, разве поездку перенесли?
4) На улице ни души.

 13. 用下列词组造句。(Составьте предложения со следующими словосочетаниями.)

работать ради чего, тесно связанный с чем, быть в восторге, употреблять чаще, приносить пользу, взаимное понимание, торжественное событие

 14. 按下列情景交谈。(Составьте диалоги по следующим ситуациям и разыграйте их в группе.)

1) Вы учитесь в Москве, к вам приехал однокурсник. Он хочет осмотреть музеи, и вам придётся о них рассказать.
2) Этим летом вы ездили в Россию, побывали в некоторых городах, посмотрели известный балет, узнали, как надо вести себя в театре, в музее, на выставке. Расскажите об этом своим друзьям.
3) У вашего друга очень слабое здоровье. Он часто болеет, постоянно принимает таблетки. Вы даёте ему полезные советы: как правильно питаться, как надо заниматься спортом, соблюдать какие правила.

 15. 任选一题写作。(Напишите сочинение на одну из следующих тем.)

1) «Я хочу путешествовать по России»
2) «Что надо делать, чтобы быть здоровым?»
3) « В гостях у русского друга»
4) «Чем отличаются мужчины и женщины?»

УРОК 9

ГРАММАТИКА
- I. 带 не- 的否定代词 (отрица́тельное местоиме́ние с не-)
- II. 带 не- 的否定副词 (отрица́тельное наре́чие с не-)
- III. 构词知识（3）(словообразова́ние)

ТЕКСТ Челове́к и приро́да
ДИАЛОГ Приро́ду на́до бере́чь

ГРАММАТИКА

听录音请扫二维码

带 не-的否定代词和否定副词表示否定意义，一般用在否定句中。

I. 带 не-的否定代词
отрица́тельное местоиме́ние с не-

1. 带 не- 否定代词的构成和变化

由疑问代词 кого́、чего́ 加上否定语气词 не-构成，没有第一格形式，其他各格变化和疑问代词相同，语气词不变化。与前置词连用时前置词放在 не- 与代词之间。例如：не́кого（没人可……），не́чего（没什么可……）。

2. 带 не- 否定代词的用法

带 не-的否定代词只在无人称句中使用，与动词不定式连用，表示"没有……可""没什么（可以）……"等意义。过去时和将来时的时间分别用 бы́ло、бу́дет 表示，句中的主体使用第三格形式。例如：

(1) Мне не́чего де́лать.
我无事可做。

(2) Нам не́кого бы́ло спра́шивать.
    当时我们无人可问。
(3) Прости́те, не́кому бы́ло встреча́ть госте́й, все бы́ли на рабо́те.
    对不起，没人可去接客人，大家都在忙工作。
(4) В э́том винова́т то́лько ты оди́н. Жа́ловаться тебе́ не́ на кого.
    这事儿都是你自己的错，没人可抱怨。
(5) Всё в поря́дке, бо́льше забо́титься не́ о чем.
    一切正常，再没有什么可操心的了。

II. 带 не- 的否定副词
отрица́тельное наре́чие с не-

1. 带 не- 否定副词的构成
由疑问副词加前缀 не- 构成，如 не́где（无处可……）、не́куда（没地方可……）、не́когда（没时间可……）等。

2. 带 не- 否定副词的用法
带 не- 的否定副词与带 не- 的否定代词相同，用于否定人称句，与动词不定式连用，主体用三格形式。例如：

(1) Мне не́куда идти́.
    我无处可去。
(2) Мне не́куда убра́ть э́ти кни́ги, в шкафу́ уже́ нет свобо́дного ме́ста.
    这些书我没地方收拾，柜里没有空地方。
(3) Мне не́когда вас ждать.
    我没时间等您。
(4) До́ма мне не́где спать, и я оста́лся в университе́те.
    家里没有我睡觉的地方，就留在了学校。

III. 构词知识（3）
словообразова́ние

构词法中最常见的有前缀法、后缀法等，而构成名词最主要的是后缀构词法。

1. 常见的表人名词后缀

后缀	例词
1) -анин (-янин)	россия́нин, англича́нин, граждани́н, горожа́нин, крестья́нин, южа́нин, северя́нин, иркутя́нин
2) -ец	боре́ц, бое́ц, кита́ец, коре́ец, продаве́ц
3) -ист	тури́ст, футболи́ст, машини́ст, специали́ст, фаши́ст, активи́ст

4) -ик (-ник)	учени́к, выпускни́к, помо́щник, охо́тник, сотру́дник	
5) -тель (-итель)	учи́тель, писа́тель, слу́шатель, чита́тель, зри́тель, преподава́тель	
6) -ер (-ёр)	инжене́р, пионе́р, миллионе́р, пенсионе́р, шофёр, режиссёр	
7) -ант (-янт, -ент)	музыка́нт, коммерса́нт, эмигра́нт, аспира́нт, ассисте́нт, абоне́нт, корреспонде́нт	
8) -ак (-як)	рыба́к, моря́к, сибиря́к, поля́к, земля́к	

2. 常见的抽象名词后缀

后缀	意 义	例 词
1) –ни (е) –ени (е)	表示动作或状态	слу́шание, спасе́ние, обсужде́ние, рожде́ние, повторе́ние, освобожде́ние, посеще́ние, укрепле́ние
2) –ость (–есть)	表示属性、特征	ю́ность, мо́лодость, ра́дость, сме́лость, опа́сность, бо́дрость, тя́жесть, све́жесть
3) –изм	表示学说、派别、主义等抽象概念	реали́зм, лири́зм, герои́зм, идеали́зм, социали́зм
4) –аци (я)	表示"……化"	автоматиза́ция, модерниза́ция, реализа́ция, глобализа́ция
5) –ств (о) –тельств (о)	表示状态、活动、现象等集合概念	о́бщество, руково́дство, произво́дство, строи́тельство, госуда́рство, любопы́тство, сосе́дство, партнёрство
6) –от (а)	表示属性、特征	чистота́, красота́, темнота́, доброта́, теплота́

РЕЧЕВЫЕ ОБРАЗЦЫ

1. Мне

не́чего		доба́вить к э́тому
не́чему	бы́ло	удивля́ться
не́ во что	бу́дет	игра́ть
не́чем		занима́ться
не́ о чем		рассказа́ть

(сказа́ть, ра́доваться, обраща́ть внима́ние, писа́ть, беспоко́иться)

2. Студе́нтам

не́ у кого́		побыва́ть
не́ к кому́	бы́ло	е́хать
не́ на кого́	бу́дет	жа́ловаться
не́ с кем		сове́товаться
не́ о чем		забо́титься

(спроси́ть, ходи́ть в го́сти, поговори́ть, волнова́ться, боя́ться)

3. В доро́ге нам

не́где		отдыха́ть
не́когда	бы́ло	любова́ться приро́дой
не́куда	бу́дет	писа́ть письмо́
не́откуда		ждать звонка́

(остана́вливаться, положи́ть свои́ ве́щи, получа́ть пи́сьма, спать)

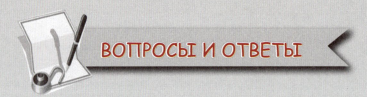

ВОПРОСЫ И ОТВЕТЫ

1. — Все совреме́нные де́вушки стремя́тся сде́лать карье́ру, им не́когда занима́ться ли́чной жи́знью. Не́кого пригласи́ть в кино́, не с кем погуля́ть в па́рке, не́кому дари́ть цветы́, не о ком забо́титься!
   — По-мо́ему, ты не прав. Ты про́сто ещё не встре́тил свою́ люби́мую, свою́ еди́нственную.

2. — Ка́жется, вам не́чего бо́льше жела́ть, у вас всё есть: дру́жная семья́, интере́сная рабо́та, ве́рные друзья́, прекра́сная кварти́ра...
   — Что вы, челове́ку всегда́ хо́чется бо́льше, чем он име́ет. Вот мы, наприме́р, хоти́м постро́ить дом за го́родом.

3. — Почему́ ты не хо́чешь со мной встре́титься и поговори́ть?
   — Нам не о чём говори́ть. Мы всё уже́ вы́яснили.

4. — Ты переезжа́ешь в но́вую кварти́ру? Попроси́ друзе́й помо́чь тебе́.
   — Не́кого проси́ть, все уе́хали.

5. — На́до сро́чно реша́ть, остава́ться здесь и́ли уезжа́ть. Все бли́зкие далеко́, не с кем посове́товаться.
   — Позвони́ кому́-нибудь и́ли напиши́ по электро́нной по́чте и спроси́ сове́та.

6. — Почему́ вы весь ве́чер сиди́те в гости́нице?
   — Мне не́куда идти́. Я никого́ не зна́ю в э́том го́роде.

7. — Ка́жется, мы заблуди́лись, а никто́ не зна́ет, где мы. По́мощи ждать не́откуда. Что же де́лать?!

— Не волнуйся. Вот карта, компас... Сейчас найдём дорогу.

8. — Плохо, когда некого ждать и не к кому спешить, некого радовать звонками и подарками, не с кем поговорить, не о ком беспокоиться...
— Да, печально быть одиноким.

9. — Что происходит? Столько народу в зале, просто яблоку негде упасть!
— В наш университет приехал знаменитый профессор из Москвы, и сегодня он читает лекцию.

10. — Время обеда. Пойдём в столовую, пообедаем вместе!
— Извини, не могу. Некогда.

Человек и природа

Бывает ли вам так одиноко и плохо на душе, что, кажется, нечего ждать, некуда идти, негде искать помощи, не у кого просить совета, не для чего жить? А ведь у каждого есть любимое место, родной город или деревня, и есть большая Родина. Каждый из нас — представитель своего народа. Пока мы помним это, мы живём не зря!

Все мы, всё человечество — часть природы. Родина, народ, природа... Похожие слова, неправда ли? Что их связывает? Каждый народ имеет свою страну, свою землю со своеобразной природой. Когда мы думаем о своей Родине, мы представляем не только её историю, культуру города, но и природу.

Раньше каждый человек был близок к природе, жил и работал на земле своих отцов и дедов, с детства учился понимать природу. Человек жил в природе, был физически и духовно близок к ней. Без лекций и учебников люди знали, когда можно, а когда нельзя охотиться на зверя, где можно, а где нельзя рубить лес или пахать землю. Поэтому у человека было чувство любви к природе, было её понимание.

Сейчас люди теряют чувство Земли. На них влияет научно-технический прогресс, который, к сожалению, не стал прогрессом экологическим. Нам некогда задуматься над глобальными проблемами, над судьбой Земли и нашим будущим, так как мы слишком много занимаемся мелкими повседневными делами.

Если бы наша Земля имела голос, она бы кричала от боли, которую ей причиняет человек. Загрязнение окружающей среды (воздуха, воды и почвы) — одна из актуальнейших проблем в нашей жизни. И некого будет винить в этом, кроме нас самих!

Человек изобрёл много материалов, которых не было в природе, и которые она не может принять. Пластиковые бутылки, пакеты и прочий мусор могут вечно лежать на пляжах, на полянах, если их не убрать. И всё это остаётся, как правило, после приятной загородной прогулки, пикника, отдыха на природе. Нечего сказать, «культурное» поведение «царя природы» по отношению к Матери-природе!

Есть ли выход из экологического тупика? Однозначного ответа на этот вопрос нет. У каждого человека свой ответ, но каждый должен помнить, что слова *природа*, *родина*, *народ* произошли от одного корня.

Природу надо беречь

1. — Мама!
— Что, Игорь?
— Представляешь, какой кошмар я прочитал в Интернете! Оказывается, в Тихом океане образовался новый континент из мусора!
— Что? Как это — новый континент из мусора?
— Там в воде плавает огромное скопление отходов: пластик, бутылки и всё такое. Всё это мусор, выброшенный человеком в море.
— А при чём здесь континент?
— Это огромное образование, по территории его можно сравнить с целой страной, даже с континентом!
— А как оно могло образоваться? Что-то я не понимаю.
— Океанические течения несут мусор на определённую территорию. Получается колоссальная свалка в океане. Морские животные глотают пластик и гибнут!
— Какой ужас! Нужно строить мусороперерабатывающие заводы! Везде! В каждом городе!
— И перерабатывать мусор, а не делать свалки?
— Да, особенно весь этот пластик! И тогда не будет таких жутких «континентов»!

2. — Катенька!
— Да, мама?
— Дочка, пожалуйста, прекрати разбрасывать по парку фантики! Смотри, как некрасиво — кругом зелёная трава, одуванчики, и тут твои бумажки валяются!
— Ну, извини, мама...
— Катя, разве я не учила тебя, что фантики нужно выбрасывать в урну?!
— Да, конечно, но здесь нигде нет урн!
— Катя, если урн нет, то нужно решить проблему другим способом. Например, сложи-

ть фа́нтики в паке́т и́ли сверну́ть и положи́ть в карма́н. До ближа́йшей у́рны дойти́ и вы́бросить.

— Ма́ма, дай мне, пожа́луйста, паке́т. Я сложу́ в него́ фа́нтики.
— Вот-вот, совсе́м друго́й разгово́р! Возьми́, до́чка.
— Спаси́бо.
— Не́ за что. И бо́льше, пожа́луйста, му́сор не разбра́сывай! Приро́ду на́до бере́чь.
— Я то́же так ду́маю.

НОВЫЕ СЛОВА И СЛОВОСОЧЕТАНИЯ

англича́нин, -а; -а́не, -а́н 英国人

горожа́нин, -а; -а́не, -а́н 市民，城市居民，城里人

крестья́нин, -а; -я́не, -я́н 农民

южа́нин, -а; -а́не, а́н 南方人

северя́нин, -а; -я́не, -я́н 北方人

иркутя́нин, -а; -я́не, -я́н 伊尔库茨克人

боре́ц, -рца́; -рцы́, -рцо́в 战士

бое́ц, -йца́; -йцы́, -йцо́в 战斗员，战士；(为事业和信仰而奋斗的)战士

коре́ец, -йца; -йцы, -йцев 朝鲜人，韩国人；朝鲜族人

машини́ст, -а; -ы 操作机器的人；(火车)司机

фаши́ст, -а; -ы 法西斯分子

активи́ст, -а; -ы 积极分子

выпускни́к, -а́; -и́ 应届毕业生

помо́щник, -а; -и 助手，帮手；副手，助理

слу́шатель, -я; -и 听讲者，听众；(某些高校的)学员，学生

чита́тель, -я; -и 读者

пенсионе́р, -а; -ы 领养老金者，领退休金者；领抚恤金者

эмигра́нт, -а; -ы 侨民，移民

ассисте́нт, -а; -ы (教授、医生的)助手；助教

корреспонде́нт, -а; -ы 通讯员，记者

моря́к, -а́; -и́ 海员，水手；水兵

сибиря́к, -а́; -и́ 西伯利亚人

поля́к, -а; -и 波兰人

земля́к, -а́; -и́ 同乡，老乡

слу́шание, -я; слу́шать 的名词

спасе́ние, -я 救，拯救，挽救；救星；救药；生路

обсужде́ние, -я 讨论，磋商

повторе́ние, -я; -я 重复；复习；温习；重新出现，再次发生；重复的地方、现象等

посеще́ние, -я 访问，拜访，探望；参观访问

ю́ность, -и 少年时代

сме́лость, -и 胆量，勇气；大胆行为，勇敢行为

опа́сность, -и 危险性；危险，危急

бо́дрость, -и 精神焕发，精力充沛

тя́жесть, -и; -и 重力，重量；重物

све́жесть, -и 新鲜，清新，新颖；新鲜空气

идеали́зм, -а 唯心主义，唯心论

автоматиза́ция, -и 自动化

модерниза́ция, -и 现代化

реализа́ция, -и 实现，实行，实施；推销，销售，出售

глобализа́ция, -и 全球化

руково́дство, -а 领导；指南，准则；教学参考书，教程

строи́тельство, -а 建筑，建设；工地，施工现场；建设

госуда́рство, -а 国家

любопы́тство, -а 好奇心

сосе́дство, -а 相邻，比邻；靠近

партнёрство, -а 配合默契；伙伴关系

чистота́, -ы́ 清洁(状况)；纯洁，清白；纯粹；纯正

темнота́, -ы́ 黑暗，天黑；愚昧无知

теплота́, -ы́ 热，热能；热量；温暖，温暖；热情，亲热，亲切

добавля́ть(未), -я́ю, -я́ешь; что 或 чего 增添，增补，增加，补加；补充(说或写)

доба́вить(完), -влю, -вишь

карье́ра, -ы; -ы 事业，职业；升迁；前程

еди́нственный, -ая, -ое, -ые 唯一的；绝无仅有的

УРО́К 9

~ сын, ~ выход

ве́рный, -ая, -ое, -ые 正确的,准确无误的;忠实的,忠诚的;可靠的,靠得住的

выясня́ть(未), -я́ю, -я́ешь; что 查明,弄清

вы́яснить(完), -ню, -нишь

сро́чно (副)紧急地,紧迫地,急迫地

заблуди́ться(完), -ужу́сь, -у́дишься 迷路

ко́мпас -а 罗盘,指南针

ра́довать(未), -дую, -дуешь; кого-что 使高兴,使喜悦;使悦目(耳),使(心情)愉快

Нас ра́дуют ва́ши успе́хи. 你们的成就很让我们高兴。

обра́довать (完) -дую, -дуешь

печа́льно (副)忧伤地,忧郁地;可怜地

одино́кий, -ая, -ое, -ие 单独的,孤零零的;独身的;孤单的,孤独的;独自的

происходи́ть(未), -ожу́, -о́дишь 发生;от кого-чего 源出于

произойти́(完), -ойду́, -ойдёшь

Ме́жду друзья́ми произошла́ ссо́ра. 朋友间发生了争吵。

Я́блоку не́где упа́сть. 非常拥挤。

представи́тель, -я; -и (阳)代表;代表人物,利益代表者

зря (副)白白地,徒劳地

челове́чество, -а 人类

физи́чески (副)身体上

зверь, -я; -и, -е́й 野兽

руби́ть(未), рублю́, ру́бишь; кого-что 砍,剁;伐(树木);开

采 ~ лес, ~ дрова́

паха́ть(未), пашу́, па́шешь; что 耕,耕地

вспаха́ть(完)-пашу́, -па́шешь

влия́ть(未), -я́ю, -я́ешь; на кого-что 影响,对……有影响

повлия́ть(完)-я́ю, -я́ешь

техни́ческий, -ая, -ое, -ие 技术(上)的;工业用的,经济的

~ие культу́ры

прогре́сс, -а 进步

экологи́ческий, -ая, -ое, -ие 生态的

прекра́сное ~, ду́мать о ~ем

глоба́льный, -ая, -ое, -ые 全球的,世界的

повседне́вный, -ая, -ое, -ые; -вен, -вна 日常的;平常的,普通的

причиня́ть(未), -я́ю, -я́ешь; что 使遭到,使遭受

кому-чему, ~ кому мно́го страда́ний

причини́ть(完), -ню́, -ни́шь

загрязне́ние, -я 污染,弄脏

~ окружа́ющей среды́, экологи́ческое ~

по́чва, -ы 土壤,土地

актуа́льный, -ая, -ое, -ые; -лен, -льна 具有现实意义的,迫切的

вини́ть(未), -ню́, -ни́шь; кого-что 归罪于,怪罪,责备

изобрета́ть(未), -а́ю, -а́ешь; что 发明

изобрести́(完), -рету́, -рете́шь

материа́л, -а; -ы (原)材料;资料,

文件;衣料

пла́стиковый, -ая, -ое, -ые 塑料的

буты́лка, -и; -и, -лок 瓶,瓶子 моло́чная ~

про́чий, -ая, -ее, -ие 其余的,其他的

му́сор, -а; -ы 垃圾,废物

ве́чно (副)永久,永远,长期;总是,老是

поля́на, -ы; -ы 林中空地,林中草地

за́городный, -ая, -ое, -ые 城外的,郊外的,郊区的;在城外进行的

поведе́ние, -я 行为,品行

тупи́к, -а́ 死胡同,死路;绝境,绝路

однозна́чный, -ая, -ое; -чен, -чна 同义的;只有一个涵义的,明确无疑的

океа́н, -а 洋

контине́нт, -а 大陆

скопле́ние, -я 聚集

отхо́ды, -ов (复)废料,下脚(料)

пла́стик, -а 塑料

выбра́сывать(未), -аю, -аешь; кого-что 扔出,抛出;扔掉,抛弃

вы́бросить(完), -брошу, -бросишь

образова́ние, -я 形成,构成;组成,成立

~ о́бщества, ~ коми́ссии; ~ КНР

океани́ческий, -ая, -ое, -ие 大洋的

тече́ние, -я 流,流动;流逝;(水)流;潮流;流派,派别,学派

определённый, -ая, -ое, -ые; -ёнен, -ённа 确定的,固定的,

规定的;明确的,明显的;一定的,某些的

колосса́льный, -ая, -ое, -ые; -лен, -льна 极大的,巨大的

сва́лка, -и; -и, -лок 一堆(乱堆着的东西);垃圾场

живо́тное, -ого 动物

глота́ть(未), -а́ю, -а́ешь; кого-что 吞,咽;贪婪地读,贪婪地听

проглоти́ть(完), -очу́, -о́тишь

ги́бнуть(未), -ну, -нешь 死亡,灭亡,毁灭,覆灭

поги́бнуть(完), -ну, -нешь

стро́ить(未), -о́ю, -о́ешь; что 建筑,建造;制造(机器等);建设,建立;构(思),拟,作(计划等)

постро́ить, -о́ю, -о́ешь(完)

мусороперераба́тывающий, -ая, -ее, -ие 处理垃圾的

жу́ткий, -ая, -ое, -ие; жу́ток, жутка́, жу́тко 可怕的,瘆人的;令人不愉快的,给人以恶感的;非常……的,极其……的

разбра́сывать(未), -аю, -аешь 撒开,扔出去;摊开;随便乱扔,顺手乱放

разброса́ть(完), -а́ю, -а́ешь

фа́нтик, -а; -и 包糖纸

круго́м (副)绕圈子;周围,四周;(前)кого-чего 在……周围,在……四周

одува́нчик, -а; -и 蒲公英

валя́ться(未), -я́юсь, -я́ешься 乱放着

На полу́ везде́ валя́ется бума́га. 地上到处乱放着纸张。

у́рна, -ы 投票箱;垃圾箱

скла́дывать(未), -аю, -аешь; что 叠在一起,摞在一起,装在一起;加;折,折叠

сложи́ть(完), -ожу́, -о́жишь

свёртывать(未), -аю, -аешь; что 卷,卷起;拐向;转向

сверну́ть(完), -ну́, -нёшь

карма́н, -а 衣袋,衣兜;夹袋

УПРАЖНЕНИЯ И ЗАДАНИЯ

1. 用带 -не 的否定代词和否定副词回答下列问题。(Отве́тьте на вопро́сы отрица́тельными местоиме́ниями и наре́чиями с -не.)

1) Где мо́жно доста́ть биле́т на Пеки́нскую о́перу?
2) Отку́да мо́жно получа́ть таки́е материа́лы?
3) Почему́ вы никуда́ не е́здили на кани́кулы?
4) Почему́ мно́гим в за́ле пришло́сь стоя́ть?
5) Как вы ду́маете, о чём вы бу́дете жале́ть?
6) Что вы ещё ска́жете по э́тому вопро́су?
7) Что ну́жно подари́ть Серёже на день рожде́ния?
8) Почему́ ты ниче́м не занима́ешься?
9) Почему́ ты никому́ не пи́шешь?
10) Почему́ вы ни о ко́м не забо́титесь?

2. 将下列句子译成汉语。(Переведи́те предложе́ния на кита́йский язы́к.)

1) Не́ к кому бы́ло обрати́ться по вопро́су экску́рсии. Заве́дующий уе́хал в о́тпуск.
2) Мне не́ с кем здесь поговори́ть, круго́м ни одного́ бли́зкого челове́ка.
3) Все уже́ вы́сказали своё мне́ние. Им про́сто не́ о чем говори́ть.

4) Нам негде было сидеть: все места были заняты.

5) Торопиться не к чему, рассказывай помедленнее.

6) Маше не с кем было посоветоваться: у неё здесь не было ни родственников, ни друзей.

7) Мне некуда ехать на праздник.

8) Мне тогда было очень трудно: негде было заниматься и отдыхать.

9) Приехали родственники издалека. Мне даже некогда было вам звонить.

10) Когда нечего делать, мы начинаем скучать.

3. 将下列句子译成俄语。(Переведите предложения на русский язык.)

1) 我没时间去看电影，快要到考期了。
2) 我没什么可写的，大家已经写得很多了。
3) 听说你没谁那儿可去的？那就去我家吧！我父母会为你的到来感到高兴的。
4) 没有拖把和水桶，我没什么可用来擦地的。
5) 我没谁可见的，大家都去度假了。
6) 没地方可弄最新汉俄词典，得等到9月份。
7) 没什么可怕的，在错误中学习。
8) 没谁可以和我一起去看奶奶，他们早就不知在哪儿了。
9) 新年快到了，瓦吉姆觉得没什么可送给妻子的。
10) 旅游的事没人可问，旅游公司经理不在。

4. 写出下列词的同根词。(Напишите однокоренные слова.)

милиция	организация	гражданка	южанка
руководитель	красивый	чистый	управлять
обсуждать	спасти	слушать	писать
учить	занять	радостный	юноша

5. 用下列词造句。(Составьте предложения со следующими словами.)

| добавить | винить | дарить | уделять | на душе |
| выяснить | как правило | влиять | причинять | |

6. 用俄语解释下列词或词组。(Дайте определение следующим понятиям.)

1) Родина —
2) окружающая среда —
3) научно-технический прогресс —
4) загрязнение —
5) почва —
6) пикник —

7. 借助词典解释 «природа» 和 «окружающая среда» 的区别。(С помощью словаря объясните различие между понятиями «природа» и «окружающая среда».)

 8. 翻译下列词组。(Переведите следующие словосочетания.)

成就事业，个人生活，弄清事实，水泄不通，心情糟糕，身心接近自然，猎杀野兽，砍伐树木，科技进步，全球化问题，日常生活中的琐事，环境污染，现实问题，郊游，自然的主宰，嫁人，银婚，完美的性格

 9. 续句子。(Допишите предложения.)

1) Если женщины хотят сделать карьеру, ...
2) Когда вам нечего ждать от других, ...
3) Современная молодёжь должна думать о будущем человечества, ...
4) ..., человек был близок к природе.
5) Научно-технический прогресс делает нашу жизнь богатой и интересной, но...
6) После разрушительного землетрясения местные люди страдают от того, что ...
7) Перед нами глобальная проблема...
8) Загрязнение окружающей среды волнует тех, кто ...
9) Чтобы спасти нашу зелёную планету, ...
10) Деревья сажают весной, а ...

 10. 按课文内容排列下列句子，并简要转述文章内容。(Расставьте пункты плана по порядку в соответствии с текстом. Коротко перескажите текст.)

1) Близость человека и природы в давние времена.
2) Вред почве, лесам и рекам.
3) У каждого есть Родина.
4) Соблюдайте чистоту!
5) Загрязнение окружающей среды.
6) Природа, родина, народ — от одного корня.
7) Связь Родины и природы.

 11. 翻译下列句子。(Переведите следующие предложения на русский язык.)

1) 您对上述意见还有什么要补充的？
2) 应该首先要弄清楚这一切是怎么发生的。
3) 病人感觉非常不好，什么也无法使他开心。
4) 由于不小心使用火而引起了一场火灾。
5) 童年所处的环境对这名作曲家影响很大。

УРОК 9

6) 我的到来给你们带来了很多不便。
7) 他生活困难，经常因此而埋怨其他人。
8) 中国人最早发明了印刷术、造纸、火药和指南针。
9) 对于他而言，这是唯一可能的出路。
10) 在这个问题上，我们存在意见分歧。

 12. 下面是一则简讯，选词填空并朗读。(Пе́ред ва́ми — заме́тка из газе́ты. Впиши́те пропу́щенные слова́. Прочита́йте сообще́ние, как ди́ктор.)

Слова́: озелене́ние, нача́ло, шко́ла, всенаро́дный, лесопоса́дки, увели́чиваться, уменьша́ться, де́рево

Министе́рство образова́ния КНР объяви́ло о _____ в конце́ ма́рта во всех ву́зах и _____ кампа́нии по _____ окружа́ющей среды́. Ка́ждый уча́щийся до́лжен посади́ть, как ми́нимум, одно́ _____. 12 ма́рта в Кита́е прово́дится Всекита́йский день _____. С 1982 г. в стране́ начало́сь _____ движе́ние по озелене́нию. По оце́нкам ООН, пло́щадь лесо́в в Кита́е ежего́дно _____, при том, что в ми́ре она́ _____.

 13. 按课文答问题。(Отве́тьте на вопро́сы по те́ксту.)

1) Что мы вспомина́ем, когда́ ду́маем о Ро́дине?
2) Почему́ в да́вние времена́ ка́ждый челове́к был бли́зок приро́де?
3) Как вы понима́ете выраже́ние «чу́вство Земли́»?
4) Почему́ совреме́нные лю́ди теря́ют чу́вство Земли́?
5) Каку́ю пробле́му называ́ют глоба́льной? Приведи́те приме́ры таки́х пробле́м.
6) Как должны́ вести́ себя́ культу́рные лю́ди на приро́де, за́ городом, на пикнике́?
7) Объясни́те выраже́ние «экологи́ческий тупи́к». Как вы ду́маете, есть ли из него́ вы́ход?
8) В ру́сском языке́ сохрани́лось сло́во «род». Каки́е слова́ произошли́ от него́ в дре́вности? Объясни́те значе́ние э́тих слов с по́мощю сло́ва «род».

14. 记住下列词组并在讲述中应用。(Запо́мните сле́дующие словосочета́ния и употреби́те их в своём расска́зе.)

экологи́ческое созна́ние 生态意识
измене́ние кли́мата 气候改变
кисло́тные дожди́ 酸雨
хими́ческие отхо́ды 化学废料
приро́дные ресу́рсы 自然资源
загрязне́ние атмосфе́ры 大气污染
та́яние леднико́в 冰川融化
песча́ные бу́ри 沙尘暴

смерте́льные заболева́ния 致命的疾病
демографи́ческий взрыв 人口爆炸

 15. 讲述。(Соста́вьте расска́з по да́нной те́ме.)

«Земля́ — наш о́бщий дом»

ЗНАЕТЕ ЛИ ВЫ?

День лесопоса́док — официа́льный пра́здник Кита́я. Отмеча́ется он 12 ма́рта — в честь па́мяти вели́кого революцио́нного де́ятеля Сунь Ятсена, кото́рый когда́–то вы́ступил с э́той инициати́вой — ма́ссовыми поса́дками дере́вьев, в кото́рых принима́ют ли́чное уча́стие и руководи́тели па́ртии и госуда́рства.

УРОК 10

ГРАММАТИКА

I. 名词限定从属句(2) (придаточное определительное при имени существительном)

II. 代词限定从属句 (придаточное определительное с местоименно-соотносительной связью)

ТЕКСТ *О русском гостеприимстве*
ДИАЛОГ *В гостях у русского друга*

ГРАММАТИКА

I. 名词限定从属句(2)
придаточное определительное при имени существительном

限定从属句按照主句中被限定的词的性质和从属句所表示的意义分为名词限定从属句和代词限定从属句。

名词限定从属句说明主句中的名词(或者名词化了的词)，指出该名词所表示的事物特征，起修饰、限定作用。常用关联词 который, какой, чей, кто, что, где, куда, откуда, когда 等与主句连接。其中使用最广泛的关联词是 который，对主句内容进行明确或补述由其他连接词或关联词连接的情况如下：

1. 由 какой 引出的限定从属句除了修饰、限定意义外，通常具有类比意义。关联词 какой 意为"那样的，那类的"，强调特征，而不像 который 强调"那一个，那一些"。

(1) Нам принесли фрукты, каких раньше не видели у нас на севере.
给我们捎来了一些在我们北方没见过的水果。

(2) Здесь были товары, каких Лось никогда не видел.
这里有罗斯从未见过的商品。

使用 какой 时，主句中有时可有指示词 такой 或者 тот 与之相呼应。例如：

(3) Был тот осо́бенный ве́чер, како́й быва́ет то́лько на ю́ге.
    那是个特别的夜晚，那样的夜晚只有南方才会有。

(4) Эконо́мика КНР развива́ется таки́ми высо́кими те́мпами, каки́х ещё не зна́ла исто́рия.
    中国的经济以前所未有的高速度发展着。

како́й 的数可以和被限定名词的数不一致：被说明名词为单数，而 како́й 用复数。
这时被说明名词所指事物是 каки́е 所指 "那类" 事物中的一个。

(5) Отли́чный, я́сный был день, каки́е ре́дко быва́ют о́сенью.
    那是一个极好的、秋天很少见的晴天。

2. 由 чей 引出的限定从属句，чей 表示领属关系，所有者为主句中被限定的事物。чей 的性、数、格要与从句中所说明的名词一致。чей 可用表领属的 кото́рый 的第二格形式替代。例如：

(1) Вы́ступил профе́ссор, чья жена́ рабо́тает в на́шей лаборато́рии.
    演讲的是一位教授，他妻子在我们实验室工作。

此句可改为：Вы́ступил профе́ссор, жена́ кото́рого рабо́тает в на́шей лаборато́рии.

(2) Мы встре́тились с писа́телем, чьи произведе́ния чита́ли на ле́кции по литерату́ре в про́шлом семе́стре.
    我们和一位作家见了面，他的作品上学期文学课上讲过。

此句可改为：Мы встре́тились с писа́телем, произведе́ния кото́рого чита́ли на ле́кции по литерату́ре в про́шлом семе́стре.

3. 在口语和反映口语特点的文学作品中，也用关联词 что 连接限定从属句，此时 что 的作用与 кото́рый 相同，但只使用第一格或者不带前置词的第四格形式。что 既可指代非动物名词，也可以指代动物名词。需要注意的是，当 что 是从句中的第一格主语时，从句中谓语的性、数要和主句中被限定的名词一致，而不是与 что 一致。例如：

(1) Воло́дя никогда́ не расстава́лся с но́вым карма́нным словарём, что подари́л ему́ оте́ц.
    瓦洛佳对父亲送给他的袖珍词典爱不释手。

此句可改为：Воло́дя никогда́ не расстава́лся с но́вым карма́нным словарём, кото́рый подари́л ему́ оте́ц.

(2) Они́ жи́ли в избе́, что стоя́ла на берегу́ реки́.
    他们住在河边的一间小木屋里。

此句可改为：Они́ жи́ли в избе́, кото́рая стоя́ла на берегу́ реки́.

(3) Здесь я слы́шала певцо́в-италья́нцев, что бы́ли тогда́ знамени́ты.
    我在这里听过当时有名的意大利歌唱家的演出。

此句可改为：Здесь я слы́шала певцо́в-италья́нцев, кото́рые бы́ли тогда́ знамени́ты.

4. 关联词 где, отку́да, куда́ 说明表示处所的名词，在一般情况下，它们都可以用带前置词的 кото́рый 的间接格形式代替。例如：

(1) Те́хникум, где у́чится моя́ сестра́, нахо́дится за́ городом.
    我妹妹上学的那个技校坐落在城外。

此句可改为：Те́хникум, в кото́ром у́чится моя́ сестра́, нахо́дится за́ городом.

(2) Мы подняли́сь на го́ру, отку́да была́ хорошо́ видна́ вся шко́ла.
    我们登上了山，从那儿能清楚地看见整个学校。

此句可改为：Мы подняли́сь на го́ру, с кото́рой была́ хорошо́ видна́ вся шко́ла.

5. 关联词 когда́ 说明表示时间概念的名词，例如：век, год, у́тро, де́нь, ве́чер, ночь, мгнове́нье, вре́мя, пери́од 等。

(1) Я ещё по́мню тот день, когда́ я пе́рвый раз прие́хал сюда́.
    我还记得我第一次来这儿的那天。

(2) Это бы́ло вре́мя, когда́ ле́то уступи́ло ме́сто о́сени.
    这是夏秋交替的时节。

II. 代词限定从属句

прида́точное определи́тельное с местоиме́нно-соотноси́тельной свя́зью

代词限定从属句在结构上有明显的特征。

主句中被说明的代词 тот, то, всё, все, ка́ждый, любо́й, вся́кий 和名词的作用相同，表示人或物，作主语或补语。从属句中的关联词为 кто, что。

тот (те)
все
ка́ждый } , кто...
вся́кий
любо́й

то
всё } , что...

(1) Тот, кто был на ве́чере дру́жбы — но́вый дире́ктор.
    参加联欢会的是新来的厂长。

(2) Все, кто получи́л приглаше́ние, пришли́ на юбиле́й.
    所有收到请柬的人都来参加庆祝活动了。

(3) Я могу́ пригото́вить всё, что тебе́ ну́жно.
    我可以准备好你需要的一切。

(4) О том, что случи́лось вчера́ на э́той у́лице, описа́ли в газе́тах.
    昨天这条街上发生的事都写在报纸上了。

在某些特定情况下，代词限定从属句可以放在主句前面。例如：

(1) Кто и́щет, тот найдёт. / 有志者，事竟成。
(2) Како́в приве́т, тако́в и отве́т. / 礼尚往来。
(3) Что бы́ло, то уны́ло. / 往事一去不复返。

РЕЧЕВЫЕ ОБРАЗЦЫ

1. Мы бы́ли в го́роде,   где жи́ли и рабо́тали мои́ роди́тели.
   отку́да прие́хал муж.
   куда́ нас отпра́вили на пра́ктику.

(дере́вня — учи́ться до́лго, прие́хать пе́рвый раз, провести́ де́тство)

2. Сего́дня па́смурная пого́да, кака́я ре́дко быва́ет ле́том.
   како́й не встреча́ется у нас.

(не ви́дели ра́ньше, ча́сто встреча́ться о́сенью)

3. Была́ ра́да Мари́я Петро́вна, чья до́чка поступи́ла в Пеки́нский университе́т.
   чей сын поступи́л рабо́тать в изда́тельство.

(мать вы́писалась из больни́цы, колле́ги за́няли пе́рвое ме́сто на ко́нкурсе)

4. Всё,
   То,   что веле́ла де́лать ма́ма, мы уже́ вы́полнили.

(дека́н приказа́л сде́лать, знако́мые попроси́ли переда́ть)

5. Ка́ждый,
   Любо́й,
   Вся́кий,   кто хо́чет вы́учить ру́сский язы́к, смо́жет хорошо́ его́ знать.
   Все,

(овладе́ть э́тими зна́ниями, доби́ться свое́й це́ли)

ВОПРОСЫ И ОТВЕТЫ

1. — Быва́ют ли у тебя́ дни, когда́ всё получа́ется, всё удаётся: легко́ сдаёшь са́мый тру́дный экза́мен, без труда́ выи́грываешь у са́мого си́льного сопе́рника?
   — Иногда́. Но к таки́м уда́чным дням на́до до́лго и упо́рно идти́: занима́ться, тренирова́ться, гото́виться.

УРОК 10

2. — Дом в Москве́ на Арба́те, где когда́-то жил Пу́шкин, сейча́с явля́ется музе́ем?
   — Да, и кварти́ра в Санкт-Петербу́рге, на Мо́йке, в до́ме 12, то́же музе́й.
3. — Вы у́читесь в университе́те, где учи́лись мно́гие вели́кие лю́ди. Что вы об э́том ду́маете?
   — Это хоро́ший приме́р для нас. Мо́жет быть, кто-нибу́дь из нас то́же ста́нет вели́ким.
4. — Что вы мо́жете ча́сто перечи́тывать?
   — Коне́чно, стихи́, кото́рые соотве́тствуют моему́ настрое́нию. А ещё кни́ги филосо́фов, кото́рые знако́мят меня́ с их му́дрыми мы́слями.
5. — Почему́ все тури́сты стара́ются побыва́ть на Кра́сной пло́щади?
   — Потому́ что э́то ме́сто, кото́рое те́сно свя́зано с исто́рией Москвы́ и всей Росси́и, на кото́ром происходи́ли ва́жные истори́ческие собы́тия.
6. — Росси́я подари́ла ми́ру нема́ло вели́ких компози́торов. А кого́ бы вы назва́ли «са́мым ру́сским» компози́тором?
   — Тру́дно сказа́ть. Наве́рное, Петра́ Ильича́ Чайко́вского, в му́зыке кото́рого раскрыва́ются о́бразы жи́зни и сме́рти, любви́, ру́сского ду́ха и ру́сской приро́ды.
7. — Где нахо́дится дом, в кото́ром жила́ поэ́т Мари́на Ива́новна Цвета́ева?
   — В Москве́ не́сколько Цвета́евских адресо́в. Пожа́луй, са́мый изве́стный — дом в Борисогле́бском переу́лке, где она́ жила́ до револю́ции и по́сле неё, до своего́ отъе́зда в эмигра́цию.
8. — Како́е вре́мя го́да осо́бенно люби́л Пу́шкин?
   — Без сомне́ния, о́сень. Осень всегда́ была́ для него́ вре́менем, когда́ он чу́вствовал осо́бое вдохнове́ние и писа́л великоле́пные стихи́ и про́зу.
9. — Что э́то за интере́сное зда́ние? Кака́я необы́чная архитекту́ра!
   — Как, вы не узна́ли Третьяко́вскую галере́ю? Это зда́ние, в кото́ром размести́лось велича́йшее в ми́ре собра́ние произведе́ний ру́сского иску́сства.
10. — Я прочита́л поэ́му Пу́шкина «Ме́дный вса́дник» о Петре́ I, а та́кже истори́ческие о́черки Петро́вского вре́мени, в кото́рых учёные пока́зывают Петра́ о́чень жесто́ким.
    — Такова́ истори́ческая пра́вда. Но для Пу́шкина Пётр I всегда́ остава́лся вели́ким челове́ком, чьи дела́ бы́ли на бла́го Росси́и, чьей це́лью бы́ло сде́лать Росси́ю си́льной европе́йской держа́вой.
11. — Заче́м ты чита́ешь слова́рь Да́ля? Ведь ему́ бо́льше 100 лет, и сейча́с есть мно́го совреме́нных толко́вых словаре́й!
    — Зна́ешь, толко́вый слова́рь живо́го великору́сского языка́ В.И. Да́ля не мо́жет устаре́ть. Это сокро́вищница, отку́да мы мо́жем узнава́ть не то́лько значе́ние слов, но и мно́гие ру́сские посло́вицы, погово́рки, приме́ты, т.е. наро́дную му́дрость.

О русском гостеприимстве

Понятие «гостеприимство» так важно для русской культуры, что в русском языке есть сразу три слова, которые его обозначают: гостеприимство, радушие, хлебосольство. Эти слова обозначают близкие качества, но они не совсем одинаковы по смыслу.

Радушие указывает, в первую очередь, на приветливость по отношению к гостям, это скорее черта поведения, чем состояние души. Конечно, радушие — это качество не только русских людей. Даже наоборот, в современной культуре внешний признак радушия, когда человек улыбается всем в любых ситуациях (улыбчивость), ассоциируется с западным, в частности, с американским образом жизни.

В слове «гостеприимство» на первом плане — готовность человека впустить чужого в свой дом или даже предоставить ему кров. Для гостеприимного человека, который воспринимает гостя как подарок и милость Бога, его дом вовсе не «крепость» («Мой дом — моя крепость» — пословица). Гостеприимный хозяин заботится о гостях и стремится создать для них максимальный комфорт. В разных культурах забота о госте понимается по-разному. Тактичный западный хозяин не обременяет гостя своим присутствием, он может оставить гостю ключи от своей квартиры и сказать: «Берите в холодильнике всё, что хотите». Более колоритно гостеприимство стран Востока, где к гостю относятся как к святыне и готовы немедленно подарить гостю всё, что ему понравилось. На Востоке гость находится под защитой законов гостеприимства.

Особое качество обозначается словом «хлебосольство». Хлебосольный хозяин любит потчевать своих гостей, искренне радуется, когда они едят много и с удовольствием. Человек, который предлагает своим гостям только чай с печеньем или конфетами, может быть радушным и гостеприимным, но не хлебосольным хозяином. Хлебосольство — это значит изобилие, вкусное и разнообразное угощение.

Гостеприимство и радушие есть у разных народов, но по-русски странно звучит «грузинское, итальянское хлебосольство». Слово «хлебосольство» в русском языке обычно сочетается со словами «русское» или «украинское». Чаще всего о хлебосольстве говорят как об особенности московской жизни. Москва, где сердечно принимали и обильно угощали и близких, и малознакомых, этим отличалась от Петербурга. Даже само словосочетание «петербургское хлебосольство» звучит странно.

ДИАЛОГ

В гостях у русского друга

— Здравствуйте! Вот мы и добрались.

— Здравствуйте! Проходите, раздевайтесь. Проходите в комнату, чувствуйте себя как дома.

— Спасибо.

— Познакомьтесь, это моя мама, Галина Владимировна, и папа, Олег Георгиевич.

— Очень приятно. Меня зовут Чжан Син, но мои русские друзья называют меня Женя. А это моя сестра, Ли Хуа.

— Добрый день! Вы можете звать меня Лиля. Это вам!

— Какие прекрасные цветы! А это что?

— Китайский чай. Надеемся, вам понравится.

— Большое спасибо. Аня, покажи гостям нашу квартиру.

— Так, прихожую и гостиную вы уже видели. Вот моя комната, проходите. Здесь комната родителей, а это комната бабушки, мамы отца.

— У вас прекрасная квартира, просторная и уютная.

— Ну, проходите к столу, сейчас будем обедать. Садитесь сюда!

— Спасибо, Галина Владимировна! Какой богатый стол!

— Чем богаты, тем и рады. Угощайтесь!

— Выпьете что-нибудь? Может быть, красного вина или русской водки?

— Нет-нет, Олег Георгиевич, мы не пьём.

— Тогда попробуйте квас. Моя мама сама его готовит, нигде такого не найдёте!

— С удовольствием попробую, налейте, пожалуйста.

— Давайте выпьем за знакомство!

— За ваше здоровье!

— Угощайтесь, пожалуйста! Винегрет, салат, бутерброды с икрой. А вот солёные помидоры и огурчики — это тоже домашнее, наша бабушка солила.

— Всё очень вкусно, спасибо.

— Аня, неси горячее. Вот солянка, жаркое, рыба в томатном соусе. Это молодая картошечка с зеленью, это с нашей дачи. Кушайте!

— Спасибо!

— На здоровье.

(три часа спустя)

— Давайте пить чай.

— Спаси́бо, но нам уже́ пора́, уже́ по́здно.
— Ма́ма оби́дится, е́сли вы не попро́буете её пирожки́.
— Спаси́бо, чуде́сные пирожки́. Гали́на Влади́мировна, вы прекра́сно гото́вите!
— На здоро́вье, бери́те ещё.
— Нет-нет, нам пора́. Спаси́бо! Всё бы́ло про́сто здо́рово. До свида́ния!
— До свида́ния, приходи́те к нам ещё!

НОВЫЕ СЛОВА И СЛОВОСОЧЕТАНИЯ

сопе́рник, -а; -и 对手；竞争者

уда́чный, -ая, -ое, -ые 顺利的，成功的；恰当的，适当的

упо́рно 顽强地；接连不断地，一个劲儿地

тренирова́ться(未)-ру́юсь, -ру́ешься 练习，训练

натренирова́ться(完) -ру́юсь, -ру́ешься

~ в стрельбе́, ~ в ходьбе́, ~ в пла́вании

приме́р, -а; -ы 例子，实例；模范，榜样

перечи́тывать(未)-аю, -аешь; что 重新读；读许多，读遍

перечита́ть(完)-а́ю, -а́ешь;

соотве́тствовать(未)-вую, -вуешь; чему́ 符合，合乎

настрое́ние, -я; -я 心情，情绪

филосо́ф, -а 哲学家；思想家

знако́мить(未)-млю, -мишь; кого-что, с кем-чем 介绍使认识；使了解

познако́мить(完)-млю, -мишь

те́сно 紧密地，密切地

свя́занный, -зан, -зана, -зано, -заны（связа́ть 的被动形动词）与……相连，与……直接相关

раскрыва́ться(未)-а́юсь, -а́ешься; 启开，敞开；显露出，表现出

раскры́ться(完)-ро́юсь, -ро́ешься

смерть, -и; -и 死亡；灭亡

а́дрес, -а; -а́ 住址，通讯地址

переу́лок, -лка; -лки 胡同，小巷

отъе́зд, -а 出发，启程

вдохнове́ние, -я 灵感，精神振奋；鼓舞

великоле́пный, -ая, -ое, -ые 富丽堂皇的，辉煌的；出色的，优秀的

про́за, -ы; -ы 散文

размеща́ться(未)-а́юсь, -а́ешься; 分别安置在；分别找到座位

размести́ться(完)-ещу́сь, -ести́шься

~в ваго́не, ~ по ко́мнатам

Ме́дный вса́дник《青铜骑士》

жесто́кий, -ая, -ое, -ые 残酷的，无情的；剧烈的，激烈的

тако́в, -а́, -о́, -ы́（用作谓语）这（那）样；这（那）种

держа́ва, -ы; -ы 强国，大国

толко́вый, -ая, -ое, -ые 有注释的，有详细解释的；有理智的，明白道理的

великору́сский, -ая, -ое, -ые 大俄罗斯的

старе́ть(未)-е́ю, -е́ешь; 变老，过时；陈旧

постаре́ть (完) -е́ю, -е́ешь

Хоро́шая траге́дия или коме́дия не старе́ет никогда́. 一台好戏永不过时。

сокро́вищница, -ы 宝库

значе́ние, -я 意思，意义；重要性

му́дрость, -и (阴)英明，贤明，智慧

гостеприи́мство, -а 好客，殷勤

обознача́ть(未)-а́ю, -а́ешь; что 标志出，标上记号；表示

обозна́чить(完)-чу, -чишь;

раду́шие, -я 殷勤，亲热

хлебосо́льство, -а 好客，慷慨款待

приве́тливость, -и 和蔼可亲，热诚

черта́, -ы́; -ы́ 特点，特征

УРО́К 10

состоя́ние, -я; -я 状态，情况
наоборо́т 相反地
при́знак, -а; -и 特征，迹象，征兆
ситуа́ция, -и; -и 形式，局势，情况
улы́бчивость, -и 常带笑容，含笑
ассоции́роваться(完，未) -уюсь, -уешься; с кем-чем 与……联想起来

Как и у всех иностра́нцев, с Росси́ей у меня́ ассоции́ровалась во́дка. 我和所有的外国人一样，总把俄罗斯和伏特加联想到一起。

че́стность, -и 局部性，个别性；细节，详细情形
гото́вность, -и 同意，愿意，情愿；准备状态
впуска́ть(未) -а́ю, -а́ешь; кого́-что 放进，使进入
впусти́ть(完) впущу́, впу́стишь
воспринима́ть(未) -а́ю, -а́ешь; кого́-что 领会，理解；接受
восприня́ть(完) -иму́, -и́мешь
~ пу́блику в зал, ~ холо́дный во́здух в ко́мнату, ~ кого́-л. во двор
ми́лость, -и 仁慈；恩惠；好感
кре́пость, -и 要塞，堡垒
комфо́рт, -а 方便，舒适
обременя́ть(未) -я́ю, -я́ешь;

кого́-что чем 给……增添麻烦，给……增加困难
обремени́ть(完) -ню́, -ни́шь
~ про́сьбой, ~ непоси́льным трудо́м

Он обременён большо́й семьёй. 他受大家庭的束缚。

колори́тно 独特地，特别生动地，富有特色地
святы́ня, -и; -и 特别珍贵的东西，瑰宝；圣地，圣物
зако́н, -а; -ы 规律，定律，法则；法律
хлебосо́льный, -ая, -ое, -ые 慷慨好客的
по́тчевать(未) -чую, -чуешь; кого́-что, чем 请客，宴请
~ госте́й пирога́ми, ~ обе́дом, ~ вино́м, ~ ча́ем
и́скренне 真诚地，坦率地
изоби́лие, -я 大量，丰富；财富
угоще́ние, -я 款待；宴席
грузи́нский, -ая, -ое, -ие 格鲁吉亚的，格鲁吉亚人的
италья́нский, -ая, -ое, -ие 意大利的，意大利人的
сочета́ться(完，未) -а́юсь, -а́ешься 相配合，和谐

Эти цвета́ хорошо́ сочета́ются. 这些颜色很配。

оби́льно 大量地

малознако́мый, -ая, -ое, -ые 不熟悉的
словосочета́ние, -я; -я 词组
раздева́ться(未) -а́юсь, -а́ешься; 脱衣服
разде́ться(完) -е́нусь, -е́нешься
наде́яться(未) -е́юсь, -е́ешься; на кого́-что с инф. 希望，指望，期待
прихо́жая 外厅，前厅
помидо́р, -а; -ы 西红柿
огу́рчик, -а 小黄瓜
соли́ть(未) солю́, со́лишь (或 соли́шь); что 放盐，加盐；(盆)腌
посоли́ть(完) -олю́, -о́лишь
~ суп, ~ хлеб, ~ ры́бу, ~ огурцы́, ~ грибы́ на зи́му
соля́нка, -и 肉(或鱼)杂拌汤
со́ус, -а 调味汁，调味酱油
карто́шечка, -и 小土豆；карто́шка 一词的表爱形式
зе́лень (阴) 绿草，绿荫；(集) 蔬菜，青菜
обижа́ться (未) -а́юсь, -а́ешься; на кого́-что 受委屈，感到受辱；见怪，生气
оби́деться (完) -и́жусь, -и́дишься

УПРАЖНЕНИЯ И ЗАДАНИЯ

 1. 用 когда́, где, отку́да 替换 кото́рый。(Замени́те «кото́рый» сою́зными слова́ми «когда́, где, отку́да».)

1) Сосе́д дал мне журна́л, в кото́ром была́ моя́ статья́.

2) Он вернулся в то село, в котором провёл много лет.

3) Недалеко уже лес, в который мы часто ходили за грибами.

4) Я помню то воскресенье, в которое мы первый раз ездили за город.

5) Закройте окно, из которого слышен шум.

6) Электростанция, на которую мы ездили, находится за рекой.

7) Мы живём в эпоху, в которую быстро развивается наука и техника.

8) Мальчик взбежал на гору, с которой хорошо видно море.

9) В сочинении я написал о том дне, в который я победил на соревнованиях.

10) Мы с друзьями были в университете, в который мы хотели поступить.

2. 将括号内的词变成适当形式。(Поставьте слова в скобках в нужной форме.)

1) Передайте привет_____(все), кто меня помнит.

2) Мы будем рады_____ (каждый), кто будет у нас в гостях.

3) Изо_____(все), кого я встречал, он самый скромный.

4) Боря интересуется_____(всё), что происходит вокруг.

5) Я сразу не поняла_____(то), что сказал соседний пассажир.

6) Мы поздоровались с_____(все), кто был на беседе.

7) _____ (то), что вы говорите, мне неизвестно.

8) Здесь все, _____ (кто) вы назвали.

9) Я занимаюсь_____(то), что мне нужно.

10) Он не стал_____(такой), каким все его хотели видеть.

3. 翻译下列句子。(Переведите следующие предложения на китайский язык.)

1) Он принёс всё, что я просил.

2) То, что дети рассказали, очень обрадовало и удивило меня.

3) Каков мастер, такова и работа.

4) Я тот, кого вы ждёте.

5) Кто работает, тому почёт.

6) Не откладывайте на завтра то, что можно сделать сегодня.

7) Каждый, кто помнит свою задачу, добьётся своего.

8) Каким он был, таким он остался.

9) Пригласите всех, кто вместе с нами работал.

10) Всё, что я обещала, сделаю обязательно.

4. 续句子。(Допишите предложения.)

1) Я хорошо помню день, когда…

2) Тот город, где…, является самым крупным на севере.

3) В институте, куда…, работает мой дядя.

4) Всё, что..., нам давно известно.

5) То, о чём..., много писали.

6) Каждый, кто..., должен заниматься спортом.

7) Всякий, кто..., сможет добиться своей цели.

8) Все, к кому..., пришли на вечер.

9) То, чего..., ...

10) То время, когда..., не забуду никогда.

5. 用下列词或词组造句。(Составьте предложения со следующими словами или словосочетаниями.)

упорно, соответствовать, нет настроения что+инф., познакомить, пример, признак, ситуация, сочетаться, надеяться, обижаться

6. 你如何理解下列谚语和俗语的意义？它们表达的是哪些俄罗斯人的民族性格、哪些俄罗斯的历史和日常生活事件？(Как вы понимаете смысл этих пословиц и поговорок? Какие черты русского национального характера, какие события русской истории и особенности русского быта они отражают?)

1) Не красна изба углами, а красна пирогами.

2) Всё, что есть в печи, на стол мечи.

3) Незваный гость хуже татарина.

4) Славится Москва калачами, а Петербург усачами.

5) В Москве калачи как огонь горячи.

7. 你了解俄罗斯礼节吗？请选择标准答案。(Знаете ли вы русский этикет? Напишите «ДА» или «НЕТ».)

1) У русских, как правило, не принято приходить в гости без приглашения.

2) Хорошие (близкие) друзья могут прийти в гости без приглашения.

3) Мужа и жену обычно приглашают в гости вместе.

4) Чаще всего гостей приглашают в рабочие дни.

5) В гости не надо приходить вовремя, лучше опоздать на полчаса или час.

6) Хозяевам можно принести цветы, торт, конфеты, шампанское.

7) Русские сразу ставят на стол то, что приносят гости.

8) Лучший подарок — это самый дорогостоящий подарок.

9) На свадьбу можно подарить деньги.

10) «Пора и честь знать» — это значит, что гостям следует собираться домой.

8. 翻译下列词组。(Переведи́те сле́дующие словосочета́ния.)

轻松赢得对手，好榜样，故居博物馆，重要历史事件，最伟大的俄罗斯艺术品，青铜骑士，欧洲强国，现代详解词典，品质相近，意义相同，对待客人的态度，生活方式，为客人营造舒适感，留下住宅钥匙，受法律保护，各种各样的款待，俄罗斯经典作品，传统与开放

9. 连线。(Соедини́те ре́плики и отве́ты на них.)

1) Уже́ по́здно, нам пора́ идти́.

2) Я хочу́ пригласи́ть тебя́ за́втра к себе́.

3) Вам положи́ть ещё ры́бы?

4) У вас чуде́сный дом!

5) Тебе́ помо́чь накры́ть на стол?

6) Вы бу́дете пить ко́фе?

7) Спаси́бо за ве́чер, нам у вас о́чень понра́вилось.

8) Нам за́втра ра́но встава́ть, мы уже́ пойдём.

9) Обяза́тельно ждём вас на у́жин!

10) Извини́, что я пришёл без приглаше́ния. Шёл ми́мо, дай, ду́маю, зайду́.

А. Е́сли тебе́ не тру́дно, доста́нь ча́шки из буфе́та.

Б. Приходи́те ещё!

В. Спаси́бо, мы проси́ли на́шего знако́мого диза́йнера всё офо́рмить.

Г. Бою́сь, я за́втра занята́. Дава́й в друго́й день.

Д. С удово́льствием!

Е. Что вы, остава́йтесь ещё, мы вас пото́м проводи́м.

Ж. Ничего́ стра́шного, заходи́.

З. Нет, спаси́бо, я уже́ сыт.

И. Спаси́бо, мы придём. Принести́ что-нибудь с собо́й?

К. Посиди́те ещё!

1. _____ 2. _____ 3. _____ 4. _____ 5. _____
6. _____ 7. _____ 8. _____ 9. _____ 10. _____

10. 下列场合应如何表达？(Что мо́жно сказа́ть в сле́дующих ситуа́циях?)

1) Вы хоти́те пригласи́ть свои́х знако́мых к себе́ на Но́вый год.

2) К вам в го́сти прие́хали ба́бушка и де́душка. Поздоро́вайтесь, пригласи́те их войти́.

3) Ва́ша сосе́дка пригласи́ла вас на чай ве́чером. Вы не мо́жете прийти́, вам ну́жно ве́жливо отказа́ться.

4) Вы на день рожде́ния у своего́ дру́га. Предложи́те тост за имени́нника.

5) Вы пришли́ в го́сти к знако́мым. Хозя́ева ещё не накры́ли на стол. Предложи́те свою́ по́мощь.

6) Вы впервы́е в до́ме своего́ дру́га. Сде́лайте комплиме́нт хозя́ину по по́воду его́ кварти́ры.

7) К вам в го́сти пришли́ друзья́. Пригласи́те их к столу́ и предложи́те что-нибу́дь вы́пить и пое́сть.

8) Вы в гостях у родственников. Уже поздно, вам нужно уходить. Скажите об этом хозяевам и попрощайтесь.

9) Друзья пришли к вам в гости без предупреждения, а вам срочно нужно уходить.

10) Ваш друг привёл к вам в гости своего друга, который вам лично очень не нравится.

11. 选择合适的答句。(Подберите подходящую фразу.)

1) Человек приглашает близкого друга в гости.

   А. Заходи как-нибудь!

   Б. Прошу к столу.

   В. Мне было бы приятно видеть вас у себя.

2) Хозяева встречают гостей.

   А. Желаю хорошо отдохнуть!

   Б. Чувствуйте себя как дома.

   В. Счастливого пути!

3) Гость хвалит стол (угощение).

   А. За ваше здоровье!

   Б. Какой богатый стол!

   В. Угощайтесь, пожалуйста!

4) Хозяин приглашает гостей к накрытому столу.

   А. У тебя отличный вкус.

   Б. Чем богаты, тем и рады.

   В. Ты вкусно готовишь.

5) Гость прощается с хозяевами.

   А. Спасибо, я уже сыт.

   Б. Заходите ещё!

   В. Спасибо за прекрасный вечер.

12. 按课文回答问题。(Ответьте на вопросы по тексту.)

1) Сравните гостеприимство, радушие, хлебосольство. Чем они отличаются? Какое понятие является более широким и включает в себя два других?

2) Что такое, по-вашему, «американский образ жизни»? Опишите его. Существует ли, по-вашему мнению, «русский образ жизни»? «Китайский образ жизни»?

3) Как вы понимаете поговорку «Мой дом — моя крепость»?

4) Представьте, что вы — гость. Какое отношение хозяев к себе вы бы предпочли, западное или восточное?

5) Представьте, что вы — хозяин. Как вы примете гостей, по-западному, по-восточному или как-то иначе? Опишите свой приём гостей.

6) Какой город славился (и славится) в России хлебосольством? Есть ли подобный город у вас в стране?

7) В каки́х произведе́ниях ру́сской кла́ссики опи́сывается ру́сское гостеприи́мство?

8) Что написа́л о связи́ Москвы́ и Росси́и Н.М. Карамзи́н?

9) Ско́лько в Росси́и столи́ц? Опиши́те ка́ждую столи́цу.

10) Почему́ Москва́ — по-настоя́щему ру́сский го́род?

 13. 记住下列词语和表达式并在讲述中应用。(Запо́мните сле́дующие слова́, выраже́ния и употреби́те их в своём расска́зе.)

пельме́нная 饺子馆 бли́нная 薄饼店
бистро́ 快餐店 Пи́цца-Хат 必胜客
заку́сочная 小吃店

Приезжа́йте к нам на новосе́лье! 欢迎来我家庆祝乔迁之喜!
Не стесня́йтесь! Бу́дьте как до́ма! 别拘束,像在家一样!
Угоща́йтесь, бери́те, что нра́вится! 请吃吧,想吃什么就拿!
Ку́шайте(Е́шьте) на здоро́вье! 请随便用!
Прия́тного чаепи́тия! 喝茶愉快!

 14. 讲述。(Соста́вьте расска́з по да́нной те́ме.)

«Как вы понима́ете ру́сское гостеприи́мство?»

ЗНА́ЕТЕ ЛИ ВЫ?

Систе́ма образова́ния в Росси́и включа́ет дошко́льное, о́бщее и профессиона́льное образова́ние. О́бщее образова́ние име́ет у́ровни: нача́льный, основно́й и сре́дний, а та́кже включа́ет специа́льное и дополни́тельное образова́ние дете́й. Профессиона́льное образова́ние та́кже де́лится на у́ровни: нача́льный, сре́дний и вы́сший, а та́кже включа́ет послевузовское и дополни́тельное профессиона́льное образова́ние.

УРОК 11

ГРАММАТИКА

☞ I. 反身代词 себя (возвратное местоимение «себя»)

II. 限定代词 сам (определительное местоимение «сам»)

ТЕКСТ Выбор профессии
ДИАЛОГ Кем быть

ГРАММАТИКА

听录音请扫二维码

I. 反身代词 себя
возвратное местоимение «себя»

俄语中只有一个反身代词，即 себя。它表示行为返回发出行为的主体本身，在句中通常处于客体地位，没有第一格形式，不能用做句子主语，一般做补语。

1. 反身代词 себя 的变化

反身代词 себя 没有第一格形式，没有性、数和人称的变化。

第一格	第二格	第三格	第四格	第五格	第六格
——	себя	себе	себя	собой (собою)	(о) себе

Он купил
Сестра купила } себе кроссовки.
Мы купили

2. 反身代词 себя 的用法

1) 反身代词可以表示任何性和数的人。例如：

(1) Мы сделали это для себя.
   我们这是为自己做的。

(2) Ве́ра купи́ла себе́ но́вое пальто́.
薇拉给自己买了件新大衣。

(3) Я ча́сто спра́шиваю себя́: «Кем быть?»
我常问自己:"该做什么工作呢?"

2) 带前置词的反身代词词组可以表示方向、处所等。例如:

у себя́ 在自己那儿　　　　от себя́ 推

к себе́ 去自己那儿　　　　к себе́ (на себя́) 拉

(1) Це́лый день я сиде́л у себя́ до́ма и никуда́ не уходи́л.
我一整天都待在(自己)家里,哪里也没去。

(2) Я нашла́ ключ у себя́ в су́мке.
我在自己的包里找到了钥匙。

(3) По́сле обе́да ба́бушка ушла́ к себе́ в ко́мнату отдыха́ть.
午饭后祖母回自己房间休息去了。

3) 反身代词和某些动词和前置词连用,表示固定的意义。例如:

закры́ть за собо́й 随手关上

взять с собо́й 随身带上

чу́вствовать себя́... 自我感觉

име́ть при себе́ 身边有……

прийти́ в себя́ 苏醒过来

вы́йти из себя́ 发怒、发火

(1) Закро́йте за собо́й дверь! 请随手关门。

(2) Брат попроси́л меня́: «Возьми́ меня́ с собо́й». 弟弟请求我说:"带我去吧!"

(3) Вы име́ете при себе́ моне́ты? 你身上有硬币吗?

(4) Больно́й к утру́ пришёл в себя́. 病人早晨苏醒过来了。

II. 限定代词 сам
определи́тельное местоиме́ние «сам»

1. 限定代词 сам 的变化

性格数	单数			复数
	阳性	中性	阴性	
第一格	сам	само́	сама́	са́ми
第二格	самого́		само́й	сами́х
第三格	самому́		само́й	сами́м
第四格	同一或二	同一	самоё 或 саму́	同一或二
第四格	сами́м		само́й	сами́ми
第六格	о само́м		о само́й	о сами́х

УРОК 11

2. 限定代词 сам 的用法

сам 通常和动物名词或人称代词连用，使用时与被说明的词在性、数、格上一致。

сам 说明名词时，放在被说明的名词之前，表示"自己""本人""亲自"的意义。сам 和人称代词连用时，通常位于人称代词之后。例如：

(1) Это решéние прúнял сам дирéктор завóда.
    这个决定是厂长本人做出的。

(2) Передáйте э́то письмó самомý профéссору.
    请把这封信交给教授本人。

(3) Я хочý поговорúть с самúм врачóм.
    我想同医生本人谈谈。

(4) Пусть он сам расскáжет, что случúлось.
    让他自己讲一讲发生的事吧。

(5) Я вúдел её самоё.
    我见过她本人。

(6) Я не раз говорúл с ней самóй о поéздке, но онá никáк не соглашáется éхать.
    外出的事我同她本人谈过不止一次了，可她怎么也不同意去。

сам 可以与谓语发生意义上的联系，表示行为或动作是"独立"进行的。这时，сам 通常位于名词与动词之间，或动词之后。例如：

(1) Пусть дéти сáми проверя́ют и исправля́ют оши́бки.
    让孩子们自己查找并改正错误。

(2) С э́тим задáнием Сáша спрáвится сам.
    这项任务萨沙自己能胜任。

(3) Кýшайте, э́то я самá приготóвила.
    吃吧，这些都是我自己做的。

сам 与反身代词 себя́ 连用时，сам 通常位于 себя́ 之前，起加强语气的作用。例如：

(1) В письмé Вáня писáл, чтобы сестрá береглá мать и самý себя́.
    万尼亚在信中希望姐姐爱惜母亲，保重自己。

(2) Он недовóлен самúм собóй.
    他对自己不满意。

(3) Егó не лю́бят: он забóтится тóлько о самóм себé.
    没人喜欢他，因为他只想自己。

РЕЧЕВЫЕ ОБРАЗЦЫ

1. В трýдную минýту  не о себé, а о друзья́х.

(забóтиться, беспокóиться)

2. Он посмотре́л вокру́г себя́ и увидел, что в ко́мнате никого́ нет.
   (закры́ть за собо́й дверь)

3. Серёжа положи́л кни́гу пе́ред собо́й и на́чал чита́ть.
   (почу́вствовать себя́ лу́чше)

4. Ра́неный пришёл в себя́ и попроси́л пить.
   (солда́т... позва́ть врача́)

5. Он всегда́ владе́ет собо́й, никогда́ не выхо́дит из себя́.
   (сде́ржанный челове́к)

6. Скажи́те э́то не мне, а Ната́ше само́й.
   а Ми́ше самому́.
   а им сами́м.
   (сам дире́ктор, са́ми Петро́вы)

7. Ма́льчик сказа́л: «Ма́ма, отойди́-ка, я сам вы́мою посу́ду».
   Де́вочка сказа́ла: «Ма́ма, отойди́-ка, я сама́ вы́мою посу́ду».
   (Я сам постира́ю бельё. Я сама́ сошью пла́тье.)

8. Расскажи́те нам то́лько о том, что вы са́ми ви́дели.
   что вы са́ми де́лали.
   (чита́ть, приду́мать, нарисова́ть, соста́вить)

9. Если вы уда́чно вы́брали профе́ссию, то сча́стье само́ вас найдёт.
   успе́хи са́ми вас найду́т.
   (вы полю́бите рабо́ту, уда́ча сама́ придёт, удово́льствие само́ вас найдёт)

10. Анна никуда́ не ходи́ла, весь день сиде́ла у себя́ до́ма.
    в кабине́те.
    (на дива́не, в о́фисе)

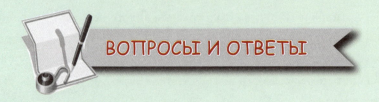

ВОПРОСЫ И ОТВЕТЫ

1. — Директор у себя?
   — Да, но он не принимает. Приходите завтра.
2. — Почему ты назвал меня эгоистом?
   — Потому что ты думаешь только о себе, о своей выгоде.
3. — Мамочка, что ты хочешь получить в подарок на Новый год?
   — Мне для себя ничего не нужно, лишь бы у вас всё было хорошо.
4. — Ты уже большой, должен убирать за собой посуду и свои вещи! Понятно?
   — Понятно. Можно, я завтра буду большой, а сегодня ещё маленький?
5. — Как ты себя чувствуешь?
   — Уже гораздо лучше. Температура упала, и голова почти не болит.
6. — Мама, папа, возьмите меня с собой в театр!
   — Увы, на вечерние спектакли детей не пускают. Не расстраивайся, в воскресенье мы все вместе пойдём в кукольный театр.
7. — Завтра тест по русскому языку, а я ничего не помню, ни-че-го!
   — Успокойся, возьми себя в руки. Отдохни как следует, и завтра сама не заметишь, как всё напишешь.
8. — «Хочешь управлять другими — научись управлять самим собой» — как это верно!
   — Верно-то верно, но легко сказать, трудно сделать. Заставить себя сделать что-нибудь не так-то просто.
9. — Ужас! Кошмар! Безобразие!
   — Что случилось? Не надо выходить из себя, успокойся и расскажи всё по порядку.
10. — Завтра мы уезжаем в Россию. Я так боюсь что-нибудь забыть!
    — Не волнуйся. Убедись, что у тебя при себе паспорт, билет, деньги — а всё остальное можешь забыть!

Выбор профессии

Каждый молодой человек на пороге самостоятельной жизни спрашивает себя, какую профессию, сферу деятельности выбрать? В чём можно максимально реализовать себя, свои таланты, чтобы затем самому строить карьеру и быть достойным членом общества?

Психологи говорят, что самое главное — это чтобы будущая профессия была интересна. Например, вы часами готовы сидеть за словарями, чтобы понять текст песни на иностранном языке, с удовольствием «ныряете» в иноязычную грамматику. Значит, филология, переводы — ваша сфера. Для вас представляет интерес техника? Такие специальности, как инженер-конструктор или физик-теоретик будут вам по душе.

Выбирайте будущую профессию так, чтобы она соответствовала вашему характеру. Если вы не очень любите общаться и заводить новые знакомства, то работа, где постоянно нужен контакт с людьми, не для вас. А как узнать самого себя? Сейчас существует много различных методик и тестов для определения склонностей и способностей человека. Специалисты-психологи помогают человеку определить круг своих интересов и осознать свои склонности и способности.

Кто и что влияет на выбор профессии? Родители, друзья, мода... Но спросите себя, всегда ли правы ваши близкие? Так, родители видят вас врачом и только врачом, а вы плохо себя чувствуете при виде крови. Или же самый близкий друг заявляет, что компьютерный дизайн — вот единственная стоящая специальность, а ваша любимая литература в новом веке будет нужна только библиотекарям. Сможете ли вы защитить свой выбор, зависит от вас самих.

Всегда существует какая-нибудь «модная» профессия. В конце 90-х годов XX века самыми популярными в России были профессии юриста, экономиста, программиста, менеджера, бухгалтера. Сейчас на рынке труда таких специалистов уже много, нередко они не представляют собой ничего особенного, потому что выбрали для себя не свою любимую профессию, а просто популярную в данное время. На хорошее место могут рассчитывать только студенты таких престижных вузов, как МГУ, МГИМО и юридическая академия. Почти все хорошие места в банках и частных фирмах заняты выпускниками 90-х годов. Правда, компьютерщики по-прежнему в цене. Работу найти можно.

Не думайте, что неверно выбрать профессию — значит испортить себе всю жизнь. Всегда есть шанс поступить ещё раз в институт или, имея базовое «высшее», окончить всевозможные курсы.

Диалог

Кем быть

1) — Мне давно пора выбрать профессию, ведь скоро поступать в институт. Все спрашивают, куда я собираюсь поступать, а мне нечего ответить.
— Как раз знаю, что тебе посоветовать. Моя сестра долго не могла выбрать, она читала справочники для тех, кто поступает в вузы, рекламные проспекты разных университетов.
— И что же в конце концов она выбрала?
— Прочитала она о специальности: «классическая филология», ей стало интересно — и поступила.
— И как, понравилось?
— Учиться нравилось, но долго не могла ответить на вопрос, кем же быть.
— Да, «Классический филолог» — звучит необычно.
— Потом все мы сказали ей: «Ты будешь человеком с высшим образованием». И она успокоилась. Окончила университет, нашла интересную работу в издательстве.

2) — Вы хорошо переводите. А как вы выбрали профессию переводчика?
— Для меня выбор профессии — лингвист-переводчик — был понятен с детства. Когда мне было 10 лет, отца отправили работать во Францию, и я 3 года ходил во французскую школу. Потом мы вернулись в Россию. Я стал учиться в спецшколе, где почти все предметы преподавали на французском языке.
— Где вы получили высшее образование?
— После школы я поступил на факультет романской филологии Института иностранных языков, закончил его, потом учился в аспирантуре, написал и защитил диссертацию по теории перевода. Ещё в студенчестве увлёкся переводами и моё хобби стало моей работой.
— Вам повезло. Сделать правильный выбор очень сложно.
— А человек может прекрасно работать только тогда, когда он любит и уважает свою работу.
— Вполне согласна с вами.

 **НОВЫЕ СЛОВА И СЛОВОСОЧЕТАНИЯ**

разбивать(未)-аю, -аешь; что 打碎;破碎;

разбить(完)-ью, -ьёшь; ~тарелку 打碎盘子

эгоист, -а; -ы 利己主义者
выгода, -ы; -ы 利益,好处

увы́ (叹)唉(表示感叹、惋惜、抱怨等)

пуска́ть(未)-а́ю, -а́ешь; кого́-что 放开,放……走;放……进来,放……过去;
пусти́ть(完)пущу́, пу́стишь; ~пти́цу на во́лю; ~в ваго́н

ку́кольный, -ая, -ое, -ые 像洋娃娃的,像木偶的

тест, -а, -ы 测验,试题

успока́иваться(未)-аюсь, -аешься; 安心;得到安慰;平静下来
успоко́иться(完) -о́юсь, -о́ишься;
Мо́ре успоко́илось. 大海平静下来了。

управля́ть(未)-я́ю, -я́ешь; кем-чем 操纵;控制;指挥;管理 ~орке́стром 指挥乐队

у́жас (用作谓语)可怕,不得了

кошма́р, -а 恶魔,梦魇;非常可怕的事情

безобра́зие, -я 极难看,丑陋;丑恶行为

убежда́ться(未)-а́юсь, -а́ешься; в чём 确信,信服;得到证实
убеди́ться (完,单数第一人称不用)-и́шься;

остально́й, -а́я, -о́е, -ы́е 其余的,剩下的

максима́льно (副)最大限度地,最高地,最大地

реализова́ть(未)-зу́ю, -зу́ешь; что (使)实现,实施,实行

психо́лог, -а; -и 心理学家

ныря́ть(未)-я́ю, -я́ешь; 潜入(水中)

инжене́р-констру́ктор, -а; -ы 设计工程师

фи́зик-теоре́тик, -а; -и 理论物理学家

соотве́тствовать(未)-вую, -вуешь; кому́-чему́ 符合,适合,合乎;与相符合

мето́дика, -и; -и 教学法,教授法

определе́ние, -я 确定,决定

скло́нность, -и 喜好,爱好;倾向,趋势

осознава́ть(未)-наю́, -наёшь; что 认清,清楚地意识到
осозна́ть(完)-а́ю,-а́ешь;

влия́ть(未)-я́ю, -я́ешь; на кого́-что (有)影响,起作用
повлия́ть(完)-я́ю, -я́ешь;

заявля́ть(未)-я́ю, -я́ешь; что о чём (或接连接词что)声明,宣布,宣称
заяви́ть(完)-явлю́, -я́вишь;

диза́йн, -а 工艺艺术设计

библиоте́карь, -я; -и 图书馆馆员

программи́ст, -а; -ы 程序设计员,程序编制员

ме́неджер, -а; -ы (企业、公司的)经理

бухга́лтер, -а; -ы 会计员,簿记员

акаде́мия, -и; -и 高等学术、艺术机构;学院,大学

ощуща́ть(未) -а́ю, -а́ешь; кого́-что 感觉出来,感到,觉得
ощути́ть(完)-ущу́, -ути́шь;

по́ртить(未)-рчу, -ртишь; кого́-что 弄坏,搞坏,毁坏;损害
испо́ртить(完)-рчу, -ртишь;

ба́зовый, -ая, -ое, -ые 基础的;服务站的,招待所的;供应站的

всевозмо́жный, -ая, -ое, -ые 形形色色的,各种各样的

рекла́мный, -ая, -ое, -ые 广告的;广告式的

специа́льность, -и 专业;专业知识,专业技能

изда́тельство, -а; -а 出版机关,出版社

спецшко́ла, -ы; -ы 专门学校

рома́нский, -ая, -ое, -ие 罗曼语系的;源于古罗马文化的

тео́рия, -и 理论,学说,原则,论点,见解

переводове́дение, -я 翻译学

УПРАЖНЕНИЯ И ЗАДАНИЯ

1. 用 себя 的正确形式填空。(Вместо точек поставьте местоимение «себя» в нужном падеже.)

1) Вы знаете, как теперь чувствует... бабушка?
2) Расскажите мне что-нибудь о...
3) Вы давно не были у... на родине?
4) Лида посмотрела на... в зеркало и засмеялась.
5) Вася любитель футбола. Он купил... хороший футбольный мяч.
6) Ты видела у... на столе письмо?
7) После ужина мать тут же ушла к... в комнату.
8) Мы хорошо сдали все экзамены и были очень довольны...
9) Закройте за... дверь! Холодно.
10) Вы имеете при... карманный словарь?

2. 用 себя 一词对问题做否定回答。(Дайте отрицательные ответы на вопросы, употребляя местоимение «себя» в разных падежах.)

1) Надя пойдёт вечером к Николаю домой?
2) Иван поедет через неделю к другу в Москву?
3) Нина купила платок подруге?
4) Лида рассказывала всем о своём друге?
5) Мария завтра будет у вас в институте?
6) Григорий купил свежий журнал брату?
7) Максим взял билет для Зои?
8) Командир был недоволен солдатами?

3. 用下列词组造句。(Составьте предложения со следующими словосочетаниями.)

чувствовать себя, закрыть за собой, взять с собой, иметь при себе, прийти в себя, выйти из себя

4. 选择适当的前置词填空。(Вместо точек в следующих предложениях вставьте подходящие предлоги.)

(около, вокруг, для, кроме, у, к, перед, с, между, о, на)

1) Он всегда чувствовал... себя тёплое внимание товарищей.
2) Анна Петровна поставила снимок... собой и стала вспоминать.

3) На́ши аспира́нты разгова́ривают... собо́й то́лько по-ру́сски.

4) Я э́ти биле́ты доста́л не... себя́, а для вас всех.

5) Ли хоро́ший друг и в тру́дные мину́ты забо́тится не... себе́, а о това́рищах.

6) Ба́бушка ле́том е́здит в дере́вню и всегда́ берёт... собо́й вну́ка.

7) Я сержу́сь... себя́, а не на вас.

8) Мы поста́вили... собо́й зада́чу вы́полнить э́тот план за три ме́сяца.

9) Остава́йся... себя́ в кла́ссе, никуда́ не выходи́, пока́ я тебя́ не вы́зову.

10) Иди́... себе́ домо́й, здесь ты бо́льше не нужна́.

5. 选择括号里的词填空。(Вы́берите подходя́щее из слов, стоя́щих спра́во.)

1) Я оста́вил журна́л «Партнёр»... до́ма. (у меня́, у себя́)

2) Мы да́ли сло́во изучи́ть ру́сский язы́к. В библиоте́ке ... да́ли но́вые кни́ги. (себе́, нам)

3) Когда́ вы пое́дете... в институ́т, не забу́дьте взять... студе́нческий биле́т. (с собо́й, с ни́ми)

4) Ва́ся пригаша́ет меня́ в го́сти. Мо́жет быть, я пое́ду... в суббо́ту. (к нему́, к себе́)

5) Мы мно́го слы́шали... Расскажи́ ещё немно́го... (о себе́, о тебе́)

6. 使用 себя́ 翻译句子。(Переведи́те предложе́ния на ру́сский язы́к, употреби́в местоиме́ние «себя́».)

1) 今天安德烈过生日，他请朋友们到自己家做客。

2) 从国外回来后你变样了，变得不像你了。

3) 记住，你不该除了自己谁都不关心。

4) 请在信里详细写写你们自己的情况。

5) 你什么时候在家？什么时候可以给你往家里打电话？

6) 士兵苏醒过来后马上问战斗进行得怎么样了。

7) 工人们在为自己盖宿舍，旁边还要盖一个体育馆。

8) 我们不是为自己，而是为自己的人民工作。

9) 米沙哥哥，请带我一起去看足球赛吧。

10) 在危机时刻他自己救了自己的命。

7. 用 сам 填空。(Вме́сто то́чек поста́вьте в ну́жном падеже́ местоиме́ние «сам».)

1) Вы... сказа́ли, что э́та кни́га вам бо́льше не нужна́, и я её отнесла́.

2) Я хочу́ узна́ть от вас..., как всё это случи́лось.

3) Все э́ти ве́щи нужны́ вам...

4) Об э́том я поговори́л с... коменда́нтом.

5) Я уви́дел... нача́льника це́ха и сообщи́л об э́том ему́...

6) Насчёт э́того я ничего́ не могу́ сказа́ть, спроси́те, пожа́луйста, у... Ле́ны.

7) Уж ничего́ не поде́лаешь. Ей... не нра́вится э́та рабо́та.

8) Мне на́до поблагодари́ть её..., а не её му́жа.

9) Брат мно́го написа́л о свои́х друзья́х, но о... себе́ он почти́ ничего́ не написа́л.

10) Мать си́льно беспоко́ится о до́чери, а дочь в письме́ домо́й ни сло́ва не написа́ла о... себе́.

 8. 用俄语解释下列概念。(Да́йте по-ру́сски определе́ние сле́дующим поня́тиям.)

1) сфе́ра де́ятельности —

2) инжене́р-констру́ктор —

3) «мо́дная» профе́ссия —

4) прести́жный вуз —

5) техни́ческие специа́льности —

6) гуманита́рные специа́льности —

7) высококвалифици́рованный рабо́чий —

8) высокоопла́чиваемая рабо́та —

 9. 写出全称。(Напиши́те по́лностью, что э́то.)

Образе́ц: РФ — Росси́йская Федера́ция.

МГУ —   ПТУ —   СПГУ —

СНГ —   КНР —   США —

СП —   МХАТ —   МГИМО —

ВЦИОМ —

 10. 翻译下列词组。(Переведи́те сле́дующие словосочета́ния.)

收拾餐具，晚场剧不让孩子们看，俄语测试，举止得体，实现自我，符合性格，建立新的联系，与人交往，兴趣范围，时尚职业，有名望的大学，私人企业，职业技术学校，高收入的工作，毁掉整个生活，受过高等教育的人，学位论文答辩，翻译理论

 11. 请问他们是什么职业？(Скажи́те, кто они́ по профе́ссии?)

1) Он рабо́тает в рестора́не, надева́ет бе́лую ку́ртку и колпа́к, зна́ет мно́жество реце́птов.

2) Она́ рабо́тает в теа́тре, всегда́ на дие́те, ка́ждый день де́лает упражне́ния на растя́жку, репети́рует, танцу́ет.

3) Он мно́го путеше́ствует, опи́сывает собы́тия, происше́ствия, интере́сных люде́й, пи́шет об э́том в газе́те, журна́ле и́ли расска́зывает на ра́дио, на телеви́дении.

4) Она́ лю́бит дете́й, осо́бенно ма́леньких, игра́ет и гуля́ет с ни́ми, у́чит сти́шки и пе́сенки, у́чит их рисова́ть, лепи́ть. Она́ рабо́тает не до́ма.

5) Она́ помога́ет дире́ктору: гото́вит докуме́нты, уме́ет рабо́тать на персона́льном компью́тере (ПК), организу́ет встре́чи, встреча́ет посети́телей, отвеча́ет на телефо́нные звонки́.

6) Он прекра́сно зна́ет иностра́нный язы́к, исто́рию, мо́жет мно́го и интере́сно рассказа́ть о ра́зных места́х, тради́циях, достопримеча́тельностях.

7) Он во́дит маши́ну, гото́в довезти́ вас туда́, куда́ вам на́до.

8) Сего́дня он жена́т, за́втра — хо́лост. Сего́дня он молодо́й челове́к, за́втра стари́к. Он ча́сто меня́ет профе́ссии, хара́ктер, да́же национа́льность и вре́мя, в кото́ром живёт.

12. 下面句子是俄罗斯报纸上的广告，请续全句子。(Пе́ред ва́ми объявле́ния из росси́йских газе́т. Напиши́те их по́лностью.)

1) В иностра́нную компа́нию тре́буется спец. –ме́неджер с в/о, зна́ние ПК, англ. яз., о́пыт рабо́ты не ме́нее 5 лет...

2) Спец. -марколо́г в совм. фи́рму, муж., в/о, о́пыт рабо́ты 10 лет, о́пыт рабо́ты за рубежо́м, нали́чие а/м...

3) Секр. -рефере́нт в иностр. комп., жен. до 30 лет, в/о, зна́ние англ., дел. этике́та, ПК (Word, Excel)...

13. 按下列问题讨论。(Обсуди́те в гру́ппе сле́дующие вопро́сы.)

1) Что лу́чше: люби́мая, но малоопла́чиваемая рабо́та, и́ли нелюби́мая, но высокоопла́чиваемая рабо́та?

2) Что лу́чше: быть высококвалифици́рованным рабо́чим и́ли сре́дним специали́стом с вы́сшим образова́нием?

3) Как вы понима́ете: «Нет плохо́й рабо́ты — есть плохо́й рабо́тник».

4) Как вы понима́ете: «Не ме́сто кра́сит челове́ка, а челове́к — ме́сто».

14. 按课文回答问题。(Отве́тьте на вопро́сы по те́ксту.)

1) О чём спра́шивает себя́ молодо́й челове́к, когда́ он зака́нчивает шко́лу?

2) Что са́мое ва́жное в вы́боре профе́ссии, по мне́нию психо́логов? А по ва́шему мне́нию?

3) Как узна́ть свои́ скло́нности, спосо́бности?

4) Кто и как влия́ет на вы́бор профе́ссии молоды́м челове́ком?

5) Что тако́е «мо́дная профе́ссия»?

6) Каки́е профе́ссии бы́ли са́мыми популя́рными в Росси́и в конце́ XX ве́ка?

7) Почему́ при вы́боре профе́ссии сто́ит обрати́ть внима́ние на техни́ческие специа́льности?

8) Почему́ у выпускника́ ПТУ ча́сто бо́льше ша́нсов найти́ хоро́шую рабо́ту, чем у выпускника́ ву́за?

9) Что зна́чит выраже́ния «карье́рный рост», «нача́ть карье́рный рост»?

10) Что мо́жно сде́лать выпускнику́ ву́за, кото́рый по́нял, что не лю́бит свою́ специа́льность.

15. 记住下列词语并在讲述中应用。(Запо́мните сле́дующие слова́ и выраже́ния и употреби́те их в своём расска́зе.)

отноше́ние к труду́ 对待劳动的态度
прести́жность профе́ссии 职业声望

горя́чие профе́ссии 热门职业
учёт спосо́бности и тала́нта 考虑能力和才华
ва́жный шаг на пути́ к карье́ре 仕途上的重要步骤
психологи́ческая зре́лость 心理成熟
совпаде́ние с ли́чностным ти́пом 与个性相符
ли́чные профессиона́льные пла́ны 个人职业规划
потре́бность на ры́нке труда́ 劳动力市场的需求
Де́ло ма́стера бои́тся. 事怕行家。

 16. 讲述。(Соста́вьте расска́з по да́нной те́ме.)

«Мы ста́нем досто́йными чле́нами о́бщества»

ЗНА́ЕТЕ ЛИ ВЫ

Росси́йские Вооружённые си́лы подразделя́ются на три ви́да: сухопу́тные войска́, Вое́нно-Возду́шные си́лы, Вое́нно-Морско́й флот и три самостоя́тельных ро́да войск: Косми́ческие войска́, раке́тные войска́ стратеги́ческого назначе́ния, возду́шно-деса́нтные войска́. По чи́сленности военнослу́жащих РФ занима́ет пя́тое ме́сто в ми́ре.

УРОК 12

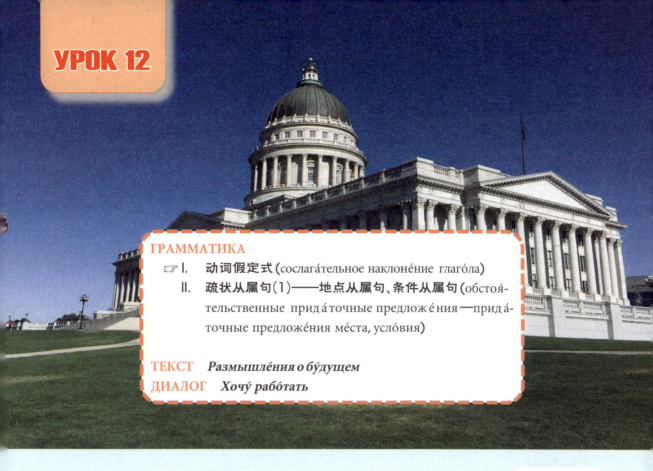

ГРАММАТИКА
- I. 动词假定式 (сослагательное наклонение глагола)
- II. 疏状从属句(1)——地点从属句、条件从属句 (обстоятельственные придаточные предложения — придаточные предложения места, условия)

ТЕКСТ Размышления о будущем
ДИАЛОГ Хочу работать

ГРАММАТИКА

I. 动词假定式
сослагательное наклонение глагола

动词假定式是动词的一种形式，其构成和使用如下：

1. 动词假定式的构成

假定式是由动词过去时形式加语气词бы构成。和动词过去时一样，只有性、数的区别，没有时间和人称的变化。构成假定时动词过去时形式失去时间意义。完成体和未完成体构成方法相同。例如：

Мы пошли бы вчера в театр.
我们昨天想去看剧了。

Мы пошли бы сейчас в театр.
我们现在很想去看剧。

Мы пошли бы завтра в театр.
我们明天想去看剧。

假定式的形式标志бы可以放在谓语动词之前或动词之后，也可以被其他词隔开。例如：

听录音请扫二维码

Я бы с удовóльствием пошлú с вáми.

我很乐意和您去。

Я пошлá бы с удовóльствием с вáми.

我很乐意和您去。

2. 动词假定式的用法

1) 假定式常用于带有条件从属句的主从复合句中，此时主句和从属句都要用 бы 表示假设的、虚拟的、实际上不存在的行为。例如：

(1) Éсли бы я был композúтором, я бы написáл симфóнию о клúмате.

假如我是作曲家，我就写一首关于天气的交响曲了。

（实际上不是，也没有写。）

(2) Éсли бы он попросúл меня, я бы обязáтельно емý помóг.

他要是求我，我就一定帮忙了。

（实际上他没求，我也没帮。）

2) 假定式表示希望或愿望等。例如：

(1) Поéхал бы на мóре!

真想去海边啊！

(2) Стал бы врачóм!

想当个大夫！

(3) Пришлá бы скорéе веснá!

春天快点来吧！

3) 假定式表示委婉的建议、劝告等。例如：

(1) Пошёл бы погулять!

出去散会儿步吧！

(2) Хотéлось бы с учúтелем поговорúть!

想和老师谈谈。

II. 疏状从属句（1）——地点从属句、条件从属句
обстоя́тельственные придáточные предложéния — придáточные предложéния мéста, услóвия

疏状从属句按其意义可分为地点、条件、原因、目的、时间、让步、行为方法、程度、结果等从属句。

1. 地点从属句(придáточные предложéния мéста)

地点从属句指出主句行为、状态的地点或方向，通常用 где, кудá, откýда 等联系用语与主句连接，主句中一般有 там, тудá, оттýда 等指示词与从属句相呼应，回答 Где? Кудá? Откýда? 等问题。例如：тудá, где (кудá, откýда)... там, где (кудá, откýда)...

(1) Пошлúте меня́ рабóтать тудá, где я бóльше всегó бýду нýжен.

派我去最需要我的地方工作吧。

(2) Студе́нты пое́дут туда́, где бы́ли год наза́д на пра́ктике.
　　大学生们将去一年前实习过的地方。

这种对应不是固定的，要看从句中动词的要求。例如：

(1) Нау́чная экспеди́ция отпра́вилась туда́, где до э́того вре́мени ещё не быва́ли лю́ди.
　　科学考察团去了此前一直没有人去过的地方。

(2) Там, отку́да я прие́хала ро́дом, произошли́ больши́е переме́ны.
　　我出生的地方发生了巨变。

(3) Она́ сейча́с живёт там, куда́ я давно́ мечта́ю пое́хать.
　　她住在我早就想去的地方。

地点从属句也经常用来确定主句中副词表示的状语，如：везде́(到处)，всю́ду(处处)，сле́ва(左边)，спра́ва(右边)，нале́во(往左边)，напра́во(往右边)，сюда́(往这儿)，отсю́да(从这儿)，здесь(在这里)等。例如：

(1) Везде́, где мы бы́ли, нас встреча́ли тепло́.
　　我们去过的所有地方对我们都很热情。

(2) Впереди́, где конча́ется лес, стои́т до́мик лесника́.
　　前面林子的尽头有一座护林员的小房子。

有一些句子是关联词和指示词相对应的结构，主句中指示词后面往往有加强语气的 «и»：

Куда́..., туда́ и...　　(1) Куда́ вы идёте, туда́ и я.
Где..., там и...　　　　你上哪儿我就上哪儿。
Отку́да..., отту́да и... (2) Где нет любви́ к иску́сству, там нет и красоты́.
　　　　　　　　　　哪里没有对艺术的热爱，那里就没有美。

2. 条件从属句 (прида́точные предложе́ния усло́вия)

条件从属句表示主句行为发生的条件，通常用连接词 е́сли(如果)，е́сли бы(假如)，раз(既然) 与条件句连接，回答 При како́м усло́вии?(在什么条件下)的问题。条件句分为现实条件和非现实条件。现实条件句用连接词 е́сли, раз 连接。例如：

(1) Е́сли бу́дет у меня́ вре́мя, то я приду́.
　　如有时间，我就来。

(2) Иногда́ е́сли вре́мени ма́ло, е́ду на авто́бусе.
　　有时如果时间较少，我就坐公共汽车。

(3) Е́сли в го́сти прихо́дит па́ра, то цветы́ преподно́сит хозя́йке мужчи́на.
　　如果是夫妇两个一起去做客，那么要由男人给女主人献花。

(4) Раз он пришёл, пусть он споёт.
　　既然他来了，就让他唱吧。

(5) Раз мы на́чали говори́ть, то лу́чше договори́ть всё до конца́.
　　既然我们开始谈了，最好就谈到底。

条件从属句可以位于主句之前、主句之中或主句之后。例如：

(1) Е́сли за́втра бу́дет хоро́шая пого́да, мы отпра́вимся в путь.

(2) Мы отпра́вимся в путь за́втра, е́сли бу́дет хоро́шая пого́да.

(3) Завтра, если будет хорошая погода, мы отправимся в путь.
如果明天天气好，我们就出发。

带 если 的从句在主句之前时，主句中可以用 то 与之呼应。例如：

(1) Если книга вам нужна, то возьмите её.
如果你需要这本书，就拿去吧。

(2) Если вы присмотритесь к нему внимательнее, то поймёте, что он очень мягкий и добрый человек.
如果你仔细观察了解他，就会明白，他是个非常温和善良的人。

主句除了用 то 与从句呼应外，还可以用 так, тогда 等词。例如：

(1) Если ты устала, тогда поспи.
如果你累了，就睡会儿吧。

(2) Раз вы согласились, так нельзя отказываться.
既然您同意了，就不能拒绝了。

有的条件句是非现实的，表示虚拟、假设，从属句还可以用假定式。例如：

(1) Если бы мы пришли вовремя, мы бы успели на спектакль.
如果我们按时来，我们就能看上演出了。

(2) Если бы было время, я бы поехала вместе с вами.
如果有时间，我就和您一起走了。

这种虚拟条件经常用"если бы не+第一格"的结构。例如：

(1) Если бы не ты, я бы опоздал.
要不是你，我就迟到了。

(2) Как всё было бы хорошо, если бы не его болезнь.
要不是他的病，一切该多好啊！

 注：

俄语中如果条件从属句位于主句之前，从属句和主句间具有条件结果意义，主句句首可以用 то 以强调其结果意义。例如：

Если после работы будет собрание, то я приду домой позже.
如果下班后要开会，我就晚一点回家。

还有一种情况从修辞上看最好用 то：主句从句共用一个主语，后一个句子加 то 可以分清两个分句的界限。例如：

Если бы мог, то помог бы ему.
我要是能帮他的忙，早就帮了。

РЕЧЕВЫЕ ОБРАЗЦЫ

1. Я бу́ду рабо́тать там, где я бу́ду ну́жен.
   куда́ меня́ отпра́вят.
   отку́да прие́хали мои́ роди́тели.

   (где нужны́ перево́дчики, отку́да я ро́дом, куда́ со мной пое́дет моя́ люби́мая)

2. Охо́тники реши́ли отдохну́ть там, где остана́вливались в про́шлый раз.
   куда́ мо́жно дое́хать.
   отку́да появи́лась гру́ппа ю́ношей.

   (где ча́сто быва́ют на́ши друзья́, куда́ мы е́здили в про́шлом году́, отку́да пришёл наш Оле́г)

3. Если материа́лы вам нужны́, то сде́лайте ко́пию.
   досту́пны,

   (необходи́мы, на́до перечита́ть)

4. Раз мы да́ли сло́во, коне́чно, пойдём обяза́тельно.
   вы́полним непреме́нно.

   (оказа́ть вам по́мощь, перевести́ текст во́время)

5. Если бы не ты, мы бы всё сде́лали бы в срок.
   успе́ли на по́езд.
   принима́ли бы уча́стие в соревнова́ниях.

   (забы́ли о вре́мени вы́ставки, поступи́ли на ку́рсы англи́йского языка́, при́няли пра́вильное реше́ние)

6. На ва́шем ме́сте я бы так не поступа́ла.
   говори́ла.
   писа́ла.

   (ду́мать, счита́ть, де́лать, занима́ться)

ВОПРОСЫ И ОТВЕТЫ

1. — Куда́ э́то ты собра́лся?
   — Туда́, где меня́ никто́ не найдёт.

2. — Отку́да вы таки́е ра́достные, с пода́рками, с цвета́ми? С пра́здника, наве́рное?
   — О, мы отту́да, куда́ не вся́кого приглася́т — с банке́та по слу́чаю юбиле́я на́шей фи́рмы. Там был сам генера́льный дире́ктор!

3. — Как вы собира́етесь провести́ выходны́е?
   — Е́сли бу́дет хоро́шая пого́да, пое́дем за́ город, а е́сли плоха́я — оста́немся до́ма.

4. — Почему́ вы так стро́го меня́ спра́шиваете на уро́ках?
   — Потому́ что ты спосо́бная, но лени́вая. Е́сли бу́дешь как сле́дует занима́ться, ста́нешь отли́чницей.

5. — Каки́е у тебя́ пла́ны на кани́кулы?
   — Е́сли успе́шно сдам экза́мены, роди́тели разреша́т мне пое́хать за грани́цу.

6. — Что на́до де́лать, е́сли во вре́мя экску́рсии в незнако́мом го́роде вы потеря́етесь?
   — Е́сли потеря́емся, на́до показа́ть такси́сту визи́тку на́шей гости́ницы и е́хать туда́.

7. — Что вы бы сде́лали, е́сли бы вы́играли в лотере́ю миллио́н до́лларов?
   — Е́сли бы так случи́лось, я бы купи́л хоро́шую кварти́ру себе́ и за́городный дом роди́телям. А пото́м пое́хал бы в кругосве́тное путеше́ствие.

8. — Челове́к называ́ет себя́ царём приро́ды, но ведёт себя́ престу́пно по отноше́нию к ней.
   — Да, к сожале́нию, э́то так. Е́сли бы Земля́ име́ла го́лос, она́ бы крича́ла от бо́ли, кото́рую ей причиня́ет челове́к.

9. — В на́шем го́роде ужа́сные доро́ги, постоя́нно про́бки, что́бы добра́ться куда́-нибудь, на́до е́хать час, а то и два.
   — Да, э́то пра́вда. Е́сли бы я был мэ́ром, я бы неме́дленно на́чал стро́ить но́вые доро́ги и тра́нспортные развя́зки.

10. — Ты хоте́л бы име́ть всё, что хо́чется?
    — Нет. Е́сли бы челове́к име́л всё и без труда́, он бы у́мер от ску́ки.

Размышления о будущем

Рано или поздно почти каждого из нас начинают интересовать проблемы будущего. Будущее личности, семьи или будущее человечества, цивилизации. Каким станет человек, его жизнь, жизнь общества?

Тело человека практически не изменилось за последние 50 тыс. лет. Человек будущего станет выше современного, вероятно, у него будут некоторые искусственные органы, но главные отличия наших потомков от нас будут в другом — в способностях и образе жизни.

Люди «умнеют» из поколения в поколение. Всё сложнее школьные программы, всё больше книг и фильмов, которые человек успевает прочитать и просмотреть за жизнь. Совершенствуется мозг, и сейчас дети в 6-7 лет умственно превосходят детей 8–9 лет, которые жили полвека назад. Всё больше информации должен усвоить человек, поэтому сроки обучения уже сейчас очень велики — 15-20 лет. Наши потомки будут получать информацию, помимо зрения и слуха, каким-то иным способом. Человек сможет получать любые знания, и сам сможет делать то, для чего сегодня обращается к специалистам — получать образование, лечить себя.

Изменится отношение человека к вещам, деньгам, контактам и к информации. Вещами человек станет пользоваться всё меньше, значит, товаров-предметов практически не будет, но больше станет техники, приборов, которые работают, пока платится некая абонентская плата. Вместо денег будут электронные счета, страховки и кредиты. Информации вокруг человека станет так много, что он перестанет читать книги и смотреть фильмы; станет пользоваться короткими сводками, фильмами-роликами и прочими дайджестами.

В сфере искусства учёные дают оптимистичный прогноз: всю работу на земле станут делать, в основном, роботы, и это даст неимоверный толчок в развитии искусств.

В области науки прогноз тревожный: всё быстрее идёт научно-технический прогресс (НТП), но некоторые его достижения приносят вред человечеству. В то же время остаются проблемы голода, нищеты, болезней, некачественного образования и воспитания, которые затрагивают значительную часть населения нашей планеты. За одно поколение этих проблем не решить. Кроме того, человек духовно и морально не готов к некоторым достижениям науки: клонирование, генная инженерия, создание сверхчеловека — всё это требует осмысления и нравственной оценки.

Ясно одно: каждый из нас своими повседневными действиями влияет на отдалённые времена. Мы ответственны за собственное будущее и будущее наших потомков.

ДИАЛОГ

Хочу работать

1. — Добрый день. Чем могу вам помочь?
   — Здравствуйте. Я по объявлению. Хочу устроиться к вам на работу.
   — А почему вы обратились именно к нам?
   — У вас работают мои земляки и им здесь очень нравится.
   — Кто вы по специальности?
   — Я хочу работать водителем.
   — А опыт работы у вас большой?
   — Да, я почти пять лет работал водителем грузовика.
   — Мне очень жаль, но на место водителя мы только вчера взяли человека, но нам нужны разнорабочие. Это вас устроит?
   — Делать нечего. Мне очень нужна работа. Думаю, что на первое время мне подойдёт и это.
   — Думаю, мы можем вас взять, но с испытательным сроком. Зарплата 4000 рублей и работа через день. Но, надеюсь, вы понимаете, что испытательный срок — это серьёзно. Может случиться так, что после него мы не заключим с вами контракт.
   — Да, конечно. За это время я пойму: подходит ли мне эта работа, а вы — подхожу ли я вам.
   — Хорошо. Если вы согласны с нашими условиями, тогда оформляйте документы и приступайте к работе.
   — Спасибо, до свидания.

2. — Доброе утро. Компания «Компьютерные технологии». Наташа Каменская. Слушаю вас.
   — Доброе утро. Меня зовут Дмитрий Федотов. Я студент факультета высоких технологий университета. Звоню по поводу летней стажировки в вашей компании. Я подал заявку и выполнил тестовые задания первого тура. Не могли бы вы сказать, какие у меня результаты?
   — Думаю, вам надо подождать приглашения на собеседование. Если вы его получите, то это значит, что вы допущены ко второму туру.
   — Понятно. Если это не секрет, скажите, сколько человек претендует на одно место? Я слышал, что могут принять только семерых.
   — Восемьдесят человек выполняли задания первого тура. У вас есть ещё вопросы?
   — Да, вы не могли бы сказать, чем занимаются стажёры в вашей компании?
   — Они перенимают опыт у наших ведущих специалистов.
   — Хотелось всё-таки уточнить, что входит в обязанности стажёров?
   — Они учатся проектному делу и принимают участие в одном из проектов.
   — Спасибо за информацию. До свидания!
   — Успехов. До свидания!

НОВЫЕ СЛОВА И СЛОВОСОЧЕТАНИЯ

симфо́ния, -и 交响曲

отту́да 从那里；从那方面

экспеди́ция, -и; -и 考察, 勘察；考察团, 勘察队

спра́ва (副)从右边；在右边

до́мик, -а 小房子

лесни́к, -а́ 守林人, 护林员
  ста́рый ~

па́ра, -ы; -ы 一双, 一副, 两个；一套；一对儿(指人)

преподноси́ть(未), -ошу́, -о́сишь; что кому 把……呈现给……, 把……赠送给……
  преподнести́(完), -су́, -сёшь

присма́триваться(未), -аюсь, -аешься; к кому-чему 细看, 端详；弄清楚, 看明白
  присмотре́ться(完), -смотрю́сь, -смо́тришься

ко́пия, -и 抄本, 副本；复制品
  ~ карти́ны, ~ с ру́кописи

генера́льный, -ая, -ое, -ые 主要的, 基本的；总的, 根本的
  ~ая ли́ния, ~ секрета́рь, ~ая убо́рка

незнако́мый, -ая, -ое, -ые 陌生的, 不熟悉的, 不认识的

теря́ться(未), -я́юсь, -я́ешься 丢失, 消失, 失去, 丧失, 慌张, 张皇失措
  потеря́ться(完) -я́юсь, -я́ешься
  ~ в незнако́мом го́роде
  Теря́ется уве́ренность (па́мять). 失去自信(记忆)。

такси́ст, -а 出租车司机

визи́тка, -и; -и, -ток 名片；(旅馆等的)住宿证

лотере́я[тэ], -и; -и 抽奖, 博彩
  де́нежно-вещева́я ~

миллио́н, -а; -ы 一百万

кругосве́тный, -ая, -ое, -ые 环绕地球的

престу́пно (副)有罪地

постоя́нно (副)经常, 时常
  ~ посеща́ть теа́тр, ~ следи́ть

мэр, -а; -ы 市长

развя́зка, -и; -и, -зок 立交桥
  тра́нспортная ~

ску́ка, -и 烦闷, 苦闷；寂寞, 无聊
  Его́ му́чит ску́ка. 他很苦闷。

размышле́ние, -я 沉思, 思考, 思想

ли́чность, -и 人, 个人；人身；个性；身份

цивилиза́ция, -и 文明, 文化

вероя́тно (用作插入语)大约, 大概, 看来
  Он, ~, не придёт. 他大概不来了。

иску́сственный, -ая, -ое, -ые 人造的, 人为的；矫揉造作的, 虚伪的, 假装的

о́рган, -а; -ы 器官；机关, 机构；机关报, 机关刊物

отли́чие, -я 区别, 差别；功劳, 功绩

пото́мок, -мка; -мки 后裔, 子孙, 后辈

умне́ть(未), -е́ю, -е́ешь 变聪明, 更聪明, 增长智慧
  поумне́ть (完) -е́ю, -е́ешь

соверше́нствоваться(未), -вуюсь, -вуешься; в чём 完善, 日臻完善；有进步
  усоверше́нствоваться(完) -вуюсь, -вуешься

у́мственно (副)脑力上, 智力上

превосходи́ть(未), -ожу́, -о́дишь; кого-что 超过, 胜过, 优越过
  превзойти́(完), -йду́, -йдёшь; -ошёл, -ошла́
  ~ кого си́лой Учени́к превзошёл учи́теля. 学生超过了老师。

полве́ка, полуве́ка 半个世纪

обуче́ние, -я 教学, 训练；教育

поми́мо (前)кого-чего 除……之外；不经过……(的同意等)；在……不知道的情况下；不顾……；由不得……

ино́й, -а́я, -о́е, -ы́е 别的, 另外的, 另一个的；有的；别人, 有人
  ~а́я жизнь; по ино́му
  Нет ино́го вы́хода. 没有别的办法。

конта́кт, -а; -ы 接触；联络, 联系
  торго́во-экономи́ческие ~ы.

това́р, -а; -ы 商品；货物

прибо́р, -а; -ы 仪器, 仪表；成套的用具, 器具

плати́ться(未), -чу́сь, -тишься; чем 因……付出代价, 因……丧失, 因……受惩罚
  поплати́ться (完) -чу́сь, -тишься

не́кий, -ая, -ое, -ие (不定代词)

УРОК 12

某,某种;有个

Вас спрáшивает нéкий Петрóв. 有个叫彼得罗夫的找您。

абонéнтский, -ая, -ое, -ие 用户的,为用户服务的

плáта, -ы; -ы 工资;酬金

вмéсто（前）кого-чего 代替,当做,不是……（而是）

страхóвка, -и; -и, -вок 保险赔款;报销费

кредит, -а 信贷;赊;信誉,信用;拨款

свóдка, -и; -и, -док 汇报,综合报告,汇总(表)

рóлик, -а; -и 小轮;(复)轮滑鞋,旱冰鞋;影片,短片电影

дáйджест, -а; -ы 文摘,摘要,梗概

оптимистичный, -ая, -ое, -ые; -чен, -чна 乐观(主义)的

рóбот, -а; -ы 机器人;机械手

неимовéрный, -ая, -ое, -ые; -рен, -рна 异常的,极大的;难以置信的

толчóк, -чка; -чки 跳动;推动,推动力

тревóжный, -жен, -жна; 惊慌的,忧虑的;忐忑不安的,令人忧虑的

~ая ночь, ~ взгляд; ~ сигнáл

достижéние, -я; -я 活到;取得,获得,达到;成就,成绩

~я мировóй наýки

вред, -á 害处,危害,损失

гóлод, -а(-у) 饿,饥饿;挨饿;饥荒;奇缺,供应紧张

умерéть с ~у(或 от ~а)

нищетá, -ы́ 极端的贫穷,赤贫

некáчественный, -ая, -ое, -ые 劣质的

воспитáние, -я 教育,教养,培养

затрáгивать(未), -аю, -аешь; кого-что 碰到,触及;(转)(在叙述、谈话中)涉及、提到

~ вáжный вопрóс

затрóнуть(完), -ну, -нешь

значительный, -ая, -ое, -ые 相当大的,重要的,有重大意义的;意味深长的

населéние 人口,居民

планéта, -ы; -ы 行星

морáльно（副）在道德上,在道义上;在精神上

клонирование, -я 克隆

гéнный, -ая, -ое, -ые 基因的

инженéрия, -ии; -ии 工程技术

осмыслéние, -я 理解,了解,领会

дéйствие, -я 运转;动作;效力;作用,效果;影响;事情,情节

отдалённый, -ая, -ое, -ые; -ён, -ённа 距离远的,遥远的,远处的;(时间)久远的

~ райóн; ~ые временá

отвéтственный, -ая, -ое, -ые; -вен, -венна 对……有责任的;负责的

объявлéние, -я 宣布;布告,通告,公告;广告

устрáиваться(未), -аюсь, -аешься 安排好;安置(好),安插(好);安顿(好)

устрóиться(完), -óюсь, -óишься

специáльность, -и（阴）专业,专门知识;职业

грузовик, -á 载重汽车,卡车

разнорабóчий, -его 杂工,力工

подходить(未), -ожý, -óдишь 走近,驶近,临近;对待,看待;适合,与……相宜

подойти(完), -ойдý, -ойдёшь

испытáтельный, -ая, -ое, -ые 试验的

зарплáта, -ы 工资,薪水

заключáть(未), -áю, -áешь; кого-что 把……放进……内;作出结论,断定,归纳为;缔结,签订,订立

заключить(完), -чý, -чишь

контрáкт, -а; -ы 合同,契约

оформлять(未), -яю, -яешь что 修饰;装订;кого-что 办理,为……办手续

офóрмить, -млю, -мишь(完)

приступáть(未), -áю, -áешь; к чему 开始,着手,动手(做某事)

приступить(完), -уплю́, -ýпишь

Хвáтит болтáть, приступим к дéлу. 别再唠了,干活吧。

технолóгия, -и 工艺学;工艺,工艺规程;操作法

стажирóвка, -и 见习,试用;实习,进修

подавáть(未), -даю́, -даёшь; кого-что 递给;что 开(饭),上(菜),端(酒),送(茶);(书面)提出

подáть, -дáм, -дáшь, -дáст, -дадим, -дадите, -дадýт

зая́вка, -и; -и, -вок 申请

тéстовый, -ая, -ое, -ые 测试的

тур, -а 一圈;一个阶段,一轮

результáт, -а; -ы, -ов 结果,效果;成绩

собесéдование, -я 谈话;座谈会;面试

допускáть(未), -áю, -áешь; кого до кого-чего 或 к кому-чему 让,准许;что 容

许;что 做出;что 假定
допустить(完), -щу, -стишь
претендовать(未), -дую, -дуешь; на кого-что 希望得到……，追求……，觊觎……，на что 自以为……，自认为……，以……自居
семеро, -ых (集合数词)七个，七双，七对，七副

стажёр, -а 试用人员;实习生，进修生，学员;接受培训人员
перенимать(未), -аю, -аешь; кого-что 仿效，效法，学会;接过
перенять(完), перейму, переймёшь
уточнять(未), -яю, -яешь; что 使更准确，使更确切，使更明确

уточнить(完), -ню, -нишь
обязанность, -и (阴)义务，责任;(复)职责，职务
проектный, -ая, -ое, -ые 设计的
проект, -а 设计;设计图;草案，方案;计划，打算
участие, -я 参加，参与

УПРАЖНЕНИЯ И ЗАДАНИЯ

 1. 续句子。(Допишите предложения.)

1) Новые студенты поедут туда, ...
2) Будем жить там, ...
3) Мы получили посылку оттуда, ...
4) ..., где работали в своё врéмя родители.
5) ..., куда часто ездят наши коллеги.
6) ..., откуда приезжают к нам в гости.
7) ... туда, ...и я.
8) ... там, ...и его брат.
9) ... оттуда, откуда и...
10) Где..., там и...

 2. 翻译下列句子，注意连接词的使用。(Переведите следующие предложения, обращая внимание на употребление союза.)

1) 我们要去实习的地方是我的故乡。
2) 大学毕业后妮娜准备去需要医生的地方工作。
3) 丽达生气地说:"奥列格去哪儿，我就去哪儿。"
4) 我们爬上了山，从那儿可以看见全城。
5) 他们分手的地方出现了一片松树林。
6) 他往左面看了一下，那里有个旧亭子。
7) 我们在刚才老人们跳舞的地方停了一下，继续向前走。
8) 人们朝传来音乐声的地方跑去。
9) 有大地、阳光的地方就有善良的人们。
10) 客人们感到，到过的所有地方都像在自己家里一样。

3. 用条件连接词 éсли, раз 把两句合成一句。(Из двух простых предложений составьте сложноподчинённое с союзом «éсли, раз».)

1) Урожай будет хороший.
   Дожди пройдут скоро.
2) Дождь будет продолжаться.
   Река выйдет из берегов.
3) Вы устали.
   Мы сделаем перерыв.
4) Я возьму эту книгу.
   Она больше тебе не нужна.
5) Вы разрешите оставить мне роман ещё на один день.
   Я успею прочитать его.
6) Я зайду к тебе вечером.
   У меня найдётся свободное время.
7) Сегодня будут дополнительные занятия.
   Я вернусь домой поздно.
8) Вы не поняли этого вопроса.
   Я повторю его ещё раз.
9) Сходите к врачу.
   Вы плохо себя чувствуете.
10) Оденься потеплее.
    Тебе холодно.

4. 给句子上续上主句。(Допишите главные предложения.)

1) Если все будут слушать внимательно, ...
2) Если тебе нездоровится, ...
3) ..., если смогу.
4) ..., если найдётся время.
5) Если ты зайдёшь в магазин «Продукты», ...
6) Если я вам больше не нужна, ...
7) Если бы не было так поздно, ...
8) Если бы я был богат, ...
9) Если бы не ты, ...
10) Если бы не ваши советы, ...

5. 指出下列句中的假定式并解释其意义。(Прочитáйте слéдующие предложéния, подчеркнúте глагóлы в сослагáтельном наклонéнии и скажúте, какóе значéние онú имéют.)

1) Скорéй бы пришлó лéто!
2) Я поéхал бы на юг, купáлся и загорéл бы на мóре.
3) Éсли бы я был мóлод, я бы тóже поéхал на экспедúцию.
4) Лёг бы ты порáньше спать. Зáвтра тебя ждёт большáя рабóта.
5) Пошлú бы ты погулять, подышáла бы свéжим вóздухом.
6) Я позвонúл бы тебé, éсли бы ты остáвила мне свой нóмер телефóна.
7) Мне хотéлось бы поговорúть с дирéктором насчёт моéй рабóты.
8) Вы бы показáлись врачý, у вас такáя высóкая температýра.
9) Получúла бы в подáрок мобúльный телефóн.
10) Хотéла бы я знать, чтó сегóдня дадýт на обéд.

6. 把句中的动词改成假定式并把句子译成汉语。(Прочитáйте предложéния, постáвьте глагóлы в предложéниях в сослагáтельном наклонéнии и переведúте их на китáйский язык.)

1) Мы пообéдаем вмéсте, éсли вы скóро освободúтесь.
2) Нúна обратúтся к профéссору с вопрóсами, éсли он бýдет в институтé.
3) Вы не бýдете чýвствовать себя такóй слáбой, éсли постоянно бýдете занимáться спóртом.
4) Я, конéчно, помогý Натáше в перевóде, éсли онá остáвит мне текст.
5) Я встрéчу тебя, éсли ты созвонúшься со мной.
6) Андрéй найдёт эту дéвушку, éсли бýдет знать её фамúлию.
7) Éсли ты бýдешь в однóй тóлько рубáшке, тебé бýдет óчень хóлодно.
8) Éсли я получý вáше письмó до командирóвки, я отвéчу срáзу.
9) Éсли вéчером не бýдете зáняты, я приéду к вам.
10) Éсли вéчером вéтра не бýдет, то мы пойдём на прогýлку.

7. 回答问题。(Отвéтьте на вопрóсы.)

1) Что вы бы дéлали, éсли бы у вас этим лéтом бы́ло свобóдное врéмя?
2) Что вы бы сдéлали, éсли бы сейчáс вы бы́ли в Пекúне?
3) Кудá вы бы поéхали, éсли бы сейчáс бы́ли канúкулы?
4) Что вы бы сдéлали, éсли бы узнáли, что в продáжу поступúли нóвые кнúги?
5) Где вы бы рабóтали, éсли бы вы не поступúли в университéт?
6) Кем стал бы ваш брат, éсли бы он нé был хирýргом?
7) Вы пошлú бы на фронт, éсли бы врагú нáчали войнý прóтив нас?
8) Вы моглú бы вы́полнить задáние, éсли бы вам не окáзывали пóмощь товáрищи?

УРОК 12

9) Вы сможете хорошо служить народу, если не овладеете наукой и техникой?

10) К кому вы обращаетесь, если вы встречаете трудности в работе?

 8. 翻译下列句子。(Переведите следующие предложения на русский язык.)

1) 他们因为通过了论文答辩举行了宴会。

2) 今天我们家有客人来——好好招待他们吧。

3) 年轻人彼此随处都可以相识：在电影院，在公共汽车里，甚至在大街上。

4) 这幅画是到目前为止我所见到的画中最好的。

5) 我基本同意这个计划，但有些地方，我觉得，需要修改。

6) 他在讲话中提到了当前欧洲的形势。

7) 老师要求同学们作文要写得整洁美观。

8) 请你把这一切一五一十按次序再说一遍，我一点也没听明白。

9) 不管怎么样他都没有增加过花费。

10) 校长报告结束时号召提高学习成绩。

 9. 读课文按记忆续句子，并检验。(Прочитайте текст «Размышления о будущем». Допишите предложения по памяти. Проверьте себя по тексту.)

1) Рано или поздно нас начинают интересовать ...

2) За 50 тысяч лет тело человека ...

3) Главные отличия наших потомков от нас будут в ...

4) Сроки обучения сейчас ...

5) Изменится отношение человека к ...

6) В сфере искусства учёные ...

7) Некоторые достижения науки приносят ...

8) Каждый из нас своими действиями влияет ...

9) Мы ответственны за ……

 10. 翻译下列词组。 (Переведите следующие словосочетания.)

科学考察团，巨变，献花，公司庆典，总经理，环球旅行，交通立交桥，个人未来，人造器官，一代代变聪明，世界文明，电影短片，乐观的预测，涉及众多人口，为后代的未来负责，旅游公司，证件的原件和复印件，参加俄语竞赛，中俄博览会，看上去严肃认真，试用期，签订长期合同

 11. 根据课文排列提纲并讲述。 (Прочитайте пункты плана. Расставьте их по порядку в соответствии с текстом. Кратко перескажите текст по плану.)

1) о чём размышляют люди

2) новое отношение к вещам

3) физические изменения человека будущего

4) новое отношение к деньгам

5) новый способ получать информацию

6) проблемы настоящего и будущего

7) развитие науки

8) развитие искусства

9) за будущее отвечает каждый

 12. 按课文回答问题。(Ответьте на вопросы по тексту.)

1) Изменится ли человек будущего физически? Как?

2) В чём наши потомки будут значительно отличаться от нас?

3) Как изменились дети 6–7 лет по сравнению с детьми, которые жили 50 лет назад?

4) Почему современный человек, который хочет быть хорошим специалистом, должен учиться 15–20 лет?

5) Мы получаем информацию с помощью зрения и слуха, а как, по мнению учёных, будет получать информацию человек будущего?

6) Что человек будущего сможет делать сам?

7) Сохранятся ли деньги в будущем? Как будут делать оплату, расчёт?

8) Как будет развиваться искусство?

9) Как будет развиваться наука? Почему здесь учёные дают пессимистический прогноз?

10) Какие проблемы будут решать будущие поколения?

11) Объясните фразу: «Человек духовно и морально не готов к некоторым достижениям науки». К каким достижениям науки человек ещё не готов?

 13. 记住下列词组并在讲述中应用。(Запомните следующие слова и употребите их в своём рассказе.)

государственная молодёжная политика 国家青年政策
восприятие реальности 对现实的理解
проблема занятости 就业问题
жёсткая конкуренция 激烈的竞争
молодёжная безработица 青年人失业
массовое сознание 大众意识
познавательные способности 认知能力
покорение космоса 征服宇宙
экономический кризис 经济危机
устойчивое и безопасное развитие 可持续、安全发展

14. 讲述。(Составьте рассказ по данной теме.)

«Будущее – за молодёжью.»

ЗНАЕТЕ ЛИ ВЫ?

В России представлены христианство (главным образом православие), язычество, ислам, буддизм, иудаизм и другие религии. По данным ВЦИОМ половина граждан России считает себя верующими, в их числе 10% регулярно посещают церковь, соблюдают все обряды. Треть из них допускает существование Бога, но мало интересуется церковной жизнью.

ПОВТОРЕНИЕ III

 1. 把下列句子按示例改成肯定句。(Переде́лайте да́нные предложе́ния в положи́тельные по образцу́.)

Образе́ц: Ему́ не́куда пойти́ — Ему́ есть куда́ пойти́.

1) Не́кому позабо́титься об э́том.
2) Не́ о чём нам вспомина́ть.
3) Не́ с кем бы́ло посове́товаться по вопро́су пое́здки.
4) Мне не́чего вам сообщи́ть.
5) Не́ на кого мне наде́яться.
6) Не́куда ему́ пойти́ в э́то воскресе́нье.
7) Не́ к кому идти́ на пра́здник.
8) Не́ от кого ждать письма́.
9) Неотку́да получи́ть де́ньги.
10) Не́куда е́хать на ле́то.

 2. 用否定形式回答问题。(Отве́тьте на вопро́сы отрица́тельно.)

1) Где мо́жно доста́ть биле́ты на футбо́л?
2) Отку́да мо́жно получи́ть тако́й журна́л?
3) На кого́ мо́жно наде́яться в тако́м слу́чае?

4) Почему многим в зале пришлось стоять?

5) Кого послать за врачом?

6) Почему ты ничем не занимаешься?

7) Что же ты всё время молчал?

8) О ком и чём вы больше думаете?

9) С кем можно встречаться по субботам?

 3. 按示例回答问题。(Ответьте на вопросы по образцу.)

Образец: — Кому поручили эту работу?

— Говорят, эту работу поручили кому-то из нашей группы. Но я не знаю, кому именно.

1) Мне позвонили из института?

2) Почему Настя так долго сидит за столом?

3) Что он там читает так внимательно?

4) Какой фильм идёт в кинотеатре «Титаник»?

5) Ты не знаешь, что лежит на столе?

6) О чём они разговаривают в коридоре?

7) С кем Наташа переписывается?

8) К профессору приехали родственники?

9) Кто передал Юле книги?

10) Кого из вас пригласили на вечер?

 4. 填空。(Вставьте вместо точек нужные слова.)

(кто-то, какой-то, чей-то, куда-то, где-то, когда-то)

1) Вчера Лена долго была у ...в гостях и вернулась домой очень поздно.

2) Нина не сможет так рано приехать, так как она должна ещё заехать за ...

3) Мы видели: далеко за рекой ...показалось.

4) Когда мы вышли из леса, то встретили ...местных жителей.

5) На лекции преподаватель рассказывал о ...романах.

6) ...книга осталась у меня в комнате.

7) Лида познакомилась с ...подругой, но я не помню, с чьей.

8) Точно не скажу, где Алла. Как будто ...пошла по делу.

9) Миша, кажется, ...учится на шофёра.

10) Я ... был в южных районах раньше.

 5. 用不定代词和不定副词填空。(Вставьте вместо точек неопределённые местоимения и неопределённые наречия.)

1) Ирина ездила ...летом?

2) Вы... отдыхали в горах?

3) Давайте пообедаем ..., я уже голоден.

4) Если вы ... приедете в наш город, заходите ко мне в гости.

5) Вера, положи свой билет ..., только запомни куда.

6) Наверно, он уже достал ... деньги?

7) Не пойти ли нам... погулять?

8) Вы много видели. Расскажите нам...

9) Нина, у тебя есть... интересное почитать?

10) Вы знакомы с ...из студентов медицинского института?

6. 选择前置词并将括号里的词语变成适当形式。(Выберите подходящие предлоги и вставьте слова в скобках в нужной форме.)

1) Мой друг и в самые трудные минуты заботится не ...(себя), а ...(другие).

2) Бабушка каждым летом ездит в деревню и всегда берёт ...(себя) внучку.

3) Оставайтесь ... (себя) в аудитории. Никуда не выходите, пока вас не вызовут.

4) Видишь, уже поздно, иди ...(себя) домой.

5) Закройте. Пожалуйста, ... (себя) дверь.

6) Я всегда чувствую...(себя) тёплое внимание товарищей.

7) Эти студенты разговаривают ...(себя) только по-русски.

8) Она поставила снимки ...(себя) и стала вспоминать счастливое детство.

9) Я достала билеты на концерт не ...(себя), а ...(вы все).

10) Если вы считаете, что я виновата, то я готова...(вы)

7. 回答下列问题。(Ответьте на вопросы.)

1) Куда вы бы поехали, если бы сейчас были каникулы?

2) Где вы бы работали, если бы вы сейчас не учились?

3) Кем вы бы хотели стать, если бы вы были сейчас мальчиком?

4) Вы пошли бы на фронт, если бы вдруг началась война?

5) Какой язык вы бы выбрали, если бы вы поступили в институт иностранных языков?

8. 将下列句子译成俄语。(Переведите следующие предложения на русский язык.)

1) 要是我早来几天,我就和你一起去看樱花了。

2) 人们发明了很多对生活有益的物品,但同时也带来危害。

3) 水、土壤、空气的污染使我们经常患病,生活处于危险之中。

4) 学习语言不仅要学习语法、词汇,还要掌握所学语言国家的文化、历史。

5) 很多城市现在非常关心绿化问题,每年春季都栽种大量树木。

6) 自然界为我们提供了生活所必需的一切,人们也曾亲近自然,理解自然。

7) 对学习的热爱、兴趣以及努力是帮助一个人成功的秘密。

8) 为了找到一份收入高的工作,需要提前做好各种准备。

9. 用下列词编写短文。(Составьте микротекст со следующими словами.)

актуально, сохранять, поведение, рассматривать, успокоиться, повлиять, всякий, платиться, вписывать, воспитание

 10. 续句子。(Допишите предложения.)

1) Все согласны с тем, что природа ...

2) Туризм является одним из видов отдыха, ...

3) То, чем вы увлекаетесь, ...

4) Выбрать профессию значит ...

5) Молодёжь рассуждает о будущем ...

6) Нет ничего лучше ...

7) Вы сами должны понять. ...

8) Кстати, я не имею опыта, ...

9) ... и это позволяет нам доставить другим удовольствие.

10) ... он бы присутствовал на форуме.

 11. 回答扩展性问题。(Дайте развёрнутые ответы на вопросы.)

1) Каково ваше мнение о будущем человечества?

2) Какую роль играет молодёжь в развитии общества (мира, нашей страны)?

3) Какой у вас план на жизнь? Когда вы хотите завести ребёнка?

4) Кто должен отвечать за нашу планету?

5) Как вы думаете, какие профессии будут нужны в мире через несколько лет?

 12. 按照示例编写对话。(Составьте диалоги.Начните с данных реплик.)

1) *Как бы* не ветер!

2) Мне *не до* кино.

3) *Что за* погода!

4) Цвет вам *не к лицу*.

 13. 按下列情景交谈。(Составьте диалоги по следующим ситуациям.)

1) Вы были в тайге и всё, что вы видели своими глазами, вас удивило. Расскажите о своих впечатлениях.

2) Ваш друг завтра идёт на собеседование. Дайте ему советы.

3) Какова будет наша Земля через 100 лет?

14. 任选一题写作。(Напишите сочинение на одну из следующих тем.)

1) « Охрана природы —глобальная проблема.»
2) « Будущее молодёжи»
3) «Мы будем работать там, где мы будем нужны.»

生词表

А

абоне́нт	(3)
абрико́с	(8)
абсолю́тный	(6)
ава́рия	(9)
автоматиза́ция	(9)
аге́нство	(8)
а́дрес	(7)
акаде́мия	(11)
аква́риум	(10)
активизи́роваться	(6)
актуа́льно	(4)
актуа́льный	(9)
алкого́ль	(8)
алле́я	(9)
англича́нин	(9)
антра́кт	(5)
армяни́н	(2)
археологи́ческий	(5)
ассоции́роваться	(7)
астроно́мия	(10)

Б

ба́зовый	(11)
бара́н	(2)
бара́нина	(8)
баро́кко	(5)
бато́н	(4)
беда́	(1)
бе́дный	(6)
безжа́лостно	(9)
безобра́зие	(11)
белко́вый	(8)
бело́к	(8)
берёза	(2)
бере́чь	(3)
Берли́н	(5)
бескра́йний	(9)
бесспо́рно	(6)
библиоте́карь	(11)
биогра́фия	(12)
биологи́ческий	(12)
биохи́мик	(6)
благоприя́тный	(1)
благоро́дный	(2)
блин	(2)
бобо́вые	(8)
бо́дрый	(8)
бо́же	(5)
бое́ц	(9)
бо́лее	(3)
боль	(6)
боре́ц	(9)
борьба́	(6)
броди́ть	(4)
брю́чный	(4)
буква́льно	(10)
буты́лка	(9)
буха́нка	(4)
бухга́лтер	(11)

В

ва́за	(5)
валя́ться	(9)
варе́нье	(8)
варёный	(4)
вдохнове́ние	(7)
вдоль	(5)
вду́мываться	
вду́маться	(6)
великоле́пный	(7)
великору́сский	(7)
вели́чественный	(5)
верба́льный	(6)
ве́рный	(9)
вести́	(6)
ве́тер	(1)
ве́шать	
пове́сить	(8)
взаи́мный	(5)
волнова́ться	
взволнова́ться	(4)
взгляд	(3)
ви́димо	(3)
визи́тка	(12)
вини́ть	(9)
винова́тый	(3)
власть	(3)
влия́ть	
повлия́ть	(11)
влюблённый	(8)
влюбля́ться	
влюби́ться	(3)
вме́сто	(12)
внача́ле	(5)
вне	(4)
вне́шний	(3)
вниз	(8)
вника́ть	
вни́кнуть	(3)
внима́тельный	(3)
воева́ть	(6)
возду́шный	(12)
возрожда́ться	
возроди́ться	(12)
возрожде́ние	(2)
вокру́г	(2)
волна́	(12)
волонтёр	(4)
вообще́	(8)
воробе́й	(2)
воспале́ние	(6)
воспита́ние	(12)
воспомина́ние	(6)
воспринима́ть	
восприня́ть	(7)
воспреща́ться	(5)
восстана́вливатья	
восстанови́ться	(6)
восто́рг	(8)
восхища́ться	
восхити́ться	(2)
восхо́д	(1)
впервы́е	(2)
впи́сывать	
вписа́ть	(12)
впуска́ть	
впусти́ть	(7)
вред	(12)
вреди́ть	(10)
вре́менный	(5)
всевозмо́жный	(11)
вспа́хивать	
вспаха́ть	(9)
всю́ду	(9)
вся́кий	(12)
вы́брос	(9)
выбра́сывать	
вы́бросить	(9)
вы́года	(11)
выделя́ть	
вы́делить	(2)
выздора́вливать	
вы́здроветь	(6)
вы́йти из себя́	(4)
выкла́дывать	
вы́ложить	(4)
выпускни́к	(11)
выража́ть	
вы́разить	(1)
выраже́ние	(1)
выруба́ть	
вы́рубить	(9)
выруча́ть	
вы́ручить	(3)
выса́живать	
вы́садить	(9)
выска́зывать	
вы́сказать	(4)
высме́ивать	
вы́смеять	(3)
высококвалифици́-	
рованный	(11)
вы́ставочный	(1)
выхлопно́й	(9)

выясня́ть		грядущий	(12)	доказа́ть	(6)	зада́ть	(2)
вы́яснить	(9)	гуде́ть	(5)	до́лгий	(5)	заде́йствованный	(6)
вью́га	(3)	гусь	(8)	до́ллар	(11)	заде́ржка	(6)
				домосе́д	(10)	зажига́лка	(10)
Г		**Д**		дополни́тельный	(4)	зажива́ть	
				дополня́ть		зажи́ть	(4)
газиро́ванный	(8)	дава́ться		допо́лнить	(6)	заключа́ть	
га́лстук	(12)	да́ться	(2)	допуска́ть		заключи́ть	(12)
гастри́т	(6)	да́йджест	(12)	допусти́ть	(12)	зако́н	(7)
гардеро́б	(5)	далёкий	(5)	доставля́ть		закры́тый	(5)
генера́льный	(11)	да́та	(2)	доста́вить	(6)	залюбова́ться	(1)
гениа́льный	(5)	дво́е	(6)	достиже́ние	(12)	заменя́ть	
ге́ний	(6)	дво́йка	(6)	дразни́ть	(10)	замени́ть	(4)
ге́нный	(12)	дворцо́вый	(5)	древнегре́ческий	(8)	за́мкнутый	(3)
герои́зм	(9)	деви́чий	(2)	древнеру́сский	(5)	замо́чек	(8)
гига́нтский	(1)	дед	(2)	дре́вний	(2)	за́мужем	(1)
гла́дкий	(5)	де́йствие	(12)	дру́жеский	(5)	заму́жество	(2)
глоба́льный	(9)	де́латься		дружи́ть	(3)	западноевропе́йский	(5)
глота́ть	(9)	сде́латься	(4)	ду́жка	(8)	зарпла́та	(12)
говори́ться	(8)	делега́ция	(1)	духо́вно	(3)	заря́д	(8)
головно́й	(6)	делови́тый	(3)	ды́рочка	(4)	засте́нчивый	(4)
голосова́ть	(6)	демократи́чный	(3)	дыша́ть	(8)	засти́ранный	(4)
гоня́ть	(9)	демонстри́роваться	(6)			затме́ние	(1)
горди́ться	(6)	де́ревце	(9)	**Е**		зато́	(3)
го́рдый	(5)	держа́ва	(7)			затра́гивать	
го́рло	(6)	дета́ль	(2)	Еги́пет	(5)	затро́нуть	(12)
го́рный	(8)	детекти́в	(10)	египтя́нин	(9)	защи́та	(1)
горожа́нин	(9)	де́ятельность	(10)	еда́	(2)	защи́тник	(2)
горо́х	(8)	джем	(8)	еди́нственный	(9)	зая́вка	(12)
го́рький	(3)	диале́кт	(5)			заявля́ть	
гостеприи́мный	(3)	дие́та	(8)	**Ж**		заяви́ть	(11)
гостеприи́мство	(7)	диза́йнер	(4)			звезда́	(1)
госуда́рство	(9)	диза́йн	(11)	заблуди́ться	(9)	звёздный	(1)
гото́вность	(7)	дипло́м	(12)	заве́дующий	(1)	зверь	(9)
гра́дусник	(6)	добавля́ть		заводи́ть		здоро́ваться	
гра́мотно	(10)	доба́вить	(9)	завести́	(3)	поздоро́ваться	(1)
гра́фик	(5)	доброво́лец	(4)	заве́тный	(9)	здо́рово	(4)
графи́ческий	(5)	доверя́ть		зага́дка	(5)	зе́лень	(4)
Гре́ция	(5)	дове́рить	(3)	зага́дочный	(2)	земля́к	(9)
гру́бый	(8)	дово́льный	(3)	загоре́лый	(4)	знако́мить	
грузи́нский	(7)	дожида́ться		заго́родный	(12)	познако́мить	(7)
грунт	(10)	дожда́ться	(5)	загрязне́ние	(9)	знако́миться	
гру́стный	(4)	дока́зывать		задава́ть		познако́миться	(2)

знать	(5)	иной	(12)	кашель	(5)	кружок	(4)
значение	(7)	иноязычный	(2)	кинематография	(3)	кукла	(6)
значительный	(12)	инстинктивно	(6)	кефир	(8)	кукольный	(11)
знойный	(9)	инструмент	(10)	ккал	(8)	Кун-цзы	(2)
зря	(9)	интеллект	(6)	клетка	(8)	курица	(8)
		интонация	(12)	клонирование	(12)	кустарник	(9)
		информация	(6)	книжка	(10)		
		императорский	(5)	кодекс	(3)		

З

жаловаться		императрица	(5)	кожа	(6)		
пожаловаться	(6)	исключительно	(5)	кой	(12)	**Л**	
жареный	(8)	исключать		колесо	(2)	лад	(3)
желательно	(8)	исключить	(4)	коллекционер	(10)	ледяной	(9)
железный	(3)	искренне	(7)	коллекционировать	(10)	ленивый	(11)
желудок	(6)	искренний	(3)	колоритно	(7)	лесопарк	(9)
жестокий	(7)	искусственный	(12)	колоссальный	(9)	лесопосадка	(9)
живопись	(2)	исповедальный	(3)	комар	(2)	лететь	(8)
живот	(6)	испытательный	(12)	комп	(10)	лиловый	(9)
животное	(9)	испытывать		компания	(12)	лингвистика	(4)
жир	(8)	испытать	(12)	компас	(9)	лиризм	(9)
жирный	(8)	исследование	(6)	компьютерный	(4)	литр	(8)
жуткий	(9)	историк	(7)	комфорт	(7)	личность	(12)
		исчезать		конкретный	(2)	лишать	
		исчезнуть	(2)	конкурс	(1)	лишить	(9)

И

		итак	(3)	контакт	(3)	лишь	(6)
идеал	(3)	Италия	(2)	континент	(9)	лотерея	(11)
известие	(6)	итальянец	(3)	Конфуций	(2)	лошадь	(9)
издательство	(11)	итальянский	(7)	копия	(12)	любопытство	(9)
изливать				копчёность	(8)		
излить	(3)	**К**		копчёный	(4)	**М**	
изменяться				корень	(3)	майка	(4)
измениться	(2)	казаться	(4)	корм	(10)	майский	(8)
изначально	(5)	каков	(3)	короткий	(3)	мак	(4)
изобилие	(7)	кактус	(10)	космос	(5)	макароны	(8)
изображать		календарь	(10)	кошелёк	(4)	максимально	(11)
изобразить	(3)	камешек	(10)	кошмар	(11)	малознакомый	(7)
изобретать		Камчатка	(4)	кофта	(5)	малый	(3)
изобрести	(9)	карман	(9)	крайность	(6)	материал	(9)
изучение	(4)	картошечка	(7)	кредит	(12)	мгла	(12)
изученный	(4)	карьера	(9)	крепость	(7)	медлительный	(10)
изюм	(4)	карьерный	(11)	кривой	(10)	медовый	(4)
икона	(5)	кассир	(6)	кричать	(6)	межкультурный	(3)
иначе	(4)	каталог	(5)	критиковать	(3)	молеть	
инженер-конструктор	(11)	качаться	(10)	круглосуточный	(4)	обмелеть	(9)
инженерия	(12)	качество	(4)	кругосветный	(12)	менеджер	(11)

мероприя́тие	(4)	наказа́ние	(6)	обижа́ться		опуска́ть	
мето́дика	(11)	наме́рен	(4)	оби́деться	(7)	опусти́ть	(8)
мёд	(6)	Наньки́н	(5)	оби́льно	(7)	о́рган	(12)
микрорайо́н	(9)	наоборо́т	(7)	о́блако	(8)	оре́х	(8)
мили́ция	(1)	напи́ток	(8)	обновле́ние	(8)	оригина́л	(5)
миллио́н	(12)	направля́ть		обознача́ть		ору́жие	(12)
ми́лость	(7)	напра́вить	(6)	обозна́чить	(2)	осва́ивать	
мири́ться		напра́сно	(6)	обозре́ние	(5)	осво́ить	(10)
помири́ться	(8)	нарко́тик	(8)	образова́ние	(9)	осмысле́ние	(12)
модели́рование	(12)	на́сморк	(5)	обраща́ть		основа́ние	(5)
модели́ровать	(10)	насеко́мое	(2)	обрати́ть	(6)	основно́й	(4)
моделье́р	(4)	населе́ние	(12)	обраще́ние	(1)	осознава́ть	
модерниза́ция	(9)	насле́дие	(2)	обременя́ть		осозна́ть	(11)
мозг	(6)	настрое́ние	(7)	обремени́ть	(7)	остально́й	(11)
молочноки́слый	(8)	насчи́тывать		обстоя́тельство	(1)	остава́ться	
молча́ть	(1)	насчита́ть	(5)	обсужда́ть		оста́ться	(8)
мора́льный	(2)	натура́льный	(8)	обсуди́ть	(3)	осторо́жный	(3)
морско́й	(10)	нева́жно	(12)	обши́рный	(3)	острово́к	(9)
моря́к	(9)	недомога́ние	(6)	обща́ться	(2)	отве́тственный	(12)
мра́чный	(8)	недоса́ливать		общи́тельный	(3)	отдалённый	(12)
мудре́ц	(8)	недосоли́ть	(8)	объекти́вно	(3)	отделя́ть	
му́дрость	(7)	недосту́пный	(3)	объявле́ние	(12)	отдели́ть	(2)
му́сор	(9)	незнако́мый	(11)	обыкнове́нный	(2)	о́тдых	(2)
мучно́й	(8)	неимове́рный	(12)	обя́занность	(12)	отклады́вать	
мысль	(1)	нека́чественный	(12)	огра́да	(8)	отложи́ть	(1)
мышь	(5)	не́кий	(12)	огу́рчик	(7)	открове́нно	(3)
мэр	(12)	неожи́данный	(4)	одина́ковый	(2)	откры́тый	(3)
мя́гкий	(5)	неоко́нченный	(3)	одино́кий	(9)	отлича́ться	
		непи́саный	(3)	однозна́чный	(9)	отличи́ться	(6)
Н		неповтори́мый	(9)	однофами́лец	(2)	отли́чие	(12)
		неразры́вный	(8)	озелене́ние	(9)	относи́ться	
наблюда́ть	(1)	ни́зкий	(5)	озно́б	(6)	отнести́сь	(4)
набира́ть		никуда́	(4)	океа́н	(9)	отрыва́ть	
набра́ть	(4)	нищета́	(12)	окружа́ющий	(3)	оторва́ть	(8)
наверняка́	(8)	ничу́ть	(8)	оконча́ние	(1)	отравля́ть	
надева́ть		но́венький	(10)	опа́сность	(9)	отрави́ть	(8)
наде́ть	(12)	носи́тель	(5)	печа́литься		отража́ть	
наде́яться	(7)	нормати́вный	(5)	опеча́литься	(8)	отрази́ть	(2)
надёжный	(3)	нра́вственный	(10)	опи́сывать		о́трасль	(4)
на́добен	(3)	нуль	(1)	описа́ть	(3)	отста́лый	(5)
надоеда́ть		ныря́ть	(11)	определе́ние	(11)	отсу́тствие	(9)
надое́сть	(4)			определя́ть		отцо́вский	(2)
надо́лго	(1)	**О**		определи́ть	(10)	отъе́зд	(7)
на́дпись	(5)			оптимисти́чный	(12)	официа́льный	(1)
наибо́лее	(3)						

оформля́ть		пио́н	(1)	подыша́ть	(8)	постоя́нно	(12)
оформить	(12)	пита́ние	(8)	пожела́ние	(1)	посту́пок	(11)
оце́нивать		пита́ться	(8)	позволя́ть		посы́лка	(6)
оцени́ть	(4)	пищево́й	(8)	позво́лить	(12)	пото́к	(12)
оце́нка	(4)	плане́та	(12)	познава́тельный	(4)	пото́мок	(12)
очарова́тельный	(8)	плани́ровать		пол	(6)	по́тчевать	
о́черк	(4)	сплани́ровать	(1)	полве́ка	(12)	попо́тчевать	(7)
очи́стный	(9)	пла́та	(12)	полдня́	(6)	по́чва	(9)
ощуща́ть		плати́ться		полигло́т	(5)	почему́-то	(10)
ощути́ть	(11)	поплати́ться	(12)	по́лис	(6)	почти́	(1)
		пла́стиковый	(9)	полкило́	(4)	поэти́ческий	(2)
П		плод	(2)	полнеде́ли	(1)	правди́вость	(5)
		плодоро́дный	(9)	по́лночь	(1)	прагмати́чный	(4)
паде́ж	(5)	победи́тель	(2)	полови́на	(6)	пра́ктика	(1)
паке́т	(4)	побере́жье	(9)	полоска́ть		практи́чески	(3)
па́ра	(12)	побере́чь	(6)	отполоска́ть	(6)	пребыва́ние	(5)
пари́жский	(2)	по́вар	(4)	полтора́	(5)	превосходи́ть	
паха́ть		поведе́ние	(9)	полуфабрика́т	(8)	превзойти́	(12)
вспаха́ть	(9)	пове́рхностный	(5)	полуша́рие	(6)	председа́тель	(2)
па́чка	(4)	пове́рхность	(10)	полча́сика	(10)	представи́тель	(9)
пе́нсия	(4)	по́вод	(5)	по́льский	(2)	президе́нт	(2)
переводове́дение	(11)	поврежда́ть		полюби́ть	(1)	прекраща́ть	
перегово́ры	(1)	повреди́ть	(10)	поля́на	(9)	прекрати́ть	(1)
передово́й	(3)	повседне́вный	(9)	помидо́р	(7)	преподноси́ть	
пережива́ние	(3)	погиба́ть		поми́мо	(12)	преподнести́	(12)
переку́сывать		поги́бнуть	(9)	помо́л	(8)	преступле́ние	(6)
перекуси́ть	(8)	погово́рка	(5)	по-настоя́щему	(4)	претендова́ть	(12)
переме́на	(12)	подава́ть		попи́ть	(6)	прибо́р	(12)
переноси́ть		пода́ть	(12)	попроща́ться	(1)	прибы́тие	(2)
перенести́	(1)	подбира́ть		попу́тчик	(1)	приве́т	(1)
перераба́тывать		подобра́ть	(10)	пора́	(1)	приве́тливость	(7)
перерабо́тать	(6)	подвига́ться		по-ра́зному	(6)	приве́тствие	(1)
переу́лок	(7)	подви́нуться	(10)	поро́да	(10)	привы́чка	(1)
перечи́тывать		подде́рживать		по́ртить		приде́рживаться	
перечита́ть	(7)	поддержа́ть	(4)	испо́ртить	(11)	придержа́ться	(6)
пересе́сть	(10)	по́длинно	(5)	по́ртиться		прижива́ться	
пе́рсик	(8)	подозрева́ть		испо́ртиться	(4)	прижи́ться	(2)
пе́ться	(3)	подозре́ть	(6)	посади́ть	(9)	при́знак	(7)
печа́литься		подсве́тка	(10)	послеза́втра	(1)	призы́в	(1)
опеча́литься	(8)	подслу́шивать		послеобе́денный	(8)	приходи́ться	
печа́льно	(9)	подслу́шать	(8)	постано́вка	(4)	прийти́сь	(6)
пиани́но	(6)	подходи́ть		посте́ль	(6)	приказа́ние	(6)
пиджа́к	(4)	подойти́	(12)	постепе́нно	(1)	приме́р	(7)
пижа́ма	(4)	подчинённый	(1)	построе́ние	(8)	приме́рно	(12)

примéта	(2)	простóрный	(3)	разделить	(6)	ромáнский	(11)
принадлежáть	(5)	прóтив	(6)	различáться		руковóдство	(9)
приносить		прóчий	(12)	различиться	(6)	рубить	(9)
принести	(8)	прощáться		разли́чие	(3)	рынок	(11)
приобретáть		проститься	(1)	разли́чный	(6)		
приобрести	(6)	проявля́ть		размещáться		**С**	
приоритéт	(12)	прояви́ть	(6)	размести́ться	(7)		
присáживаться		пря́ник	(4)	размышлéние	(12)	сади́ть	(9)
присéсть	(6)	психи́ческий	(6)	размышля́ть	(12)	сáженец	(9)
присмáтриваться		психóлог	(11)	рáзница	(4)	сáкура	(9)
присмотрéться	(12)	психолóгия	(2)	разнообрáзие	(4)	самовыражéние	(3)
приступáть		пускáть		рáнний	(5)	самосовершéнствование	
приступи́ть	(12)	пусти́ть	(6)	раскрывáться			(12)
прихóжая	(7)	публи́чный	(4)	раскры́ться	(7)	сантимéтр	(5)
причёска	(12)	пýговица	(10)	расслабля́ться		сардéлька	(8)
причи́на	(6)	пузырёк	(10)	рассла́биться	(6)	сáхар	(2)
причиня́ть		пустóй	(3)	рассмáтривать		свéдение	(3)
причини́ть	(12)	пустю́ня	(9)	рассмотрéть	(10)	свежéть	
проведéние	(4)	пýшкинский	(2)	расстрóйство	(6)	посвежéть	(8)
прови́нция	(8)	пытáться		рассуждáть	(6)	сверкáть	
программи́ст	(11)	попытáться	(4)	растéние	(2)	сверкну́ть	(10)
прогрéсс	(9)	пы́шный	(5)	расчёт	(4)	сверкáющий	(2)
продолжáть		пя́тнышко	(4)	реализáция	(9)	свинóй	(4)
продóлжить	(4)			реализовáть	(11)	свóдка	(12)
продолжáться		**Р**		револю́ция	(5)	своеобрáзный	(2)
продóлжиться	(1)			регистратýра	(6)	свóйственный	(6)
продолжи́тельность	(6)	равни́на	(5)	режи́м	(6)	свóйство	(2)
проéкт	(12)	рáди	(6)	резидéнция	(5)	свю́ше	(5)
прожи́вать		рáдостный	(4)	результáт	(12)	свя́занный	(7)
прожи́ть	(2)	радýшие	(7)	резюмé	(12)	свя́зывать	
прóза	(7)	разбивáть		реклáмный	(11)	связáть	(3)
произноси́ть		разби́ть	(11)	рéпа	(2)	святы́ня	(7)
произнести́	(1)	разбрáсывать		решáть		свящéнный	(9)
произноси́ться		разбросáть	(9)	реши́ть	(4)	сглáзить	(1)
произнести́сь	(2)	рáзве	(5)	решáться		сдéржанный	(3)
произношéние	(11)	развитóй	(6)	реши́ться	(4)	секретáрь	(4)
происходи́ть		развлекáться		Рим	(5)	семéйный	(1)
произойти́	(9)	развлéчься	(10)	ри́мский	(5)	сéмеро	(12)
прописывать		развя́зка	(12)	рисýнок	(5)	сердéчно	(4)
прописáть	(6)	разговóрчивый	(3)	рóбот	(12)	середи́на	(6)
просыпáться		раздевáться	(7)	род	(2)	ссéсия	(1)
просну́ться	(6)	раздéться	(7)	рóлик	(12)	сирéневый	(9)
прострáнственный	(6)	раздéл	(5)	ромáн	(1)	систéма	(8)
просторéчие	(1)	разделя́ть		ромáнс	(9)	ситуáция	(7)

склонность	(11)	сокровище	(5)	страдать		тесно	(7)
скромный	(4)	сокровищница	(7)	пострадать	(6)	тест	(12)
скрытый	(3)	солить		страховка	(12)	технология	(12)
скука	(12)	посолить	(7)	стрелялка	(10)	течение	(9)
скучно	(10)	солянка	(7)	стремиться	(4)	тёзка	(2)
сладость	(8)	сооружённый	(5)	строгий	(3)	товар	(12)
следить		соответствовать	(7)	строка	(8)	тонкий	(9)
наследить	(8)	соперник	(7)	студенческий	(11)	травка	(10)
словосочетание	(7)	сорт	(9)	стюдно	(6)	тратить	
сложный	(3)	сосиска	(4)	суеверие	(1)	потратить	(10)
складывать		сосна	(2)	суета	(8)	требовательный	(4)
сложить	(9)	состав	(6)	суметь	(4)	требовать	
слой	(9)	состояние	(7)	сухарик	(4)	потребовать	(10)
случайный	(1)	состоять	(6)	сухофрукты	(8)	тревожный	(12)
случаться		сотрудничать	(7)	сушка	(4)	тренироваться	
случиться	(1)	соус		существование	(5)	натренироваться	(7)
слух	(6)	сохраняться		существовать	(3)	трикотажный	(4)
смена	(10)	сохраниться	(4)	сфера	(11)	трудолюбивый	(3)
смерть	(7)	социальный	(4)	сценарист	(3)	трусливый	(4)
смысл	(1)	сочетаться	(7)	считаться	(3)	толковый	(7)
снижаться		соя	(8)	сыр	(4)	толчок	(12)
снизиться	(9)	специальность	(11)	Сычуань	(1)	тон	(1)
собеседование	(12)	специальный	(2)	сюжет	(3)	торжественный	(5)
соблюдать		спецшкола	(11)			торопиться	
соблюсти	(8)	спина	(10)			поторопиться	(8)
собственный	(3)	спокойно	(2)	**Т**		точность	(2)
совершенствоваться		способный	(4)	табу	(8)	точный	(3)
усовершенствоваться		спортзал	(4)	таиться	(12)	тупик	(9)
	(12)	справочник	(3)	таков	(7)	тур	(12)
совместный	(7)	спускаться		таксист	(12)	турпоездка	(12)
совпадать		спуститься	(8)	тактичный	(11)		
совпасть	(2)	сравнивать		талисман	(8)	**У**	
современность	(9)	сравнить	(5)	танкер	(9)		
согласие	(4)	срок	(1)	тариф	(12)	убеждаться	
согласный	(3)	ссориться		творог	(8)	убедиться	(11)
соглашаться		поссориться	(8)	театральный	(4)	убежище	(5)
согласиться	(4)	стабильно	(6)	тележка	(4)	уверенный	(6)
содержательный	(10)	стажёр	(12)	тема	(6)	увлекаться	
сожаление	(3)	стареть		тенденция	(4)	увлечься	(2)
создавать		постареть	(6)	теория	(11)	увы	(11)
создать	(6)	степень	(1)	терпеливый	(3)	углевод	(8)
создатель	(10)	стихотворение	(8)	теряться		углеводный	(8)
сознание	(4)	столетие	(5)	потеряться	(12)	уголь	(3)

угощéние	(7)	успéшно	(12)	фýнкция	(6)	чýткий	(8)
удáчный	(7)	успокáиваться					
уделя́ть		успокóиться	(11)	**Х**		**Ш**	
удели́ть	(9)	устáлый	(4)			шанс	(11)
удивля́ться		устанóвленный	(6)	халáт	(4)	Шекспи́р	(10)
удиви́ться	(3)	устаревáть		характери́стика	(2)	шов	(4)
удóбный	(5)	устарéть	(7)	хвáстаться		шóрты	(4)
удовóльствие	(6)	ýстный	(6)	похвáстаться	(12)	шýба	(3)
уединённый	(5)	устрáивать		хими́ческий	(4)	шум	(8)
ýжас	(11)	устрóить	(10)	хи́щник	(10)	шýмный	(5)
ужáсный	(1)	устрáиваться		хлебосóльный	(7)		
украи́нский	(2)	устрóиться	(12)	хлебосóльство	(7)	**Э**	
украшéние	(4)	утихáть		хор	(1)		
ули́тка	(10)	ути́хнуть	(1)	храбрый	(2)	эгои́ст	(12)
улы́бчивость	(7)	уточня́ть		храни́ться	(5)	экзаменациóнный	(1)
умéренность	(8)	уточни́ть	(12)	христиáнство	(2)	экзоти́ческий	(10)
умирáть		уха́живать	(9)			эконóмика	(4)
умерéть	(8)	учáствовать	(4)	**Ц**		экрáн	(3)
умéть	(4)	учáсток	(6)			экспеди́ция	(12)
умнéть				цáрский	(5)	эксперименти́ровать	(6)
поумнéть	(12)	**Ф**		цветýщий	(9)	экспресси́вный	(3)
ýмник	(2)			цéлый	(1)	эмигрáция	(2)
ýмница	(6)	фáктор	(4)	цéнный	(5)	энéргия	(8)
ýмственно	(12)	фамилья́рный	(3)	цéрковь	(2)	энциклопéдия	(3)
ýмственный	(8)	фантáзия	(5)	цивилизáция	(12)		
уноси́ть		фасóль	(8)			**Ю**	
унести́	(10)	фастфуд	(8)	**Ч**			
универсáльный	(4)	фи́зика	(1)			ювели́рный	(5)
упóрно	(7)	фи́зик-теорéтик	(11)	чáстность	(7)		
употребля́ть		фикси́ровать		человéчество	(9)	**Я**	
употреби́ть	(8)	зафикси́ровать	(12)	чéстность	(6)		
употребля́ться		филолóгия	(11)	чертá	(7)	явлéние	(1)
употреби́тсять	(2)	филóсоф	(7)	чи́псы	(6)	явля́ться	
управля́ть		флаг	(7)	читáльный	(2)	яви́ться	(2)
упрáвить	(11)	фонáрь	(9)	чтец	(1)	яд	(8)
урá	(12)	фрáза	(1)	чтóбы	(6)	я́дерный	(12)
ýрна	(9)	фронт	(1)	чувстви́тельный	(3)	ямщи́к	(9)
усвáивать		фуникулёр	(8)	чýвство	(6)	я́ркий	(4)
усвóить	(8)	функционáльный	(4)	чужóй	(3)		

СЛОВОСОЧЕТАНИЯ

в отношении к кому–чему	(3)
в результа́те	(9)
вы́йти из себя́	(4)
ку́кла сча́стья	(8)
Кита́йская Наро́дная Респу́блика(КНР)	(2)
Ме́дный вса́дник	(7)
Моско́вский госуда́рственный университе́т (МГУ)	(4)
на бла́го	(4)
на са́мом де́ле	(3)
ни в ко́ем слу́чае	(12)
одержа́ть побе́ду	(4)
представля́ть собо́й	(4)
прийти́ в себя́	(4)
принима́ть уча́стие в чём	(4)
Росси́йская Федера́ция	(2)
Соединённые Шта́ты Аме́рики(США)	(1)
то́чка зре́ния	(3)
языково́е чутьё	(1)
Добро́ пожа́ловать!	(4)
Пе́рвый блин ко́мом.	(2)
Ско́лько лет, ско́лько зим.	(4)
Я́блоку не́где упа́сть.	(9)

"十二五"普通高等教育本科国家级规划教材

俄语

黑龙江大学俄语学院 编
邓军 赵为 总主编

配有课件材料

扫码下载

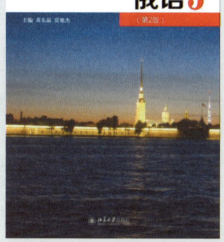

第3册课件，可通过填写下方的"教师联系表"，加盖所在系（院）公章，以拍照、扫描件的方式，发送至指定邮箱，获取下载链接。

教师联系表

教材名称	《俄语3》(第2版)						
姓名：		职务：		职称：		邮编：	
通信地址：							
手机：		Email：		QQ：		微博：	
任职学校：					/系　（章）		
学校地址：							
教学科目与年级：				班级人数：			

发送至：pup_russian@163.com

纸质邮寄： 北京市海淀区成府路205号 北京大学出版社 外语编辑部

邮编： 100871

咨询电话：010-62759634

缤纷俄语阅读

王加兴 等主编

配有课件、音频材料

扫码试听

扫码下载

配有课件、视频材料

扫码下载

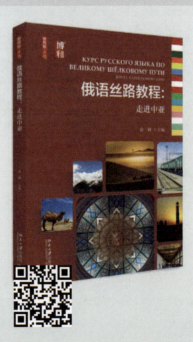